高　濂◎原著
窦广利◎编译

高濂

说

文物鉴藏

中国书店

图书在版编目（CIP）数据

高濂说文物鉴藏 / (明) 高濂原著 : 窦广利编译.
——北京 : 中国书店, 2011.6
ISBN 978-7-5149-0097-2

Ⅰ.①高… Ⅱ.①高… ②窦… Ⅲ.①文物—鉴赏—
中国②文物—收藏—中国 Ⅳ.①K87②G894

中国版本图书馆CIP数据核字(2011)第097931号

高濂说文物鉴藏

高濂 / 原著　　窦广利 / 编译
责任编辑：杭玫

出版发行 **中国书店**
地　　址：北京市西城区琉璃厂东街115号
邮　　编：100050
印　　刷：北京市十月印刷有限公司
开　　本：787×1092毫米　1/16
版　　次：2011年7月第1版　2011年7月第1次印刷
字　　数：120千字
印　　张：14
书　　号：ISBN 978-7-5149-0097-2
定　　价：78.00元

　　长期以来，明代学者高濂的《遵生八笺·燕闲清赏笺》无疑是古玩鉴赏界最权威的指导性著作，影响了文物收藏数百年。此书中，不仅告诉人们最基本的、最简单易行的文物收藏和鉴赏知识，而且把鉴赏清玩作为养生的一项重要手段，寓教于乐，别辟蹊径，被历代帝王贵胄、文人雅士奉为文物鉴赏之圣经。

　　译自《遵生八笺·燕闲清赏笺》的《高濂说文物鉴藏》，行文流畅，翻译精确，用浅显易懂的语言结合数百张精美的图片解读最深奥的文物鉴赏知识，至今对文物收藏和鉴赏仍有重要的指导意义。

　　作为一代养生大家，著名的学者，高濂在文物鉴赏和鉴定方面均有深厚的造诣。

　　高濂精于文物鉴定。在"铜器清赏"一章中，不仅详尽介绍了古代铜器的种类及用途，而且从锈色来辨别新铜器和古铜器的方法，对铜器的鉴定至今仍有重要的指导意义。不仅述其源、论其流，且赏其美、辨其伪，全面揭示了宋代、明代仿制夏商周三代铜器的方法，至今仍是文物鉴定家辨识明代仿制古铜器的重要参考依据。

　　高濂精于鉴别古籍善本。"论藏书"一章中对鉴别宋、元版本的方法以及明代伪造宋版书的种种手段作过详细的论述。他揭露说："国初慎独斋刻书，似亦精美，近日作假宋版书，神妙莫测。将新刻模宋版书，特钞微黄厚宝竹纸，或用川中茧纸，或用糊褙方帘绵纸，或用孩儿白鹿纸，筒卷用槌细细敲过，名之曰'刮'，以墨浸去臭味印成。或将新刻版中残缺一二要处，或湿霉三五张，破碎重补，或改刻开卷一二序文年号，或贴过今人注刻名氏，留空另刻小印，将宋人姓氏扣填两头角处，或妆摩损，用砂石磨去一角，或作一二缺痕，以灯火燎去纸尾，仍用草烟熏黄，俨状古人残伤旧迹，或置蛀米柜中蚀作透漏蛀孔，或以铁线烧红，随书本子委曲成眼，一二转折。种种与新不同，用纸装衬绫锦套壳，入手重实，光腻可观，初非今书仿佛，以惑售者。或作伙囤，令人先声指为故家某姓所遗。百计瞀人，莫可窥测，收藏家当具真眼辩证。"

　　这些经验之谈，极受后来藏书家的重视。

　　此外，在本书中还详尽解说了古代玉器、古代瓷器、古代漆器、古代玺印等诸多方面的鉴赏、鉴定方法，也对仿制或造假的方法也进行了详尽的解说，仍有现实意义。

译著者

高子说：内心没有焦虑的事情，身体不受过多的劳苦而疲惫，避开俗世虚名，顺应时事而泰然处之，这就是世间所说的"闲"。但是，闲并非仅指行尸走内、饱食终日而无所事事。如果有时间就去下棋、掷骰子赌博，这难道是道德高尚的人所看重的事吗？

谁知道适闲可以修身养性，适闲可以赏心悦目，适闲可以使人一辈子身心安泰，谁才真正得到了"闲"的真谛。

我酷爱闲，一向喜欢古代的事物。考察古代的学问，聆听尧舜的训戒，爱好古代的事物，努力探求真理，正是为了弘扬孔子的主张。喜好它，考察它，一心探察它的精奥之处，就像曲阜孔府柱下之石、秦代歧阳的石鼓、出土的宝剑和宝鼎、古代能工巧匠制作出的戈和弓、古代的法律典章制度，都是古代圣贤思想精华的体现，难道研究这些只是为了满足感官的需要而去搜集奇珍异宝吗？所以我在闲时，广泛考察古代的青铜钟鼎等礼器，考察古人的书画及其规范的帖文，以及古代烧制的各种瓷器和制作的各种玉器等古玩，还有文房四宝等，我全都细心研究鉴赏。我还订正过不少古今鉴赏文章，辩证它们的是非正误，全都是取舍有度，学以致用。

如果我听到或看到有什么关于古玩的著作，真正理解并确实从中有所发现，就对这些古玩著作加以修订和补充说明，仿佛用佛家的慧眼观察世界的本源。其他如焚香弹琴、栽花种竹的技巧，也都请教于行家里手。事后，我都逐条详加说明，以此来增加自己清闲独居的乐趣。

有时，我还在座榻旁边摆设钟鼎，在案头摆放琴书，在松窗下拓印帖文，在兰室中打开图画。此时，窗帘外香气缭绕，栏杆间花影摇动，争奇斗妍，即使空着肚子只喝清泉、只吞云霞，也足以忘掉饥渴。书斋中冰清玉洁，人间的浊气污垢一下子就洗涤得荡然无存了。清心寡欲，知足常乐，还有什么事能超过这种乐趣呢？

这里，我编成此笺，题名为"燕闲清赏"。

高濂

Contens 目录

叙古雅趣

山不在高，有仙则名；水不在深，有龙则灵。斯是陋室，惟吾德馨。苔痕上阶绿，草色入帘青。谈笑有鸿儒，往来无白丁。可以调素琴，阅金经。无丝竹之乱耳，无案牍之劳形。南阳诸葛庐，西蜀子云亭。孔子云："何陋之有？"

《洞天清录》中说："一个人生活在世界上，犹如白驹过隙，时间非常短暂。可是在这短暂的时间里，使人烦恼忧愁之事又占其中的三分之二的时间。完全能从忧愁中解脱出来而能享受清闲的，仅有十分之一的时间。即使这样，深明此理而能安享清闲之福的人又有几个呢？恐怕有百分之一二就不错了。而在这百分之一二的人中，享受的方式又大多以音乐、女色为主，根本不懂得我辈自有享乐之法——饱眼福而不贪女色，饱耳福而不听靡靡之音。在窗明净儿的书斋中焚香，高朋满座，佳宾玉立，打开古人精妙的书画作品，悉心鉴赏形似鸟迹蜗行的书法，欣赏奇峰兀立、远水长流的画卷，摩挲古钟宝鼎青铜礼器，目睹商周先贤遗留下来的珍贵文物。即兴挥毫，砚台中的墨水如岩泉涌流于笔端；抚琴鼓瑟，乐声如同金声玉韵响在耳畔，使人忘掉身在尘世之中。人们所说的享受清福，又有哪能超过这超凡脱俗的闲适呢？"

《白氏长庆集》中说："厅堂之中摆放四张木榻，安放两道素色屏风，置一张古琴，再放几卷儒家、道家、佛家的经书，即使白居易（字乐天，晚号香山居士）是这里的主人，也不过如此。仰首观山，俯首听泉，周围竹树云石环绕，美不胜收，从早到晚，目不暇接。有时景物相诱，真气相随，外部环境和内心真气相应和。在这样的环境中住上一夜，会感到身体宁静；住上两夜，会感到心神怡然；住上三夜，就会飘飘欲仙，不知身在何处了。"

《澄怀集》载："江南李建勋曾经收藏了一个一尺多长的玉磬。捏住它的挂绳，用沉香木节敲击它，发出的声音极为清脆激越。如果客人当中有人说出粗俗的话语，他就起身用力敲击几下玉磬，说：'让这声音暂且清洗一下我们的耳朵吧。'在这间悬挂玉磬的竹屋里，他宣称有四位朋友：把琴称为'峰阳友'，把磬称为'泗滨友'，把《南华经》称为'知

玩古图

明·杜堇。绢本设色，纵126.1厘米，横187厘米。台北故宫博物院藏。

画面的主题是文士在品鉴青铜鼎彝，其余侍者不同行为，刻画了琴、棋、书、画等四项文人的游艺活动。

心友'，把湘竹称为'梦友'。"

据说，南宋词人周密（字公瑾，晚年号泗水潜夫、弁阳老人、弁阳啸翁、华不注山人）曾经邀请赵孟坚（字子固，赵孟頫兄长）各自携带自己收藏的书画泛舟湖上，相互品评欣赏。酒到酣处，赵孟坚脱掉帽子，以酒洗发，披散晾干，盘腿而坐，醉态可掬，高声吟唱《离骚》诗句，旁若无人。将近黄昏，船入西泠桥，越过孤山，停靠在茂密的树林间，赵孟坚指着山脚树木最茂盛的幽静的地方，瞪大眼睛惊叫道："这就是荆浩（自号'洪谷子'，唐末五代最著名的山水画家）、董源（五代著名山水画家，曾任北苑副使，人称'董北苑'）两位大画家的得意之笔啊。"邻船的人听后惊叹起来，认为他是

被贬到人间的仙人。周密、赵孟坚鉴赏古人画作，竟是这般狂放浪漫，自得其乐。

唐太宗特别喜欢书法作品，据说收藏了王羲之真迹三千六百张，全部以一丈二尺长为一卷。其中，唐太宗最为珍惜的是《兰亭》帖，将其挂在宝座右边，从早到晚观赏。有一天，他对着儿子李治（即唐高宗）耳语道："我死后，将《兰亭》帖与我同葬。"后来唐太宗去世后，高宗就用玉盒装着《兰亭》帖，随葬在唐太宗的陵墓中。

陶弘景（南北朝著名的医药家、炼丹家、文学家，人称"山中宰相"，谥号"贞白先生"）隐居在贝都山时，曾经珍藏两把宝刀，一把叫"善胜"，一把叫"宝胜"。陶弘景挥舞双刀，双刀往往像

在云中翻飞。人们远远望去，恰似两条青蛇在云中穿梭。

唐代中期，一位老人带着五六个人抬着一棵大桑树请求拜见李德裕（字文饶，与其父李吉甫均为晚唐名相。唐德宗会昌年间，当政六年，内制宦官，外平幽燕，定回鹘，平泽潞，协助灭佛，有重大建树，被李商隐誉为"万古之良相"），李德裕接见，老人说："这棵大桑树，我家三代人都把它视作宝物。现在我老了，被

寒林重汀图

五代·董源。绢本淡设色。纵181.5厘米，横116.5厘米。日本兵库县黑川文学院藏。

画面中绘溪渚小丘，溪水回复，重汀辽阔。洲渚间林木环绕，其间一间间屋舍。时值初冬，大部分树叶凋零，仅余枯枝，一派江南清旷而萧瑟的平远景色展现眼前。

葛稚川移居图

元·王蒙。纸本设色，纵58厘米，横139厘米。北京故宫博物院藏。

葛洪，字稚川。此图表现葛洪携家人迁于罗浮山炼丹的故事。画面中重山叠嶂，树木葱郁，回环的流水，曲折的山径，营造了一个幽深宁静、远离尘世的世外桃源。

您的品德感动。听说你喜欢奇异的东西，所以把它敬献给你。这棵树中有奇宝，但必须要洛阳来的匠人解开它。"后来，李德裕叫洛阳的工匠解开这棵大桑树，要用桑木做两把琵琶。解开后树槽内生出两只白鸽，羽毛、翅膀、嘴、足，大小全都具备。因为工匠解木时厚薄不均，一只白鸽失去一只翅膀。保全完整的一只白鸽献给朝廷了，另一只独翅白鸽现在仍留在民间。

李靖（初唐名将，因功被封为卫国公，人称"李卫公"）珍藏的一根竹杖，从大宛国得来。这根竹杖质地坚实，杖身不是圆的而是方方正正，竹节上的须牙四面对称。李靖看重甘露寺一个和尚的道行，就把竹杖送给了他。有一天，李靖又经过浙江西部，路过甘露寺时问那和尚道："我送您那根竹杖没有坏吧？"和尚回答说："没有啊，我已经把它修圆并上了漆了。"李靖听后，叹息了好几天。

五代时期，蜀国词人文谷去拜访中书舍人刘光祚，刘光祚正好邀请两位道士前来欣赏他收藏的桃核杯。两位道士到后，刘光祚把桃核杯拿了出来。桃核杯宽一尺多，杯上的花纹非常清晰，惟妙惟肖，看起来真是蟠桃核制成的。刘光祚说："这个杯子是我年轻时云游华山时一个道士赠送给我的，我已珍藏好多年了。"座上的两位道士看过后，一位拿出一粒白色的石头圆珠，珠上的图案是两个孩童牵引着仙人，人物的眉毛、头发全部清晰可见，道士说是从麻姑洞得到的。另一位拿出一块石头，宽一寸，长二寸五分，石上隐约有一条蟠龙，鳞甲、头角、足爪、颈毛都看得一清二楚，道士说是在巫峡得到的。文谷高兴地说："多么幸运啊，我一天竟然

犀角雕九龙杖

清中期。长85厘米。上海博海拍卖有限公司2007年拍卖，成交价38.5万元人民币。

此杖犀角雕成，首尾用不同字体雕刻"寿"字，中段浮雕不同形态的九条龙，神态威武，栩栩如生。顶部中心处刻一个"寿"字，末端处以黄铜包住。

见到了几件宝物！"

隋朝的仆射苏威（字无畏，隋代名臣）有一面非常精妙的镜子，太阳、月亮缺了几分，那面镜子也随之暗淡暗几分。苏威以为这是因为镜子被仆人们弄脏了，并没把这件事放在心上。有一天，月亮缺了一半，镜子的一半也暗淡了，苏威才把这面镜子当做宝物珍藏在柜子里。后来，听见柜中有雷声，打开柜子一看，原来是镜子发出的声音。

隋朝末年，广州有一个喜爱收藏的和尚有三件宝物：一是王羲之的《兰亭》帖；二是神龟，用铜制成，腹内能容纳一升水，装满水后就能自己爬行，随便走来

走去；三是如意，用铁制成花纹，光莹透亮，颜色就像水晶。

唐代书法家欧阳询外出时看见一方古碑，碑文是晋代书法家索靖所书，便驻马观看了很久才离开。走了几步，又下马站着观看，站累了就坐在布毯上观看。后来，他干脆睡在碑旁，观看几天才离去。

唐朝画家阎立本到荆州，第一次见到南朝画家张僧繇的绘画手迹，叹道："此人不过徒有虚名罢了！"第二天，他又去看这幅画迹，叹道："像近代的高手所作！"第三天，他又去欣赏这幅画迹，叹道："盛名之下肯定没有无能之辈！"他有时坐着，有时躺着，反复欣赏，天黑就在画下过夜，连续十天都不愿离去。

曹公做了一张斜床，方便躺着看书。六朝人制作了一种"隐囊"枕，非常柔软，可以靠着阅读。制备这两样东西，都是为了方便欣赏古籍书画。

赵孟坚是宋代王族的后代，家中收藏的图书、钟鼎等青铜礼器珍品很多，自己也擅长绘画。后来，他在雨言川得到一卷字迹毫不缺少的《兰亭》帖，非常高兴，就连夜赶回嘉兴。船行至升山，狂风骤起，大风卷翻了船。赵孟坚站在浅水处，手里紧紧握着《兰亭》帖对其他人说："字帖幸好还在这里，其他东西都丢掉也不值得考虑了。"事后，他在字帖末尾写

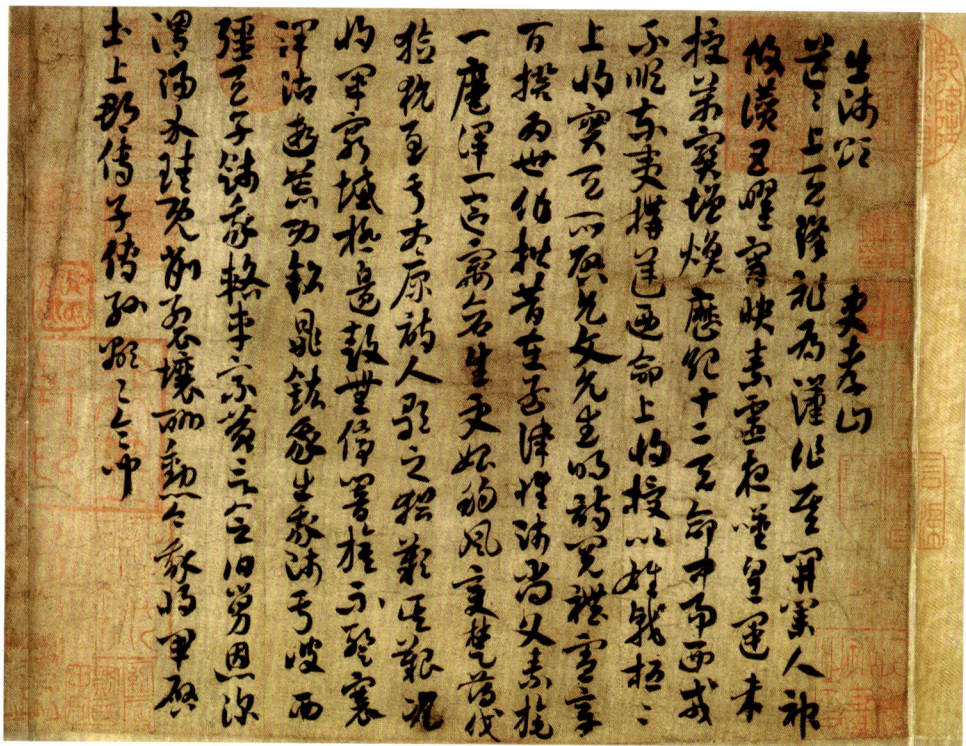

出师颂（绍兴本）

唐以前。纸本，章草书。纵21.2厘米，横127.8厘米。北京故宫博物院藏。

无名款，后人认为是西晋索靖或南朝梁萧子云作，或谓隋贤或唐人书，并无定论。从本幅中有唐太平公主、李约、王涯等人鉴藏印看，书写不会晚于初唐。

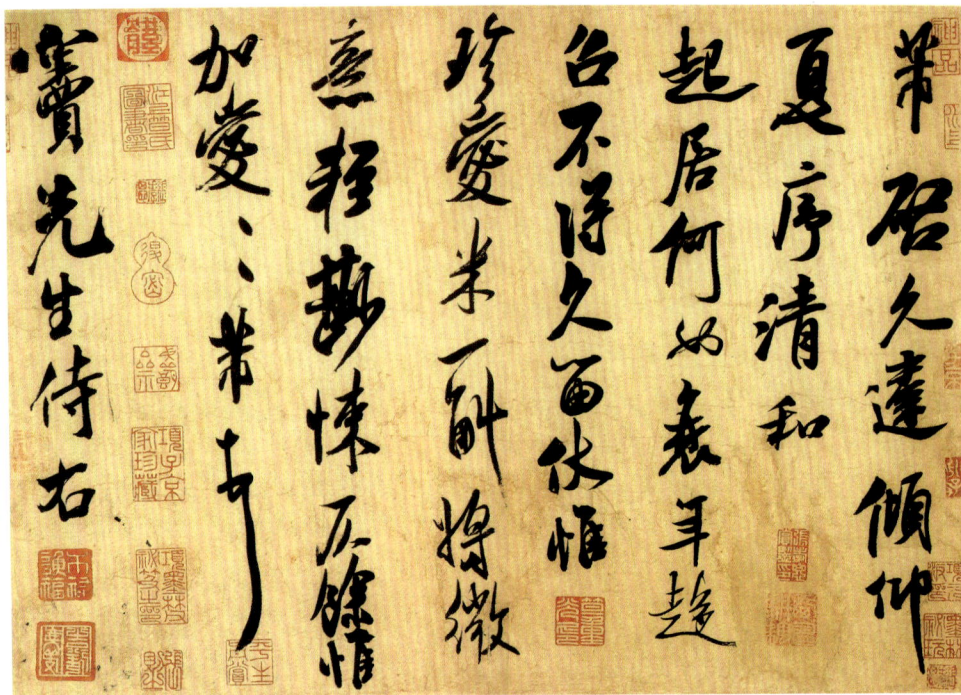

清和帖

宋·米芾。纸本，行书。纵28.3厘米，横38.5厘米。台北故宫博物院藏。

《清和帖》是米芾书法中的精品，行笔潇洒超逸，但用笔比较含蓄，与作品比较柔和了许多，但笔划的轻重时有变化，造型敧侧有致，平添了几分俊迈之气。

道："性命可轻，至宝是宝。"

米芾（字元章，宋代著名书法家、画家，号襄阳居士、海岳山人等，与苏轼、黄庭坚、蔡襄并称"宋四家"）年少时就享有盛名，因皇帝恩准而任校书郎之职。后又改任太学博士。苏东坡说："清雅脱俗的文章、超凡入神的学问何时才能出现，以洗涤当前文坛的毒气？我儿子得到了米元章的《宝月赋》，琅琅诵读，我躺着没有听完就一跃而起！遗憾与米元章共处二十年，竟然没能完全了解米元章，想不到他有如此文才！这篇赋超过了古人，更不要说当代人了！"

米芾因喜欢京口溪山的美景，就在那里定居下来，在城东修建了草堂，自己为草堂取名为"海岳"。他喜爱收藏书画和古玩，尤被黄庭坚（字鲁直，自号山谷道人，晚号涪翁，又称豫章黄先生，北宋诗人、词人、书法家，因参与过《神宗实录》的修撰，人称黄太史）看重。平生还喜好奇石，发现谁家收藏有秀美光滑的奇石，便穿朝服带着笏板，郑重其事地去拜访对方。他对奇石十分痴迷，所以被人们称作"石丈"。

奇珍传奇

文物是人类在历史发展过程中遗留下来的遗物、遗迹。各类文物从不同的侧面反映了各个历史时期人类的社会活动、社会关系、意识形态以及利用自然、改造自然和当时生态环境的状况，是人类宝贵的历史文化遗产。

不过，历史上有许多文物仅仅出现在史籍中，实物并没有流传下来，默默湮没在历史的长河之中。而史籍中记载的宝贝，有许多充满了传奇的色彩，至今仍令人感到匪夷所思。

《十洲记》记载："周穆王时，西域人进献了一把昆吾割玉刀和一个夜光常满杯。宝刀切玉如泥。夜光杯是用白玉之精琢制而成，在黑夜能发光。黄昏时，把夜光杯放在庭院中间，杯口朝天，到了天亮，甘美的露水会盛满杯中，那汁水甘醇香美。这种宝物实在是神仙所用的器物。"

周灵王建造昆阳台时，渠胥国进献贡品：玉骆驼，高五尺；琥珀凤凰，高六尺；火齐镜，高三尺，暗中照物如同白天一样清楚，人对着镜子，镜子就会显出影子，并发出回声。

西域折股国人能制造一种飞车，可随风远行，用鼓计算里程——车上有木人拿着鼓槌，车行一里路，就敲一槌鼓。

战国时，有人盗掘王子乔的陵墓，随葬物品中有一把宝剑，盗墓贼想偷走，可宝剑发出龙吟般的声音，一会儿就飞上了天。

吴王阖闾得到越国铸剑大师欧冶子为越王所制造的五把宝剑中的三把，一把叫"鱼肠"，一把叫"盘郢"，一把叫"湛卢"。

方丈山是龙居住的地方，龙在那儿争斗，脂膏血液如同流水一样多，呈黑色，一落地就像漆一样坚固地凝结起来，并发出紫色的光，人们用来制作宝器。

越王得到了昆吾山的铜，用其铸成八

记里鼓车（拓片）

东汉　张衡（传）。尺寸不详。

史书中记载，三国时马钧制作了记里鼓车，也有说是东汉张衡发明。《晋书·舆服志》："记里鼓车，驾四。形制如同南。其中有木人执槌向鼓，行一里则打一槌。"中国国家博物馆藏有模型。

吴王夫差矛

春秋　通长29.5厘米。湖北省博物馆藏。

夫差是阖闾之子。此矛与越王句践剑齐名,基部有两行八字错金铭文"吴王夫差自作用鈼"。冶铸精良,保存完好,出土时锋利如初,体现了春秋战国时期高超的冶铸技术。

把宝剑:一把叫"掩日",对着太阳,阳光就显得黯淡了——铁器属阴,阴盛阳弱才会有这种现象;一把叫"断水",用它把水一划,水便开裂而不能合拢在一起;一把叫"转魄",用它向月亮一指,月宫中的玉兔就会转身躲避;一把叫"悬翦",飞鸟游虫碰着它的锋刃,就会被截为两断;一把名叫"惊鲵",带着它渡海,巨大的鲸鲵就远远逃离;一把叫"灭魂",带着它走夜路,恶魔就会躲起来;一把叫"却邪",用它可以制服妖怪;一柄叫"真刚",用它切玉,如削土木一般。这八柄宝剑可以呼应四面八方之气。

汉朝时,西域人进献了吉光裘,这件皮衣放在水中数日也不会湿,放入火中也不会被烧焦。

汉武帝时,西毒国进献连环马笼头,用白玉制成,其中马嚼子用玛瑙制成,鞍用白琉璃制成。把这些东西放在暗室中,发出的光如同白昼。

汉武帝的桂宫中藏有有四件宝物:七宝床、杂宝案、杂宝屏、杂宝帐,所以人们又把桂宫称为"四宝宫"。

元稹(字微之,别字威明,唐代著名诗人)在秋天的一个夜晚登上黄鹤楼,站在楼上遥望江边有点点星光,就叫渔人去那儿钓鱼。钓起了一条鲤鱼,剖开鱼腹后得到两面宝镜,大小如铜钱一样。两面镜相合,背面有二龙若隐若现,鳞甲清晰可见。元稹死后,这两面镜子也不见了。

令狐绹(字子直,晚唐名臣)有一个铁筒,直径不到一寸,筒高四寸。从中取出一小本书卷,在阳光下打开书翻阅,原来是《九经》的足本。用的纸是蜡蒲团,文字精妙得无法形容。再次倾倒那铁筒,

越王州勾剑

　　春秋　通长55.7厘米。湖北省博物馆藏。

　　剑上用鸟篆铭："越王勾践，自作用剑。"证明此剑就是传说中的越王勾践剑。

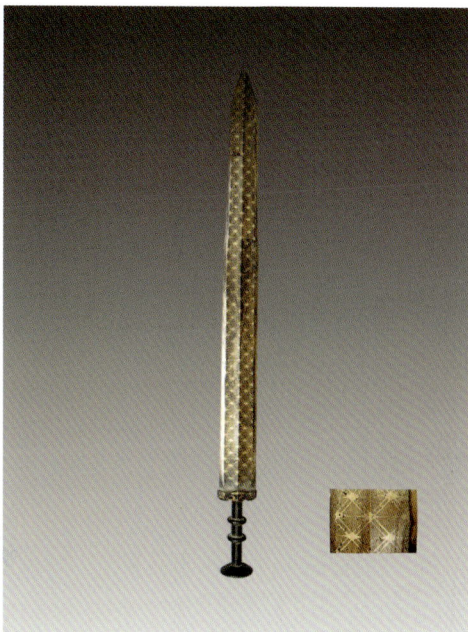

越王州勾剑

　　战国早期　通长56.2厘米。湖北省荆州博物馆藏。

　　此剑剑身近格处有两行错金铭文："越王州勾自作用剑"。州勾是越王勾践的重孙。

又倒出薄绸一匹，长四丈，一过秤，才半两重，似乎人工不能制造得出来。

　　贞阳观有一座天降炉，据说是从天上掉下来的，有三尺高。炉下还有一个盘子，盘内开出一朵莲花，有十二片叶子，每个叶子都隐隐约约显出一个生肖图案，十二片叶子十二个生肖俱全。炉盖上有一位仙人，戴着远游冠，披着紫霞衣，仪表端庄飘逸。他左手托腮，右手垂放在膝盖上，坐在一块小石头上。石头上有花竹、流水、松桧图案。整个画面雕刻得高古奇绝，意境深远，非凡人所能雕刻得出来的，定是神灵怪异之人的作品。南平王把宝炉拿去欣赏后，又还给了贞阳观，给它取了个名字叫"瑞炉"。

　　处士皇甫玄有一根避尘针，把避尘针

瑞兽葡萄纹镜

　　唐　直径173厘米。金懋国际拍卖有限公司2010年拍卖，成交价728万元人民币。

　　该镜工艺精湛，风格富丽华美。瑞兽姿态各异，刻画细腻，浮雕感很强，构图变化多端。葡萄叶蔓缠绕，与瑞兽、池水情趣天成。通体银光，虽历经千余年现仍光彩照人。

插在头巾上，可使全身不沾染一丝尘埃。针的颜色呈金色，试戴的人把针插在头巾上，骑马在尘埃中飞奔，人和马都会一尘不染。

刺史沈攸（南北朝时期南朝齐国名将，任荆州刺史）的马棚中群马惊鸣，派人去看，看见一匹白马肚腹上系着一根绿绳，一直从外面跑进马棚后又跑出去了，直接闯进内室了。察看家中的人，只有爱姜冯月华手臂上有一匹玉马是用绿丝绳穿的，放在她的枕头边，这匹马晚上就会溜出去，早上跑回来，看它脚上，还有泥污呢。

郧浪（南朝宋人）在九田山看见一只赤鸡，鸣叫的声音如同笙竽吹奏一样好听。郧浪一箭射去，赤鸡钻人石缝中了。凿开石头，便得到一只红玉鸟。

唐玄宗有一条玉制小龙。开元年间天下大旱，唐玄宗派人悄悄把这条玉龙投到龙池中，过了一会儿，云雾突然升起，风雨骤然而至。

唐玄宗天宝初年，安思顺（安禄山族兄，曾做朔方节度使）把一条五色玉带进献给唐玄宗。

李辅国（唐代权宦，唐玄宗和肃宗时

龙形玉佩

战国　长7.6厘米。现藏于台北故宫博物院。
青白玉质，器身为一S形龙，回首，龙体回绕有力，满琢谷纹，在中央下方，琢一小虬龙。

期的大太监）有一种叫"迎凉草"，这种草的茎像苦竹。夏天，把这种草放在厅堂中，则凉风悠然而至。他还有块"风首木"，有一尺长，上面雕有驾风图案，即使在严冬时节，高堂大厦也温暖如春。《十洲记》记载："这两种奇物都产自火林国。"

唐德宗到兴废宫，在宫墙夹壁中发现一条软玉鞭，把它折起来首尾可以相连；把它展开，可以像绳子一样拉直。

唐代执金吾陆大钧有一个侄儿，他的妻子晚上睡觉时，听到屋里有叽叽喳喳

玉猪

东汉　长10.3厘米。香港苏富比拍卖公司于2008年拍卖，成交价5.51人民币人民币。
白玉琢成，有褐色斑。作伏卧状，以阴刻线琢出猪的双耳、四肢及各部轮廓，腹下为平面。

的争吵声。醒来后四处寻找，发现枕头下面有两只玉猪，有几寸长，雕刻得非常精妙。把这两条玉猪装进枕头内，钱财便开始一天天增加。

贞观年初，林邑人进献了一颗火珠。火珠形状有如水晶，唐睿宗把它赐给大安国寺。水珠如石，呈红色，夜晚发出微光。寺里的和尚便挖地一尺把它埋到地下，流出的水可供一千人饮用。

汉宫积草池中长出一颗珊瑚树，有一丈二尺高，一条根长出三根茎，茎上有枝条四百六十三。

三国时，东吴孙权从地下挖出一个白色玉如意，如意柄上刻有龙虎图案。该如意长二尺七寸。

贺真如（唐开元年间一尼姑）有"五宝"和"八宝"。

五宝之一叫"玄黄天符"，形似笏板，长八寸，宽三寸，上圆下方，有小孔，用黄玉制成，能祛除兵灾、瘟疫和其他灾害；之二叫"玉鸡"，羽毛完整，如果帝王如果用孝道治理天下，它就出现；之三叫"谷璧"，用白玉雕成，直径有五寸，上面的纹饰呈谷粒状，帝王如果得到它，国家五谷丰登；之四叫"王母玉环"，有两枚，也是白玉雕刻而成，直径有六寸，比一般的玉环直径大得多。这五件宝物在空中都能发光，在阳光的映射下，发出的光芒不知有多远。

"八宝"之一叫"如意宝珠"，有鸡蛋那么大，发出的光亮如同十五的月亮；之二叫"红袜褐"，像大米粒一般大小，

红珊瑚树盆景

　　清　通高108.5厘米，珊瑚高48厘米。北京故宫博物院藏。

　　盆中插红色大珊瑚树，色泽红艳，粗如腕，阔如扇，形体硕大，枝干分布匀称。

玉镂雕谷纹"长乐"出廓璧

　　东汉　高18.6厘米，外径12.5厘米。北京故宫博物院藏。

　　青玉制作，局部有红紫色沁斑。器两面雕谷粒纹，内外缘各饰凸弦纹一周。出廓部分正中镂刻"长乐"二字，两侧对称透雕螭龙，身下饰卷云纹。

光彩灿烂如同红樱桃，人们只要看它一眼就碎了，但是用手摸它却很坚硬；之三叫"琅玕"，形状环，但只有环的四分之三完整，缺四分之一不完整；之四是"玉印"，有半只手大小，上面的图案像一只鹿陷在印章中，用它挤压其他东西，鹿的形象就会在那东西上印上；之五是"采桑钩"，有两根，长五六寸，细如筷子，像是用金银铜合金制成的；之六是"雷公石"，也有两件，形如斧头，长四寸，像用青玉制成。八件宝物放在太阳光下，发出的白光如火烛一般照亮天空；放在暗室内，发出的光像月光一样明亮。

魏国河间王有赤玉杯、水晶钵、玛瑙碗。

新罗国进献给朝廷一座万佛山，上面的佛像都是用沉香木、檀木或珠玉雕成，大的有一寸，小的仅几分。像米粒和豆粒

玉环

东汉　直径6厘米。香港苏富比拍卖公司于2010年拍卖，成交价9.35万元人民币。

青玉制成，玉色略泛黄，有沁斑，表面光素温润，以两条线分成三个棱面，磨饰光滑。

大小的佛头上，眉毛、眼睛、嘴巴、耳朵、头上的螺旋状的发髻，一丝一毫都不差。佛山上的幡盖流苏，是用金玉水晶辫制而成线状装饰物；佛山上寺庙里种植了檐匐罗等花木，山中有楼阁殿台，这些都用各种珠宝雕成。建筑物虽小，却凌空欲飞，灵动异常。山前还有几千个和尚走在路上，山脚下有一个三寸大小的紫金钟，一种叫"蒲牢"的动物衔着它。只要把钟一敲，行道僧就作起法事来，隐隐约约地还听得到声音。原来，紫金钟里有机关能发出响声。虽然给它取名为"万佛山"，其实上边的佛像根本数也数不清。

海外人进贡，送来一个"重明枕"，长一尺二寸，高六寸，颜色白净如水晶。上边有楼阁图案，还有十位道士，手中拿着香和书简，不停地循环往返。

刘曜（字永明，匈奴人，十六国时期前赵开国皇帝）晚上在家，忽然有两个小孩进屋向他跪拜，说道："管涔王（管涔，山西境内山名，汾河的发源地）派我们拜见赵皇帝。"并献上两口宝剑，跪拜后离去了。刘曜在烛光下看这两柄剑，剑有两尺长，光泽非同一般。剑背刻有文字："神剑，佩带它可以避开各种毒害而万毒不侵。"刘曜佩带这两柄剑，自己身上立即便变幻出五色光彩。

范椎（西晋大将军掾，西晋重臣范晷之子）的家奴在涧口放牛，捕捉到两条鲤鱼，鱼一出水面就变成了铁。范椎便将这块铁打造成一对双刀，他手持双刀对着大石山祈祷说："鲤鱼变成铁，我把双刀铸。举刀破山石，定有神灵护。"他一刀砍去，石头果然裂开了。

秦嘉（字士会，东汉诗人）有一面蟠

沉香木雕山水人物笔筒

　　明　高16.2厘米。北京匡时国际拍卖有限公司2006年拍卖，成交价143万元人民币。

　　此笔筒沉香木雕成，山岩嶙峋，苍松、幽竹、垂柳、石榴、房舍隐于远山近水之中，樵渔隔岸对坐，渔者头戴竹笠垂杆江面，樵者盘腿端坐，人物虽小，面目俱全。

勾连雷纹双流爵

　　西周早期　通高24.3厘米。日本白鹤美术馆藏。

　　束颈，圆腹，双流无尾，菌柱旁生，三锥足，兽头形盖，中部有半环钮，颈饰雷纹，腹饰勾连雷纹。盖和柱侧铸"□佳壶"三字。

龙镜和一块韩寿香，蟠龙镜据说能灭妖，韩寿香能生出香气。

　　刘表（字景升，东汉末年名士，汉室宗亲，荆州牧，汉末群雄之一）有三种酒爵：一件叫"伯雅"，可以装七升酒；一件叫"仲雅"，可以装六升酒；一件叫"季雅"，可以装五升酒。

　　李适之（唐代名士，与贺知章、李琎、崔宗之、苏晋、李白、张旭、焦遂，共尊为"饮中八仙"）有九件酒器：蓬莱盏、海川螺、舞仙杯、匏子卮、幔卷荷、金蕉叶、玉蟾儿、醉刘伶、东溟漾。蓬莱盏上雕有三座山，斟上酒则刚好淹没这三座山；舞仙杯里面有机关，一斟满酒杯中

仙人即翩翩起舞，香气扑鼻的小球就会浮出杯子。

　　仙家有三件宝：碧瑶杯、红蓉枕、紫玉函。

　　刘守璋送给洪崖先生（相传为轩辕黄帝的乐官，名伶伦，道号青城真人）一块铁砚台、四皓鹿角枕。

　　卞敬宗（南北朝时南朝人）藏有一个无患枕。

　　舜制作了一把五明扇；石虎（羯族，字季龙，后赵皇帝）制作了一把莫难扇。还有人制作了象牙桃枝扇、子建九华扇。张融有道士制作的白羽麈尾扇。夏胡制作了一把云香扇。汉代有翠羽扇、云母扇、

孔雀扇、九华扇、五明扇、回风扇。

陶弘景有一座雀尾炉；唐朝秘密府库中有七宝砚炉，一到寒冬，砚中墨水冻结了，一放到炉案上墨水就化了，根本不用火烤。

唐代咸通年间，开昌公主出嫁，嫁妆中有内藏宝物的金菱子、银栗子，还有连珠帐、却寒窗、犀丝簟、牙席、蠲忿犀如意、白玉九弯钗、辟邪香。

韦侍御（唐代诗人韦应物）赠给杜甫夫人一只夜飞蝉。

汉武帝把青钱砚、江西产的麟角笔、南越产的侧理纸赐给闉国。

唐昭宗赐给宰相张文蔚（唐末五代初名相）龙鳞月砚和宝相笔。

唐玄宗开元初年，西域罽宾国进贡一粒上清珠，所发出的光可照亮一间房子。

珠内有玉女仙人走动。如果有水灾、旱灾、兵灾发生，人们只要虔诚地祈祷以祛除灾祸，没有不应验的。

廉郊（唐武宗在位时一名乐师）在荷花池边弹琴，荷花池中跳出一片方铁皮，有一位懂行的人敲击它，能发出乐声，因此给它取名为"蕤宾铁"。

安禄山把玉龟、玉凫雁两件宝物进献给唐明皇。

杨贵纪制作了一个绿玉磬。

沸楼国有一种青玉钵盂，可以装三斗左右的东西，壁厚约两分。

咸阳宫有青玉制作的灯架，有七尺高。

孙文台（孙坚，子文台，东汉末年著名军事将领）收藏了一个青玉马鞍。

魏王曹操得到一块石头，胡人鉴别后认为是宝物。

铜双狮戏球暖砚

元　高13.5。苏州市吴门拍卖有限公司2010年拍卖，成交价14.56万元人民币。

盖有立体双狮戏球，形态生动。分为盖、身、底三部分，底部可蓄热水，冬天可防墨冻。整器比例规矩恰当，玲珑可爱，贵气典雅。

青玉谷纹出廓璧

东汉 高21.8厘米。美国华盛顿佛利尔美术馆藏。

和田青玉制成，玉质温润。出廓部分为典型的汉代螭龙纹，器身部分满布谷纹。

真腊国（在今柬埔寨境内）献来万年蛤蟆，在晚上发出的光如同月亮一样明亮，但连积雪也融化不了。偶然之间还得到了一只金牛。

祥符年间，皇上铸造了几只金龟赐给近臣。

周穆王在昆仑山，看到了银烛。

嵇昌收藏了一个采星盆，夏天把水果放在盆中浸泡，水果要比普通环境下存放的凉得多。

蒲泽国献来能够遮太阳的窗帘，夏天可以驱走屋内的暑气。

宝物中有琉璃瓶、珊瑚块、女珊瑚、青螺卮、五色文玉环、金博山炉、琥珀枕、玛瑙环、云母屏、九龙台灯、百枝灯、蓝田磬、照夜玑、琐子帐、紫玉笛，这些都是汉代、唐代的奇珍异品。

司徒空（唐代诗论家）在中条山隐居，用松枝制作笔，叫幽人笔。

房琯（字次律，唐代名士）的弟子金图十二岁时，手拿几颗水玉珠，光彩照人。

鎏金银竹节铜博山炉

汉 高58厘米，底座径13.3厘米。陕西省兴平县茂陵博物馆藏。

这是一款高足汉代博山炉，底座上有两条镂雕的龙，龙仰头张口，上承炉柄。炉柄作五节竹节状，柄上端铸出三条曲体昂首的长龙，龙头上托炉身，龙体鎏金，爪鎏银，体态矫健，形象生动。

唐询（字彦猷，北宋书画家）制作了一方红丝砚，自称是天下第一砚。

郭从义（沙陀人，五代至宋名臣）从地下挖出一个绿玉四方小杆臼，四角各有一个胡人坐在上面，器旁有一行篆字："仙台秘府小中臼"。

元自诚（北宋房州刺史）有一个抵鹊杯，颜色似珉石，用它盛水和果子，夏天果子和水都非常冷，而冬天不会结冰。

郭江洲（五代时著名工匠）有一个占景盘，用铜制成，上端伸出一很小管子，插上花，可以保存十多天而不凋谢。

孙总监千金购买来一块绿玉，巍峨如山，让玉匠琢成一座博山炉，炉顶上隐隐约约升出一缕香烟。孙总监将其取名叫"不二山"。

白居易（字乐天，唐代伟大诗人）有句诗叫"银花不落从君劝"。"不落"是一种酒器，有"水晶不落杯"。

汉隐帝（十六国时期前赵国君）有几颗"小摩尼珠"。

冯夫人有一面葡萄镜。

杜光庭（字圣宾，号东瀛子，唐末五代道士）有一根骄龙杖，像猩猩血一样鲜红，像玉石一样重，不像是用竹木制成，据说是神仙遗落在人间的。

葛溪这个地方的铁匠制作剪刀，要在剪刀上刻了三个字："二仪刀"，剪子两个刀刃相交处是一个环状物，剪起东西锋利无比。

又有人从地下挖得一个金鹿和一个银獐子，是西域曹奴人在漾水献给天子的宝物；还有银猪、金狗之类的宝物，是古代用来笼络少数民族的东西；像小铜猪、牛、羊之类十二生肖动物制品，都是墓中随葬物品。

海兽葡萄镜

唐　直径15厘米。中国嘉德国际拍卖有限公司2010年拍卖，成交价341.6万元人民币。

镜背内区高浮雕六只瑞兽环绕镜钮，在葡萄叶蔓之间攀援嬉戏，铸造工艺极为精细；外区饰一周同向环绕的瑞兽、鸾鸟、骏马、梅花鹿等动物纹饰，点缀于葡萄枝蔓之间。

《西湖志》记载：

宋高宗巡行来到张俊（字伯英，与岳飞、韩世忠，刘光世并称南宋"中兴四将"，后转主和，贪婪好财）家，张俊进献的御用物品有狮蛮乐仙带、池面玉带、玉鹊兔带、玉璧环、花素玉高脚盅子、玉枝梗瓜、玉瓜杯、玉东西杯、玉香鼎、玉盆、古玉剑璏等二十七件；玉犀牛盆、白玻璃圆盘、玻璃花瓶、玻璃枕、玛瑙物二十件；龙纹鼎、商杯、高足杯、商父杯、周盘、周敦、周代大杯、周代兽耳酒杯、汝窑酒瓶二对等宝器。

此外，还有曹霸（曹操后人，唐玄宗时期画家，能文善画，擅画马）画的《玉花骢》、冯觐（字遇卿，宋代画家）画的《霁烟长景》、易元吉（字庆之，北宋画家）画的《写生花卉》、黄

中兴四将图

宋·刘松年。绢本设色，纵26厘米，横90.6厘米。中国国家博物馆藏。

此图绘南宋中兴四将，左起：岳飞、张俊、韩世忠、刘光世，每人带一仆从。

居寀（字伯鸾，五代画家）画的《竹石锦鸠图》、吴道子（唐代画家，被后世尊称为"画圣"）画的《送子天王图》、张萱（唐代画家）画的《丛竹》、边鸾（唐代画家）画的《萱草山鹧》、黄筌（字要叔，五代宫廷画家）画的《鹧鸪萱草》、宗妇曹氏画的《桃溪蓼岸图》、杜庭睦（唐代画家）画的《明皇斫脍图》，还有赵昌（字昌之，北宋画家）的《踯躅鹌鹑图》、梅行思（五代南唐画家，尤以画鸡见长）画的《踯躅母鸡图》、杜霄（五代画家）画的《扑蝶图》、巨然（五代、北宋著名画家，擅山水）画的《岚锁翠峰图》、徐熙（五代南唐杰出画家）画的《牡丹图》、易元吉画的《写生枇杷图》、董源（字叔达，五代南唐画家，事南唐主李璟时任北苑副使，故又称"董北苑"）画的《夏景山口待渡图》、李煜（五代南唐后主）画的《林泉渡水人物图》、荆浩（字浩然，五代后梁画家，曾隐居于太行山洪谷，故自号"洪谷子"）画的《山水图》、吴元俞（宋代画家）的《紫气星》，都是珍品。

欧阳通（字通师，唐代著名书法家，

万壑松风图

五代·巨然。绢本墨笔，纵200.7厘米，横70.5厘米。上海博物馆藏。

笔墨沉厚浑朴而不失腴润秀雅，天趣盎然。坡石用淡墨作长披麻皴，再以焦墨、破笔点苔，有沉郁清壮之韵。画中屋宇以界画而成，表现了画家怀有丰富的绘画技巧。

竹石锦鸠图

　　五代·黄居寀。绢本设色，纵23.6厘米，横45.7厘米。台北故宫博物院藏。

　　深秋初冬，树叶凋零，几只鸠雀或栖在枝头，或在山石、水旁觅食啄饮。山石略加勾点，以皴笔擦出。竹丛树叶皆以勾填法绘出。几只鸠鸟姿态各异，刻画细致，质感丰厚。

夏景山口待渡图

　　五代·董源。绢本设色，纵49.8厘米，横329.4厘米。辽宁省博物馆藏。

　　《夏景山口待渡图》描绘的是江南夏日山水景色，山势重叠，缓平绵长。草木丰茂，江水秀润，云雾显晦，在董源之点染皴擦中尽显，宋人评其画作时认为"水墨类王维，着色如李思训"。

欧阳询之子）善于装饰书斋，他给放砚台的屋子取名"紫方馆"，给贝光（一种今天已退出实用而极为稀见的文房用具，以贝壳所制，用来研光纸张）取名叫"发光地菩萨"，给墨取名叫"金小相"，给镇纸取名为"小连城""乾钩史"，给界尺取名为"由淮氏"，给笔取名为"畦宗郎君"，给槽取名为"半身龙"，给裁刀取名为"治书奴"。

　　宝晋斋（即米公祠，原名宝晋斋，位于安徽无为县城内，为北宋著名书画家米芾知无为军时所建）有天然形成的砚山、玉蟾蜍，都是稀世珍宝。

　　古代有一些神器。如禹鼎，可以测朝代的兴亡；《瑞应图》中的宝鼎，不用在灶上烧，鼎中的水自己就沸腾了，鼎中的食物不煮自热，鼎中的水不汲自满。这座鼎用完后不用人们搬运，它自己就收藏起来了。

　　吴明国进贡了一口常燃鼎。

　　赣州产的铁锅有几围大。

　　丁缓（汉代长安著名巧匠）制作了一座九层博山炉，炉上雕刻的禽兽可以自己

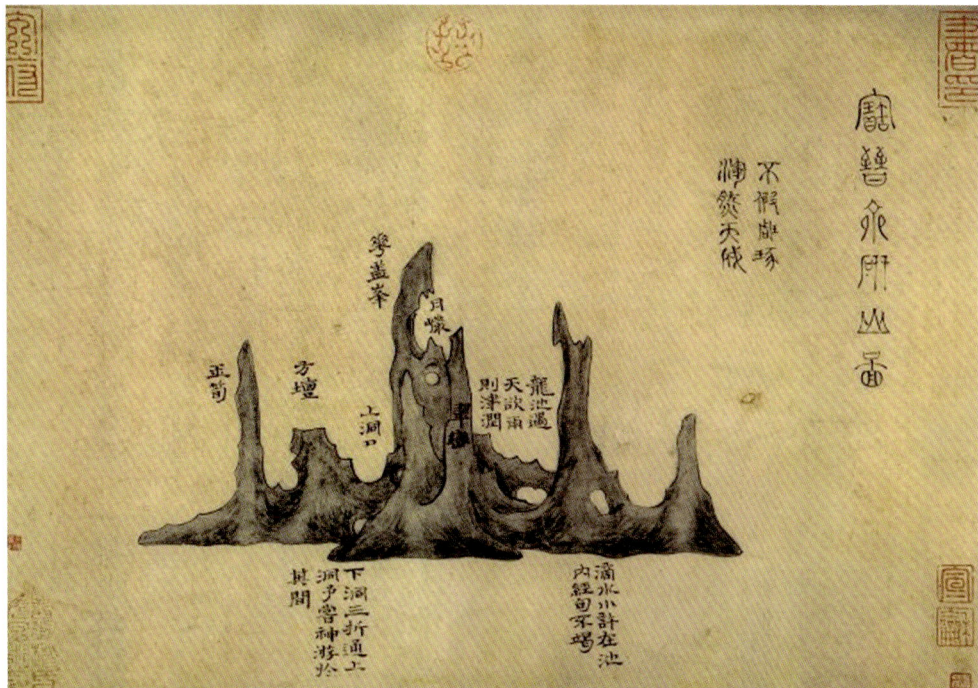

研山图

宋·米芾《研山铭》之局部。北京故宫博物院藏。

米芾少有的传世画作之一，用篆书题款为："宝晋斋研山图不假雕饰，浑然天成"。"研山"是一块山形砚台，在研山奇石图的各部位，用隶书标明："华盖峰、月严、方坛、翠峦、玉笋下洞口、下洞三折通上洞、予尝神游於其间、龙池、遇天欲雨则津润、滴水小许在池内、经旬不竭。"

走动。

渤海国进贡了长三尺的玛瑙柜。

南昌国进贡了一个大玭瑁盆，盆里可装十斛东西。还进贡了一个紫瓷盆，可装五斗东西，但很轻，拿起它就像鸿毛一样。

汉朝时有人收藏一个铜澡盆，夜晚敲击它，发出的声音同长乐宫的钟声相呼应。

汉武帝把樱桃放在赤瑛盘中，赤瑛盘就会变成和樱桃一样的颜色。

周必大（字子充，一字洪道，自号平园老叟，中国南宋政治家、文学家，官至左丞相，封益国公，人称"周益公"）有一个酒杯叫"鹤飞盏"，斟上酒，杯上的

鹤就飞起来，饮干酒，鹤就不见了。

唐代有一种青玉枕，冬暖夏凉，喝醉酒的人枕着它睡很快就清醒了，清醒的人枕着它进入梦乡就会进入仙境邀游。

孙太医有一件玉罗汉屏风，上面的罗汉形象栩栩如生。

汉宣帝时有一个玉八角升，是西部少数民族进的贡品，浇水不冷，火烤不热。

唐代有一个十二时辰盘，使用它时，它会随着时辰不同而变换景物，比如子时是鼠，丑时是牛等。

天帝的流光爵，把它放在太阳下，发出的光芒把天都照亮了。

南海有虾头杯。

曹植（字子建，三国时魏国诗人，曹操三子，封地在陈郡，卒谥思，故后人称之为"陈王"或"陈思王"）有一个鹊尾酒勺，想劝谁喝酒，勺柄就对着某人。

王肃（字子雍，三国魏儒家学者，著名经学家）制造成功铜鼠圆球，白天黑夜都能自己转动。

南方有一种风狸杖，用它指一下禽兽，禽兽便会死去，想吃什么动物的肉随心所欲。

含洭县翁水口下东岸有圣鼓杖，船中有了它，风浪就不会打击船。

徐风有一根缩节杖，如笔管一般粗细。在前二十年里，每年长出一节；后二十年里，每年减一节。

郭休（字退夫，唐代隐士）有一根红色夜明杖，晚上拄着它走路会发光。

柳真龄（字安期，宋人）很珍惜铁拐杖，这根拐杖婉转扭曲，形若虬龙，好像天然生就一般。拄着它行走，就发出微响声。

唐明皇有一件虹蜺屏屏风，将其赐给了杨贵妃。屏风上雕刻的美女，晚上能走下屏风唱歌跳舞。

马弋山有床紫菱席，冬暖夏凉。

秦始皇出行时带着山铎，敲击它，声如雷鸣。

皇家内库收藏有青玉酒杯，杯上的花纹杂乱如丝缕，杯壁像纸一样薄。把酒斟入杯中，开始温温的有点热气从杯中逸出，一会儿酒就像开水那样烫，因而给它取名为"自暖杯"。

西域龟兹国王进献了一个枕头，质地

竹林品古图

明·仇英。绢本设色，纵41.1厘米，横33.8厘米，北京故宫博物院藏。

写文人雅士聚于竹庭之中，品评古玩字画，以细腻的笔触将情态一一表出，格调清逸。工笔重彩，在绚丽中呈现出精细、粗劲、灿烂、清雅等变化。

青玉龙凤纹杯

汉·高14厘米，口径6.1厘米。北京中嘉国际拍卖有限公司2009年拍卖，成交价89.6万元人民币。

青色玉间有红褐色沁。腹部呈直筒形，带一环形鋬耳，对侧浮雕一螭龙。杯身满饰勾连云纹，上饰一凤纹。杯底为束腰鼓敦形。

像玛瑙，枕着它睡觉，十洲三岛、五湖四海的壮丽景色尽入梦境，因而给这个枕头取名为"仙枕"。

虢国夫人有一个夜明枕，发出的光可照亮一屋，根本不用灯烛照明。

战国时魏国有个在野外耕作的农夫得到了照室玉。

王莽有一块灭瘢玉，将玉打碎涂抹瘢点，瘢点马上就消失了。

唐顺宗时，西域进献了两件玉石，一件样子像老虎，把它放在山岩上，野兽们都害怕而驯服；一件样子像龙，把它放在水中，波浪翻腾如长虹映日。

扶余国（今东北境内）出产一种火玉，呈赤色，可以用来烧热锅鼎。

尧帝在黄河和洛水交汇处得到一块一尺见方的玉板，板上画有天地的形势；还得到一块作为信物的金璧，璧上文字记叙了自然界的起源。

大禹到龙门巡游，天神送给他一部玉简。又巡游东海，得到一块碧色玉圭。楚地人又献上一枚玉印。

伯颜（元朝丞相）到于阗国，挖井得到一个玉佛，有四尺高。对着光看，人的筋骨都看得一清二楚。

魏武王曹操的王后有玉钵装奇宝，转动也不会脱落，这是西域地区的鬼斧神工之作。

唐肃宗赐给李辅国香玉辟邪，高一尺五寸，奇妙无比，香传几里远，香气沾染在衣服上，多年不散。

唐宣宗时内廷藏有十二枚玉棋子，把这些棋子按十二个时辰的顺序入水中，随着每个时辰的来到逐一浮出水面，不会出现丝毫差错。

白玉圭璧

战国　通高10.2厘米，玉璧直径8厘米。大唐四季拍卖北京有限公司2011年拍卖，估价120万元人民币。

和田白玉制成，玉璧、玉圭合二为一，玉璧出廓，玉圭为常见的尖首圭。

苏威（字无畏，隋代宰相）有一面应日镜，日蚀时太阳缺几分，镜面也相应地昏暗几分。

唐代有瑞英帘子，人在帘内，遍身都是光，显得出奇地夺目。

唐代韩王李元嘉有铜鹤酒杯，酒斟到杯的腹部杯就直立，酒斟少了杯就倾覆。

唐代长安大殿的角上有铜雀，能鸣叫。

沈传师（字子言，唐代书法家）得到一匹玉马，玉马能够嘶鸣。

南北朝时南梁的杨光欣得到一条玉龙，龙腹中能装进进水，水就从龙嘴中喷出，并发出笙簧演奏般悦耳的声音。

楚地一个人打渔时，得到夏禹王的支祁锁。

唐代翰林院有一个素铃，黄河以北发

玉龙形佩

西周 最大直径6.5厘米，厚0.7厘米。中国社会科学院考古研究所藏。

玉呈碧绿色，琢成一蜷曲龙形，以双钩线雕出臣字形眼和身上的鳞纹。

鸾凤飞舞镜

唐 直径22.3厘米。北京中拍国际拍卖有限公司2010年拍卖，成交价470.4万元人民币。

葵花形铜镜，背面以高浮雕手法塑一鸾凤图案，展翅欲飞，回首顾盼。凤颈弯曲呈"S"形，显得遒劲丰满，动势感极强。

生战争，铃就自动响起来。

后周世宗有二十四片应气瓦，顺应节气敲击这些瓦，瓦上带孔的仪器就显示出什么节气来，一点不错。

汉高祖长陵有匹铜骆驼，骆驼身上长出毛，毛上生花。

郫县有匹铜马，能嘶鸣。

长州的官衙里有一个铜龟，铜龟背上能根据时令显出文字。

李子长（明朝著名画师）用木头制作了一个囚徒，将其放在苇席上，如果官府审理官司没有差错，木囚徒就会拜伏，否则就猛地站起来。

周穆王有一面火齐镜。

周灵王有一面月镜，这面镜洁白如月。

汉高祖有一面表里镜，可以照见五脏六腑。

无劳县（在今越南中南部）舞溪旁的石窟发现了一面方镜，秦始皇称之为照骨镜。

荀讽家中有面年代久远的铁镜，直径五寸多。这面镜子的神奇之处在于：几个人一起照镜子，每个人只能看到自己的影子，而看不到别人的影子。

隋末唐初人王度有一面照疾镜，生病时用它一照，疾病就好了。

后蜀孟昶在位时张敌得到一面镜子，用这面镜子照人后，此人终身无病。镜名叫"无疾镜"。

黄巢（唐末起义领袖）有一面三方镜，能同时照见左右前三方的景物。

唐代有一面秦淮镜，能照见人的五脏六腑。

唐天宝年间有一面水心镜。天宝七年，天下大旱，镜中龙口吐出烟雾，马上就开始下雨了。

唐代有夷则镜，是从井中得到的。

有一面隧铜镜，对着太阳就冒出火苗，用艾草一接近，艾草就燃起来了。

唐代长安人任中宣有一面飞精镜，后

"练形神冶"瑞兽团花镜

　　唐　直径21.5厘米。中国嘉德国际拍卖有限公司2010年拍卖，成交价324.8万元人民币。

　　铜镜背面内区有六朵团花，团花内饰三瑞兽和三鸾鸟相间排列，其中一鸾鸟人头鸟身，为佛教中的美音鸟"迦陵频伽"。团花之间饰以花卉纹，排列极规整。双弦纹高圈外环绕一周四言骈体铭文。

来被神仙拿走了。

　　王宗寿（字永年，五代前蜀人）有一面铁镜，原来没有光亮，有一天突然发出光芒，王宗寿就拿到市场去卖，有一个穿青衣的小孩高兴地来回观赏，并说道："这铁镜是神灵之物，应当归还。"便把铁镜拿走了。

　　王幼临制作了一面住持镜，能照见人马。

　　某人有面百里镜，光芒可照百里之远，后来献给了吕蒙正（北宋名相）。

　　宋时泰宁县（今福建西部）有个农夫得到一面镜，用它照发烧的病人，病人立即退烧，觉得一身筋骨都冷起来，所以取名"生寒镜"。

　　世上有一种透光镜，用镜子对着日光，镜子就现出二十个字，反射在墙壁上清清楚楚；有一种知来镜，用它测算前途，可知前途凶吉。

　　在谯亳这地方有种镜子，用手抚摸，

镜子里就发出铿锵的声音，人们称之为"响镜"。

　　史良娣（西汉宣帝的祖母）有一面宝镜，能照见妖魔鬼怪。有位道士拿了一面匿魅镜，狐狸精躲在草中作祟，用镜一照，狐狸精就现出原形。

　　说到宝剑，如颛顼帝的腾空剑，用它指挥军队，就会打胜仗。把剑插在剑鞘中，常常发出声音。楚王有一把太阿剑，把剑一挥，全军流血。汉高祖有赤霄剑。蜀后主有镇山剑。唐代的宋青春有柄青龙剑。唐德宗有柄火精剑，夜里能发光。五代成都有一个叫朱善存的家中有芝烟剑，天下太平它就产生香气。胡识有破山剑。宋代沈括《梦溪笔谈》中记载钱塘人闻人绍有一柄灵宝剑。

　　以上各种东西，都是宇宙间神秘奇异

"传闻仁寿"铭昆仑奴镜

　　隋　直径24.2厘米。上海正德拍卖有限公司2006年拍卖，成交价385万元人民币。

　　镜背面以四组莲花宝珠纹将主纹饰区分为四区，以高浮雕工艺雕塑四组纹饰，纹饰图案以胡人为主题。主纹饰外区平台铭文一周。

簪花仕女图

唐·周昉。绢本设色，纵46厘米，横180厘米。辽宁省博物馆藏。

全图分为四段，画四嫔妃和两侍女，作逗犬、执扇、持花、弄蝶之状。唐代女子以胖为美，画中仕女不仅体现了当时人们的审美趋向，服饰也真实地反映了当时的女性时装文化。

的宝物，都被造物主掌握，哪能让这些宝物流落到凡间！即使有战乱火灾发生，恐怕在这些战乱中，宝物也不会受损。古训说"玩物丧志"，但这些宝物并不是使人丧志的东西，记录出来可以扩大人们的见闻。

绘画作品许多也神奇怪异，像汉代刘褒，所画的《交风图》使人看到顿觉寒冷，《云流图》使人看到就觉得炎热。

唐代宁王李宪擅长画马，所画的《六马滚尘图》，后来其中的一匹马竟然丢失了。

唐代有一幅《龙水图》，用白绸作龙的衣服，画里锅中的二条龙就飞走了。

周必大画了一幅《岳州图》，图中谯楼会时时变换匾额。

赵颜（唐代进士）得到一幅仕女图，画上女子竟从画上走出来当赵颜的妻子，并生下一子。

韦叔文（唐代进士，善画马）画了两匹马，尚未着色，西岳山神把画要去了。自己改名换姓应试科举，竟然金榜题名。

赵浍画了一幅《儿啼图》，隔壁的僧人听到小儿夜哭，责问赵浍，赵浍便用画笔画了奶汁喂进小儿口中，小儿便不哭了。

冯绍正（唐代画家）画龙，未画完，只见一道白气从厢房屋檐飞出落人池中，顿时雷声隆隆，大雨倾盆。

廉广（唐代画家）画了一幅《二鬼兵图》，一天夜里风雨交加，两个鬼兵之间间相互打了一仗。

张僧繇画的佛像，夜间能够发光。

贯休和尚（五代画僧）在信州画的罗汉能够飞动。

王元俊画了在墙上一把扇子，一个客人到来，竟把扇子拿走了。

曹不兴（三国时吴国画家，被称为"佛画之祖"）在屏风上作画，不小心滴了一点墨，把画面弄脏了，就将墨点画作一只苍蝇。孙权以为是只真苍蝇，就用手去摸。

镇江兴国寺的和尚因鸽粪弄脏了佛像而发愁，张僧繇就在寺庙的两壁上画上鹞鹰，鸽子就再也不飞进寺庙了。

云光寺的西墙上画有一幅《七鸽图》，还没有画完时，其中一只鸽子便乘云飞走了。

长兴成山寺的墙上画有猿和鹤，常常飞来跑去。

顾光宝（南朝画家）画了一头狮子，形象极为夸张，吃过动物的狮子嘴巴还有

十六罗汉图·诺距罗

五代　贯休。绢本设色，纵129.1厘米，横65.7厘米。日本高台寺藏。

贯休生于唐末，入蜀后称为禅月大师，画承阎立本风格，后自成一家。其风格奇古，造型夸张，富于装饰趣味。《十六罗汉图》为宋摹本，绘释迦的十弟子，有唐画遗风。

十六罗汉图·迦诺迦

五代　贯休。绢本设色，纵129.1厘米，横65.7厘米。日本高台寺藏。

贯休笔下的这些罗汉，大都粗眉大眼、丰颊高鼻，形象夸张，即所谓"胡貌梵相"。

淋漓的鲜血。

何尊师（五代至宋画家）画成一只猫，老鼠见到就躲了起来。

石恪画好飞鼠，把画挂起来，老鼠再也不进屋里来了。

杨子华（北齐画家）画的马，夜晚能听见马啼声、撕咬声和嘶鸣声。

韩幹（唐代画家）画的马，连神仙都来索取。

唐朝画家吴道子讨厌和尚，在墙壁上画了一头驴子，一夜之间，和尚屋里的家具都被驴子踏坏了，没有一件是好的。他

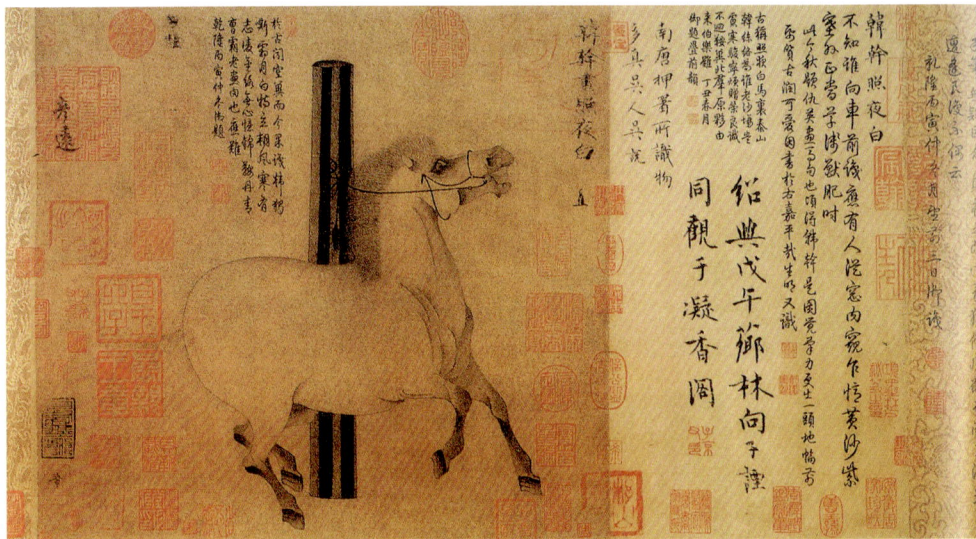

照夜白图卷

唐·韩幹。纸本设色，纵30.8厘米，横33.5厘米。美国大都会博物馆藏。

画的《五龙图》，天将下大雨时，画面上就会烟雾笼罩。

张藻（字文通，唐朝画家）一只手握两支笔，同时画了两根树枝，一枝枯萎，一枝树叶茂盛。

贾似道（字师宪，号秋壑，南宋权相）遇见一位道士，道士画了一朵莲花，微风吹来，莲叶竞摇动起来。

这些画都奇妙难测，凡人不能了解其中的奥妙。总之，都是古人凝聚元气而与自然环境相互融合的产物。

"照夜白"是唐玄宗所喜爱的御马，它被系在一木桩上，鬃毛飞起，鼻孔张大，眼睛转视，昂首嘶鸣；四蹄腾骧，似欲挣脱羁绊。不仅画出马的膘肥肌健的外形，更着力表现其杰骜不驯的雄骏神采。

铜器清赏

　　中国古代，尤其是夏商周时期，成组合的具有"藏礼"作用的青铜礼器体系，是中国青铜文化有别于其他民族青铜文化的突出特征。这是由于"以礼治国"是中国古代政治所独特的统治艺术，以"周礼"为代表的礼仪体系贯彻到政治、经济、军事、文化等社会生活的各个方面，影响了其后数千年中华文明史。带有鲜明礼仪特色的中国文化，在古代世界文化发展史上具有独特的地位。

论古铜器具种类

　　上古时的铜器保存到现在的种类有很多，姑且拿适用的几种来谈一谈。

　　铜鼎是古人祭祀时盛放食物的器具，有用三鼎、五鼎来供奉祭祀神灵的说法。现在，人们将它用作烧香的香炉，已不再用它盛放供品祭祀神灵了。不过，鼎因大小不同又有两种用途：大鼎设于厅堂之上，小鼎放置于书斋之中。

　　方鼎以飞龙脚文王鼎为上品；兽吞直角亚虎父鼎、商代的召父鼎、周代的花足鼎、光滑而没有纹饰的如南官鼎，要次一等；周代的像篮鼎，腹大而鼎足像鸡腿，还有百乳鼎，都是下品。方鼎中的小鼎，如周王伯鼎、单从鼎、周丰鼎，还有四五寸大小的青绿小方鼎和铬金色小方鼎，其样式效法周文王王伯鼎的样式制作，适合放在书斋中作熏香之用，这些大多是唐代的官办作坊和元代的姜娘子所铸造的，鼎上花纹精美，样式美观。

方鼎

　　西周　通高24.4厘米，口长18厘米，口宽14.2厘米。上海博物馆藏。

　　立耳，方折口沿，腹浅，细长柱足，典型的西周早期方鼎形制。面饰饕餮纹，四足上端饰有牛首纹，生动形象。内有铭文24字，记载周成王在洛邑祭祀周武王，贵族德参与其事，受到成王赏赐，作器以记之。

百乳龙纹鼎

西周 高17.6厘米，口长14.9厘米，口宽11.2厘米。山东滕州市博物馆藏。

体呈长方槽形，直耳方唇，腹壁倾斜，四隅有扉棱，柱足细长。四壁上部以短小扉棱为中心饰相对的龙纹，左右两侧和下部饰三列乳钉；中部平素无纹。柱足根部饰兽面纹。内壁铸铭文"作尊彝"三字。

大禾方鼎

商代晚期 高38.5厘米，口长29.8厘米，宽23.7厘米。湖南省博物馆藏。

方立耳，折沿方唇，直腹柱足，立耳阴刻龙纹，腹四壁浮雕人面，浓眉大眼，阔鼻宽嘴，凸颧骨，两侧有角和爪，腹内壁铭文二字。

兽面纹青铜方鼎

商代早期 高100厘米，口边长62厘米。中国国家博物馆藏。

又名饕餮乳钉纹方鼎、杜岭方鼎。直口，折沿，方唇，沿边二拱形耳，外侧有凹槽。斗形方腹，足为圆柱形，腹饰兽面纹和乳钉纹，是迄今发现的商代早期青铜器中最大的一件。

三兽面圆鼎，有商代的父乙鼎、父己鼎、父癸鼎、若癸鼎；圆腹鼎，有商代的子鼎、秉仲鼎、象形饕餮鼎、立戈鼎、季娟鼎；光素无纹的，像商代的鱼鼎、周代的益鼎、素腹鼎；鼎口之下微微收敛的，像商代的乙毛鼎、蝉纹鼎、父甲鼎、公非鼎；鼎口敞开的，像飞龙脚子父鼎。这些均可列为上品。圆鼎中的小鼎，像周代的大叔鼎、垂花鼎、弦纹鼎、唐三螭鼎，都可以用作礼器，只是式样很少有雅致的。其他的，像瓜腹鼎、鸡腿鼎、方耳鼎、环耳鼎、敞口鼎等，都不值得赏玩，全是下等品。

彝炉类铜器，像周代的隔彝、父辛彝，商代的虎首彝、百折彝，方形的己酉彝，珍奇的有百乳彝，都可以作厅堂上的

父乙鼎

　　商代晚期　通高28.7厘米，口径24厘米。北京故宫博物院藏。
　　双立耳，三柱足，腹起六道扉棱。鼎身饰三组兽面纹，足饰蕉叶纹。器内壁刻"作父乙□□"5字铭文。

毛公鼎

　　西周　通高53.8厘米，腹深27.2厘米，口径47厘米。台北故宫博物院藏。
　　直耳，半球腹，矮短的兽蹄形足，口沿饰环带状的重环纹。铭文32行499字，乃现存最长的铭文：完整的册命。

□父癸鼎

　　商代晚期　通高20.1厘米，口径16.5厘米，腹深9.5厘米。台北故宫博物院藏。

　　立耳，方唇，唇下内缩，颈饰6节短扉棱与12只横向蝉纹交错组成的横带纹，腹下依三足分裆，以足上扉棱为鼻心成三组卷角兽面纹，三柱足饰倒立的简化蝉纹。器内壁有铸铭三字，右一字不识。

蝉纹鼎

　　商代中期　高16.6厘米，台北故宫博物院藏。

　　盘口、双耳、深腹、柱足。腹饰兽面纹、蕉叶纹（内填兽面纹），以雷纹为地。腹范线明显。

师遽方彝
 西周　通高16.4厘米，口长9.8厘米，口宽7.6厘米。上海博物馆藏。
 腹两侧有象鼻形上扬的耳，腹内有中壁，间隔成为两室。腹饰双目蜕化、结构疏散的变形兽面纹，口沿下及圈足饰变形兽体纹。器、盖有铭文66字。

焚香器具。其他的像彝、敦、鬲炉等器具，虽然是古代器物，但不能作单独作礼器使用。如能得到商代的母乙鬲、周代的菎敖鬲、饕餮鬲、师望敦、兕敦、翼敦，这些也可以放在厅堂几案上作礼器用。以上各种样式的铜器《博古图》中都记录有，可按图查看。

　　铜卮是古代的饮酒器具，不灌酒就空仰着，灌满酒就倾斜，目的是让饮酒的人懂得节制，有告诫人们不要滥饮的意思。它的形状像盂，两耳微耸，又像腰腹间伸出一对翅膀，民间把它称为"人面杯"。

　　杯，也是古时的酒器，制成牛角状，加罩子盖着，也是戒贪酒安逸的意思。《诗经》上说："酌彼兕觥"，就是用犀

史方彝
 商　高27厘米。日本白鹤美术馆藏。
 四阿式盖，盖面略弧曲，器长方体深腹，圈足四面均设一缺口，盖、器四隅及每面中间均设棱脊。盖、器同铭"史"字。

蟠龙纹盘

　　商　高8.2厘米，口径43厘米，腹深7.5厘米。台北故宫博物院藏。

　　圆腹圈足，足下有外凸圈足座；盘面饰龙纹蟠绕于中心，蟠龙外围有鱼纹、夔龙纹及鸟纹围绕。

公父宅

　　春秋　高20.3厘米，长31厘米，宽14.3厘米。台北故宫博物院藏。

　　呈瓢形，流部微扬、兽首鋬、四足；流饰雷纹，腹饰瓦纹，足饰几何纹，内底有铭文4行。

牛角制成的杯饮酒的意思。觥，就是像牛角制成的杯子。现在酒杯的形状很多，但唯独没有这种样子的酒杯。

匜，古时洗手时盛水的用具。口向上翘，而腰腹平坦，有一个柄，三只脚，也有圆脚的，形状像鸭子。古代将它作洗漱时装水的器具，现在一般把匜当做匜，把匜当作匜，认为是金银酒器，这是不对的。

铜盘和铜洗这两种器具形制接近，但盘深而洗浅。盘用来装用过的水。有的盘器内刻有篆字，有的两耳上耸，有的盘内还绘有各种海兽，有的用三条蹲伏着的螭作脚。有的外面刻有雷纹，圆脚，这种盘又叫"彝盘"，民间称为"歃血盘"，这是不对的。这种盘现在可作橡盘用。洗，用来洗手的用具，因此有的花纹采用双鱼纹，有的采用菱花纹。有三个乳丁脚的，也有圆脚的。有的两侧有兽面图案的翻环。现在用它来装水，当做宴席上主人和客人相互敬酒前的洗涤用具，这似乎是古人的习俗。还有一种形状像洗而有两只手柄做把手的，叫"杆"，也可当洗器用。

觚、尊、觯都是酒具，而现在这三种青铜器具都可以用来插花。觚口和尊口都是敞开的，将花插在里面会显得太松散，不好看，必须作一个锡管套在器口内，收束成为小口，便于约束花枝，不让花枝松散倒斜。还可以在觚和尊里装入净水，插上牡丹、芙蓉等花卉，这样就可以将鲜花长久保鲜。

远古时期，铜壶和铜瓶是用来装酒的，《诗经》上就有"清酒百壶""瓶之罄矣"的诗句。如古时的素温壶，壶口像

父辛觥

西周　高18.8厘米。台北故宫博物院藏。

方形、流口、束颈、垂腹、圈足、弯把，把作兽首形。颈部与圈足饰顾首夔纹，以雷纹为地。

父己觯

西周　高13.5厘米，口径7.5厘米，足径7.3厘米。台北故宫博物院藏。

侈口、鼓腹、圈足。颈饰窃曲纹，上下有弦纹，足饰夔纹，均以雷纹为地。圈足内壁有铭。

虢季子白盘

西周　高41.3厘米，长130.2厘米，宽82.7厘米。中国国家博物馆藏。

通体呈椭方形，具四边、圆角，周身满饰窃曲纹及大波曲纹；每边饰兽首衔环二，共八兽首。内底铸有铭文111字，篇幅工整，结字优美。

兽面纹觚

商　高32.2厘米，口径17.1厘米，腹深23.6厘米。台北故宫博物院藏。

高圈足、口缘极外张。颈饰蕉叶纹及蚕纹；腹饰兽面纹。足饰俯首夔纹，皆为复层花纹。足有棱脊。

大蒜头形状，欲称"蒜蒲瓶"的，就是古代的壶。这种壶非常方便注入净水，现在用来插牡丹、芍药一类的花。铜壶的束口小、质地厚实的最好用来插花。其他的，如谷纹四环壶、方壶、扁壶、弓耳壶，都适合在书房中插花用。根据花枝多少，分别插入这五种壶中。瓶的种类也很多，如周代的蟠螭瓶、螭首瓶，民间称作观音瓶，现在的酒壶就完全采用这种样式。形制改变后的汉代麟瓶，其形状像一只稍弯曲的旧瓠子，背上有手柄。这种瓶，一般将它列入瓠子壶类，其实是不正确的。真正的瓠子壶，取自《诗经》里的"酌之以瓠"。现在用这种瓶装水来浇灌花草，是书斋中养植香蒲和兰草的高雅器具。周代的蟠虺、鱼瓶、婴瓶，与前面所说的蟠螭瓶、螭首瓶一样，现在都可以用来插花。

现在，老年人使用的拐杖杖头多用鸠

头，这是因为老年人多有吞咽食物困难的毛病，取鸠鸟能治疗食噎之意。夏商周三代都有用鸠头装饰的拐杖，杖身镶嵌金、银和珠玉。还发现一种飞鸠杖头，满身为铬金色，将其装饰棕竹拐杖，非常漂亮。又如汉代的蟠龙、蟠螭杖头，形状像瓜槌，都不如夏商周时期的鸠头杖雅致。就如汉代的编钟，小而能发出乐声的，很适合书斋中独奏。但如果能得到能演奏宫、商二音的商周编钟，那就最好了。

同样的器物，古今用途不同。如古时的布币，有的鎏了金字，非常雅致，作画时可以用来作圆规用；古代的小提梁

蒜头瓶

汉代　高30.5厘米。台北故宫博物院藏。
蒜头形口，直颈，鼓腹，圈足，颈部有凸棱。

卣，可以用来装浆糊；如伯盏频盘、季姜盉、双耳杯，形状小巧，可放在砚台旁作笔洗。

镜子是人人都必须要用的。古代铜镜很多，如秦代的光背镜，质地厚实，没有纹路，非常适用。其他的像银背海兽镜、蒲桃荔枝镜、五岳图形镜、十二生肖镜、宝相花云龙镜、十二符镜、四灵镜、三瑞镜、三神八卫镜、六花浮水镜、七乳镜、四乳镜、石榴花镜、蟠螭镜、龙凤雏鸟等，镜背都很精妙，镜面清亮如水，没有一点杂质。民间所说的镜子不走形，就是说将镜子旋转一圈，照到的影子不会改变的最为珍贵。还有像铜钱大小的小镜，镜面没有斑痕，特别是背面镶嵌有金银装饰物的散花小镜，非常精致，令人非常满意，价格也十分昂贵，很不容易得到。携带这种镜子出去游玩，游山宿寺，也是不

错金银铭文壶

西汉　高40厘米，腹颈28厘米，足径18.2厘米。河北省博物馆藏。
鼓腹，饰双铺首衔环，高圈足。口、肩、腹部微凸宽带纹将壶身分为三段，盖沿、口沿及圈足为素面。在肩、腹部宽带纹上错出龙虎斗图案。盖中心错一蟠龙三形钮间错回旋状排列，有铭文。

"吾作"重列对置式神兽镜

　　东汉　直径21.5厘米。中国嘉德国际拍卖有限公司2010年拍卖，成交价168万元人民币。

　　圆形、圆钮、圆钮座，外围一周连珠纹。四只高浮雕的神兽分置四方，两两相对，左右对称分布，将主区分为四区，分置四组神人瑞兽图案。

可缺少的。鉴赏品评古代铜镜，要以直径一尺的外圆镜，以及直径三寸，还有铜钱大小的镜为上品，其他五寸、七寸大小的镜子次之。而菱花镜、八角镜、方镜，价值要低多了。轩辕球镜，可用来悬挂在卧室的床前，这未必能驱妖辟邪，只不过取其意思罢了。

　　古时用来束腰的铜制带钩很多，有一尺多长的，形式多样；有用金银珠玉镶嵌装饰而成的；有用片金、商金技法装饰而成的；有的带钩两面都用兽面作装饰，那是夏商周三代的器物；还有的如羊头钩、螳螂捕蝉钩，那是秦汉的器物。现在人们束腰不用带钩了，如果这些器物没有地方可用，可悬挂在书斋壁上，用来挂画、挂剑、挂拂尘等，非常雅致。

　　古代铜灯的种类也很多，如雁脚灯、凤灯、龟灯、有柄灯，可用来当作烛台安放蜡烛；驼灯、羊灯、犀灯，可用作油

灯。这些灯都可以在书斋中使用。

　　又如一尺余直径的浅盘，有三只脚，做工非常精细漂亮，是古时放酒杯的器具。盏像圆形的碗，有两只耳可供两手握持，这是汉代的器物。古时的彝器都配有船形盘子，那船形盘子的作用即现在的承盏盘，这种器物数量很多，而且花纹、颜色都很漂亮，现在用于香橼木箱上作配件，没有其他用处。

　　常见的蛤蟆、蹲螭，这种器物制作工艺很精湛，但不知古人作什么用，现用作镇纸。还有大铜伏虎，长约七八寸，重量有两三斤，也是汉代器物。这些都是随葬物品，现在用来压书。

　　我得到一只砚炉，长约一尺二寸，宽七寸，左边稍低，铸有方孔，火苗可以从方孔中喷出烤炙砚台；正中一寸左右稍低

长信宫灯

　　西汉　通高48厘米。河北省博物馆藏。

　　此灯通体鎏金，整体形状是一个跪坐着的宫女双手执等，由头部、身躯、右臂、灯座、灯盘和灯罩六部分组成，各部分均可拆卸。

青铜带钩

　　汉代　一组，尺寸不一。私人藏品。
　　汉代青铜带钩一组十枚，形制优美，保存完好。

师𬊤父盘

　　西周晚期　通高12.3厘米，腹深6.7厘米，口径36.9厘米，底径30.3厘米。台北故宫博物院藏。
　　两附耳，近口饰重环纹一匝，圈足饰环带纹，底外有阳画斜方格。

铜连枝灯

　　西汉　高41.5厘米。台北故宫博物院藏。

　　此灯由三只灯盏组成，中央最高的灯盏底部饰有莲瓣，灯柱上攀附着一只蝉与一只猴子，猴子下方有卷枝向左右伸展，枝头各托着一只灯盏，也各攀有一只猴子。左右灯盏可以自灯柱上拆卸下来。

青铜蹲螭式镇

　　西汉　高7厘米。德国纳高拍卖公司2005年拍卖，成交价14.93万元人民币。

　　三螭龙成蹲卧状，环绕一座山峰而坐，做工精细，生动形象。

错金嵌松石鸟形带钩

　　东汉　长12.4厘米。美国纽约大都会博物馆藏。

　　错金为古代金属的细工装饰技法之一，出现于春秋时期。此件是在青铜器表面预先留好的凹槽中嵌入金、银、松石，形成图案，然后磨光。

碧海腾蛟铜暖砚

　　明正德　长23.7厘米，宽11.4厘米，高11厘米。北京故宫博物院藏。

　　暖砚由砚身、匣盖、暖屉组成。暖屉置于砚身下，用于燃烧炭火。砚身下壁为活动插板，将插板抽出，可任意取放暖屉。各处均铸有精美的画面。

矮，可以暖墨或搁笔；右边摆放一个茶壶，可饮茶品酒，供主人和客人彻夜长谈时使用。砚炉上刻有文字："蕴离火于坤德兮，回春阳于坚冰。释淘泓冻凌兮，沐清眦于管城。"由此可见，整个冬天在灯下读书用功时，一刻也离不开它。总之，我们不应将这些物品视为用来观赏的东西，它们都有实用性。但将这些东西放在书斋里欣赏，借此愉悦心性，愿与有相同爱好的鉴赏家进行品评研究。

论宣铜倭铜炉瓶器皿

　　夏商周三代很少有铜制小香炉，即使《博古图》上记录的被帝王收藏的铜制小香炉，也仅有一两种样式。后来，出现了了小鼎炉、兽炉、博山炉等高两寸多的炉子，但不知汉代和唐代的人用来干什么，也可能是墓中的随葬物吧。也有中等大小的鼎炉、兽面脚桶炉，这两种炉只能用来作为礼器祭祀，不能用来烧香和玩赏。

　　近年，有个姓潘的工匠制作的铜打炉，取名叫"假倭炉"。制作这种炉的潘姓工匠是浙江人，从小被掳掠到日本。他生性机敏，在日本十年，学习日本的铸造技术，他雕琢镶嵌的日本金银图案式样，真实地反映了日本的风格。后来，因日本被打败，潘某回到故乡浙江，在我家干了几年，锻打铸造的器物很多，如日本尺子，内藏十种文具，其中的折叠剪刀是古代所没有的。他造

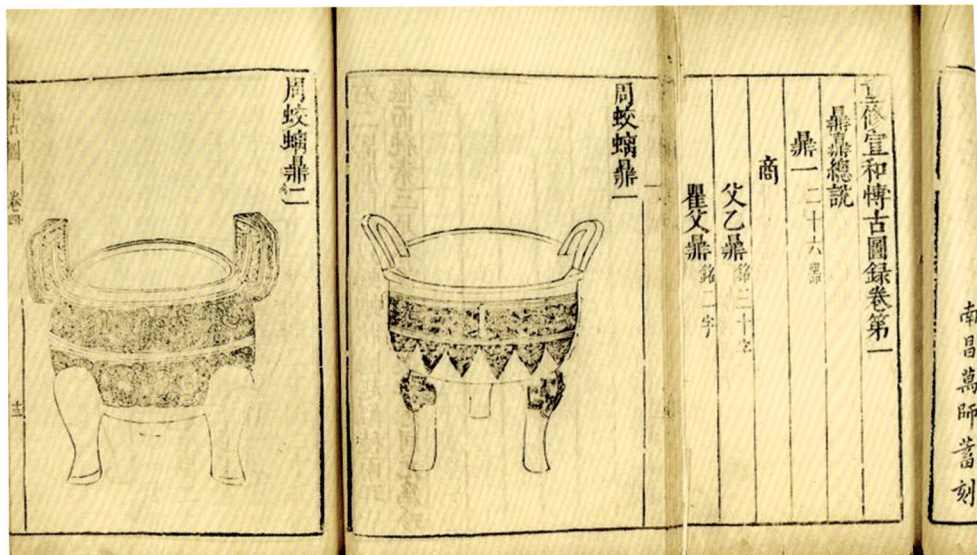

宣和博古图（书影）

　　宋代　此为现代复印本。

　　简称"博古图"。该书集中了宋代所藏青铜器的精华，分为鼎、尊、罍、彝、舟、卣、瓶、壶、爵、觯、敦、簠、簋、鬲、瓵及盘、匜、钟磬、錞于、杂器、镜鉴等，凡二十类。

的铜盒子、途利筒、青铜彝炉、花瓶，没有一件不精妙。这些是真正的日本器物，因此卖价很高。所炼的铜很纯净，呈铬金色，雕琢镶嵌金银的器具，花纹精细美妙，与真正的日本器物没有什么两样。近年来出现了吴歙制作的铜器，猛一看比潘某制作的似乎还要好些。其实，他制作的铜器只是样式、花纹巧妙些，对古代铜鼎的特点一点也没有借鉴、效法。

　　再比如用黄铜除去腥气，假托名"钩金"，用这种方法锻造方形和圆形鼎炉、青铜炉，上面的花纹都按《博古图》上记录的样式，炉外抹上金叶。这种器物只能用来供奉神佛的器物。最初几年，潘某制作的铜器好像不易看到，谁拥有都会当成宝贝，后代一定有喜爱、看重他的人。

　　另外，日本人制作的细眼罩盖薰炉也很美观。还有铬金香盘，盘口的四边各有

一个蹲着的兽，上面用雕花镂空的罩子盖着，用来焚香很有雅趣。又比如温酒器、水罐、小铜水中丞、抹金铜提壶、盔铠、腰刀、枪剑、佛前五供、养莲花架、紫铜汤壶、小钹、小塔、罐罩合、槟榔罐盒、石灰罐、刮锈铜刷、海螺鼻铜镜、铜鼓、供献盘、橐碟子、雕花金钱、锻花银钱、雕银细花卷段、雕金大小戒指等，器物上嵌着奇石，种种精妙之处不能一一列举人们称赞这些器物"无处不有机巧"，的确如此！

　　近来，吴中地方伪造细腰小酒杯、敞口大酒杯、方圆大酒杯、素花矮酒杯、雨雪金点戟耳青铜炉、细嵌金银碧填鼎炉、香盒、牺尊、团螭镇纸、细嵌天禄辟邪象罐、水银青绿古镜、二寸高小汉壶、方瓶、铬金观音弥勒等器物，各种各样，外形都很好看，很有雅趣。比如出自徐守素

十二生肖纹铜铺耳火盆

　　日本17世纪制作。高28厘米。天津市文物公司2005年拍卖，成交价6600元人民币。
日本金属冶炼技术水平较高，所制作的铜器尤为精美。

铜花鸟走兽纹双耳炉

　　日本17世纪制作。高45厘米。天津市文物公司2005年拍卖，成交价1.1万元人民币。
此香炉的形式仿造宣德炉的式样制作，做工精美。

之手的仿古器物，非常精致，品质无可挑剔，而价格只有古器物的一半。所制作的器物质料纯精，工艺精细，功夫达到这么高的境界，是经过长年累月不停的制作才能完成，不像一般器物快速制成。把徐守素制作的器物放在高雅的书斋里，也值得把玩鉴赏。他所制的器物虽然不是出自古代匠人之手，就凭他的技艺，也可以想象上古器物的风致神韵，又有谁说吴郡这些伪品无可取之处呢？

　　吴郡伪品与那些粗劣制品不可同日而语，鉴赏家们应该比较一下。

论古铜锈色

　　高子说：曹昭（字明仲，元末明初著名学者，收藏家）在《格古要论》中写道："铜器被埋藏在土里上千年，表面的颜色纯青如同翠玉；浸泡在水里上千年的

初史尊

　　明清时期　高11.1厘米，口径9.9厘米。台北故宫博物院藏。

　　器作尊形，器表错金银动物面纹，纹样结构及器形与商周者类而不同，应是后世仿古之作，现定为明至清时期制品。

铜器，表面的颜色翠绿如同西瓜皮。这两者，表面都像玉石般晶莹润泽。入土或入水不到千年的，即便呈青绿色，但不够晶莹润泽。"这些说法只是一般情况，并非全都如此。比如，夏商周三代青铜器，到现在岂止千年！难道都是晶莹润泽，都呈青绿色且又纯青如翠玉吗？

　　如果说铜器入土就呈青色，入水就呈绿色，那么那些表面呈银白色、红褐色、黑色的古铜器，又是埋在什么地方的呢？

　　凡是夏商周三代的青铜器物，入土年代久远，靠近山岗的多呈青色，因山气潮湿，埋在地下久蒸久闷而成青色。靠近河水的多为绿色，因水气中含有盐卤，久浸久润而成绿色。

　　我曾见过一件青铜器物，形制是夏商周三代青铜器的形制，半截被水浸泡浸时间很长，水落水涨留下的痕迹有好几层。

这件器物毫无疑问是入过水的，可是它的颜色却是纯青色的。它落在水底的部分约一寸左右，却呈黄绿色。由此看来，铜器入水绿、入土青的说法并不完全准确，不

博古图

　　宋　刘松年。绢本淡设色，纵128.3厘米，横56.6厘米。台北故宫博物院藏。

　　松林中，几个文人墨客正在鉴赏古玩。有细细端详者，有欣然所悟者，有默默揣摩者，神情不一。远处侍女正催火烹茶，表示出一种清静脱俗的闲情逸致。

能一概如此。我推想，铸造器物时铜质纯净、晶莹而无杂质的颜色多发青，有杂质的多发绿。比如白银，成色足的做成器物，颜色是纯白色，但时间久了就会发黑；成色不足的做成器物，时间久了就发红或发绿。这里研究的是青铜器物的质地，不是它的外形，但道理是可以推知的。

其他情况，如埋藏在古墓中靠近尸体的铜器，大多呈水银色，但水银色也分两种，一种是银白色，一种是铜灰色。尤其是铜镜，大多是这种情况。

在古代，尸体放入棺材后，多用水银防腐。死者生前经常和亲友之间相互赠送铜镜，死后其后人就把这些铜镜作为殉葬品放到棺材里，当时的人们认为铜镜可以为死者照亮地府之路。所以，墓中铜质纯洁晶莹的随葬铜镜先被水银沾染，年代久了水银深入其中，镜子背面变成银色，千年之后又白又亮，被称为"银背"；那些先受血水脏物污染后才受水银浸润的铜镜，铜质本来不纯的就呈铅灰色，年代一久就会变成铅灰色，被称为"铅背"；那些有一半是水银色、一半青绿色的，是因没有被水银覆盖的部分先被血肉污物腐蚀一半，日子一久就变成青绿色了，而另一半因沾染了水银而成水银色，所以整个镜子的背面青绿、水银二色相杂。现在品评铜镜，以银背为上品，铅背次之，青绿背又次之。

还有，如果铅背铜镜埋在地下年代久远，就变成纯黑色，称为"黑漆背"，这种价值又高些，但这种颜色很容易做假。

古代铜鼎、铜杯也有水银色的，这是为什么呢？是因为铜器在墓中被水银弥散的蒸气沾染而形成，所以出现只有一部分呈现水银色的情况。有时，坟墓里靠近有水银的地方，铜器也呈现水银色。因此，鼎一类的青铜礼器没有全身呈水银色的。钟磬一类器物，一万件里也没有一两件出现这种情况。

上古铜器，以质地厚实的为好。因埋藏的年代久远，土锈侵蚀深入器物内部，铜器

铜乐人镜

汉　直径24厘米。北京瀚海拍卖公司2011年拍卖，估价1000元人民币。

镜背图案虽然也算得上精美，但青绿锈色远不如银背、铅背、黑漆古等珍贵。

摩羯花鸟五瑞兽镜

唐　直径15厘米。中国嘉德国际拍卖有限公司2011年拍卖，成交价235.2万元人民币。

该镜呈银背，纹饰华丽，铸造精美，镜体厚重，品相完美。

云龙纹镜

　　唐　直径27.2厘米。中国嘉德国际拍卖有限公司2010年拍卖，成交价145.6万元人民币。

　　该镜呈银背。铜镜铸造精美，龙头龙鳞龙爪的细部刻画极为精细生动。

蟠夔纹鼎

　　春秋或战国　腹径38.7厘米，口径口35.7厘米，高41.2厘米。台北故宫博物院藏。

　　盘口、立耳、深腹、兽足，腹、足有棱脊，腹有伤残。腹饰夔纹两圈。外底有三角纹，足内侧有范线。通身布满绿锈，经盘磨后呈黑色。

　　质地变得松脆，厚的器物还可以保持原来的形态，薄的轻轻一敲打，不破即裂。

　　又如通体没有青绿锈色，而是呈纯紫褐色的铜器，曹昭（字明仲，元末明初著名学者，收藏家）认为这种颜色的铜器是在人间流传而没有入土的铜器的颜色，这种说法不对。夏商周三代时的铜器，正是因为埋在地下，后世才能发现而搜集起来，并一代一代传下去。如果说从夏商周开始一直在世上流传到现在才有这种颜色，怎么能在世上流传而不被战火销毁或破损而消失呢？这不合常理。这类器物应该是从地处高处的古墓中发掘出来的，墓穴全由砖石砌成，器物在这干燥的墓穴内秘藏，又没有水土侵蚀，又无尸气污染，摆放在石案上，只有地气蒸发浸润，再加上制作时铜质纯洁晶莹，因此器物变为颜色纯净而不杂乱的褐色。

　　呈褐色的铜器，铜鼎等礼器居多，而小件器物和秦汉两代的器物，呈褐色的就很少了。近来见到一些铜器，发现褐色上有青绿色小点，这是因为铜器出土之后人们用酸碱之类的东西浸蚀过罢了，绿点并非深入铜器骨子里的绿色。因此，褐色铜器上有云头片、芝麻点、朱砂斑和有翠绿色像雨雪点形状的，是出土之宝物，并不是传世三五千年才形成的褐色。

　　所以，古铜器以褐色为上品，水银色、黑漆色的要次一等，青绿色又次一等。但如果得到纯青绿色的铜器，不含其他杂色，晶莹得如同用水长时间冲刷过，光彩夺目，这种铜器又在褐色铜器之上。

　　宣德年间制作的铜器喜欢仿照褐色铜器，所以那时以这种颜色居多。

　　凡是出自夏商周三代的铜器，不仅青绿晶莹润泽，其质地、样式、花纹、落款及标记，都不是后代人所能仿效的，自然不容易伪造。若像曹昭所说，一定要夏商周三代的铜器才有朱砂斑，那就大错特错了。宋元两代的铜器也有大片朱砂斑，像鱼卵大小的朱砂斑就更多了。只因铜器在墓中受死人血气浸染，便形成了朱砂斑。朱砂斑也有两三层叠起的情况，用刀刮或用其他东西摩擦也不能去掉。难道只有三代的铜器如此吗？当然不是。这是需要注意的，研究古铜器的人们不能不留心！

论新旧铜器辨证

夏商周三代的铜器，以钟之类的乐器和鼎之类的礼器占多数，而且体积大，钟能容一升，鼎能容一斗。虽然也有"商重质地，周重纹饰"的说法，然而商代重质

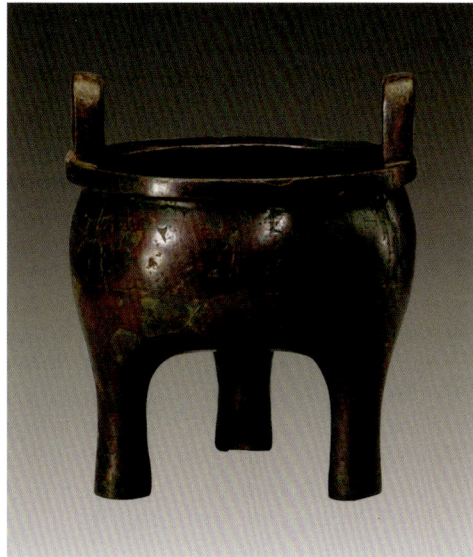

窃曲纹鼎

春秋　口径15.7厘米，高19.0厘米。台北故宫博物院藏。

圆鼎，盘口、立耳、分档、柱足。腹饰窃曲纹。表面以紫红色为主，间杂绿绣，表面的窃曲纹已无法辨认。

亚形文父乙鼎

商　口径25.7厘米，高30厘米。台北故宫博物院藏。

圆鼎，盘口、立耳、深腹、柱足。颈饰圆涡纹、四瓣目纹，以雷纹为地。口沿内侧有铭一字。外底范线明显。通体布满绿绣，斑斑驳驳，惹人喜爱。

地未尝不在青铜器上绘花纹，周代重纹饰未尝不注重青铜器的质地。那些重质地的商代青铜器物，设计铸造重视质地，样式大小都有规范，铸造方法精致巧妙，重纹饰的周代青铜器物哪能如此？那些重纹饰图案的周代青铜器物，雕刻的图案纹饰虽然精细繁冗，但丝毫不杂乱；镶嵌在器物上的珠玉虽然精致，但方寸也很浑厚，质地也很好。

夏朝青铜器上爱使用镶嵌技法，用金银嵌成片状的云雷花纹，用碧玉镶嵌的器物非常漂亮。

曹昭说商代青铜器上不使用镶嵌之法，这种说法不对。商代也爱使用镶嵌技法，只是多用金片银片镶嵌铜器，很少用云雷纹仔细地装饰。现在的能工巧匠喜欢伪造夏商两代有镶嵌的青铜器，因为古今金银的颜色相同，是可以伪造的。但珠玉镶嵌的方法、器物上的土锈，似乎不能伪造。

最近，我搜集了许多从古墓中挖掘

兽面纹鼎

清 高18.6厘米。台北故宫博物院藏。

仿商代的鬲鼎造型，在外鼓的三袋足处装饰着浮雕兽面，柱足上饰以垂叶纹；纹饰部位以金银镶嵌，特别以黄金嵌出闪亮的兽眼，即所谓"黄目"。

蟠螭纹钟

仿战国 高29.7厘米。台北故宫博物院藏。

甬钟，椭圆体、桥形口，有旋、铣。甬、旋均饰蟠螭纹。两侧加饰镂空夔纹，钲部短圆柱形枚，篆、鼓、舞部皆饰蟠螭纹。

出来的各种有孔的圆形碧玉，如环、佩、珥、瑱、珈、琫、珌等器物，把它们磨制得方圆合乎规矩，镶嵌在钟鼎等青铜器上，令人看了很陌生。即使是认识珠玉的人，看了以后也一定会说："这些是古代雕琢的玉石，这些铜器难道不是夏商周三代的铜器吗？"诸如此类的东西，往往能卖出高价钱。但又有谁知道，古代镶嵌珠玉的铜器，铜器周身没有一处完整，表层镶嵌的珠玉不是被剥落，就是被青绿色的锈斑所遮，一些地方隐没，一些地方显露，这些古朴典雅的妙处都是自然形成的。

现代伪制的古代镶嵌铜器，都是雕琢出完整的图案，然后嵌进珠玉，有的故意遗漏，就像泥土剥落一样，然后再用蜡把好像剥落的地方遮住，根本不需要用眼睛

史尊

疑伪 制作年代不详。高19.5厘米。台北故宫博物院藏。

商代青铜尊的模式，侈口，鼓腹，圈足，颈有兽首；颈饰三角纹内填兽纹，颈饰夔纹，中央有小兽首，腹饰兽面纹，足饰夔纹，内底有铭。

蕤宾镈钟

北宋　全高27.4厘米，口径16.7厘米×13.8厘米，底径14.3厘米，足径18.3厘米。台北故宫博物院藏。

钟钮立雕式龙纹，颈与身的线条转折趋于装饰性，尤其龙爪上举与相向的龙爪成方铜状，显然此套钟所取的是南方的装饰趣味。

仔细去看，用手一摸就知道了。

唐代天宝年间，有官办的铜器作坊，浇铸的器物花纹细密，惹人喜爱，华美的纹饰参照夏商周三代青铜器的纹饰但有所改变。有的把底纹改为什锦纹，有的把有角龙变成无角龙，有的把云雷纹更改成斜方形，有的把篆文改为隶书、楷书，与上古时期古朴的风格大相径庭。更遗憾的是，制作的器物质地较薄，只想到制作时一时方便，没考虑到是否要流传千古。现在看到的铜瓶、铜壶等器皿中有青绿朱砂堆积，有水锈烂孔，或用锄头敲破造成的裂痕，这是后人捡来用药料把它粘

补好，然后拿到集市去骗卖。这些多是唐代官办作坊铸造的铜器，并非伪造的青铜器物。

古代工匠做工精细，拨蜡清楚，纹内地子光滑，即便是转角处，或方，或圆，或有深孔的地方，也像用刀锥雕刻而成，纹饰和地子都很清楚，整个器物都一样，没有像砂眼那样的欠缺以及薄厚分布不均的毛病。

铜器上的落款是制作时的规定，题识是铭记功德的文字。出于这个原因，夏商周三代的钟鼎等青铜器上，有的有阴刻文字一百多个。从薛尚功（字用敏，南宋人，博洽好古，精通篆籀，尤好钟鼎文）著的《历代钟鼎彝器款识法帖》一书中可以考证。汉唐以后，款识都用阳文了。

夔龙纹

春秋　通高37厘米，口宽25.5厘米。美国赛客勒美术馆藏。

体呈合瓦形，钮作相对峙虎形，团状蟠龙形枚；舞、篆部均饰夔形细蛇纹。

虢叔旅钟

西周　通高65.4厘米，铣宽36厘米。北京故宫博物院藏。

纹饰是当时的典型风格，甬部波曲纹和横向鳞纹，旋上目雷纹，篆饰兽目交连纹，阴部为体式花冠龙纹。钲部有铭文4行，左鼓有铭文6行，共计91字。

楚公逆钟

西周　通高51厘米，铣间28.8厘米。山西省考古研究所藏。

钲部和左鼓铸铭文68字，记述楚公逆为祭祀其先高祖考，向四方首领徵求祭品，四方首领贡纳赤铜九万钧，楚公逆用以制作一百套谐和、精美的编钟。

不过，汉唐青铜器上的铭文并不仿古，间或也使用阴文作标识，但不同于夏商周三代青铜器上的篆文写法。这应该是因为刻印阳文作标识，用失蜡法制作很容易。而浇铸的阴文款识是先在蜡上刻出字形，经翻砂铸成阴文，制作起很难，稍微有点不小心，翻铸出来的字形就不清楚。阴刻文字的神韵和制作方法，后人远远不如前人。所以，秦汉时期制作的青铜器物远远赶不上夏商周三代，唐宋的器物又赶不上秦汉的器物。

青铜器物上的铭文后世制作的不如前代的，不是因为人力不行或所用的原料不纯净，主要原因是秦汉工匠的技术差，又不善于模仿夏商周三代精巧的工艺；唐宋的工匠技术虽然好，但他们投机取巧，想改变夏商周三代青铜器的制作程序。人们都说青铜器的制作一代不如一代，不是伤于拙就是伤于巧，又哪里知道愈想精巧就愈是拙重，愈想精致愈失去古代纯朴敦厚、古朴典雅的风格。制作工艺赶不上夏商周三代，偏说自己能超过三代，改变制作工序、改变花纹图案，只注重形式上相似，正如东施效颦，更加丑陋罢了。

近来发现真正古代民间匠人制造的青铜器物，当时因为没有功德可记，因而没有款识文字。现在的人用刀在这种铜器上刻上和古代篆文相似的文字，然后磨去刀痕，再用药剂来掩饰。这样，反而失去了原物本来质朴的情趣。鉴赏家用手一摸就会识破真相，这只能愚弄缺乏鉴定知识的人。

明代宣德年间制作的铜器，有很多是精品，样式也很古雅，做工也很精细，但以小件居多，比如百折彝炉、乳炉，以及雨雪点金片帖铸的戟耳彝炉，炉脚做成石榴形的最好。赤金霞片小元鼎炉、象面鬲式炉、五供养细腰托盘、掺金双螭箸架、香匙瓶、蟠螭镇纸等，都很精妙。大件的器物如鼎炉、角端兽炉、方耳壶、商从尊等，都精美可爱，古朴典雅，可惜存世量很少。炉底的落款文字是用扁方形印印的，阳文楷书"大明宣德年制"，笔画完整，地子光滑，蜡色可爱。其他的，如判官耳鸡腿脚扁炉、翻环六棱面铸掺金番字花瓶、四方直脚炉、翻环圆瓶、盖凿钱文镂空桶炉等，都是下等品。

宣德年间铸造铜器，大多采用蜡茶色和铬金色。蜡茶色是用水银浸泡、擦洗铜器表面，使之深入骨子里，然后熏烤、洗净而成的。铬金色是先把金子熔化成泥状，多次涂抹在器物表面，后用火烤而变成赤色。用这种方法制作耗费的钱财不可估量，绝对不是是民间工匠所能仿造的。不过，宣德年间制作的这种铜器有花纹的很少。我在京都，仅仅看见一两件像商鼎式样的铜器，腰部的花纹非常好看。比这稍晚一点的景泰、成化年间，也制作有这

种颜色的青铜彝炉，用两个狮子头为炉耳，再用厚赤金片做成各式各样的云纹、鸟纹帖在炉坯上铸造，炉底落款没有印文，只有用药物烧的"景泰年制"等字样隐隐约约显露出来，不仔细看根本分辨不出来，与宣德年间的器物相比相差很远。

新铸伪造铜器

近年来，山东、陕西、河南、金陵等地伪造鼎、彝、壶、觚、樽、瓶之类器物，样式均是效法古代器物，几乎和真品丝毫不差，而且器物上的图案和落款都是

政和鼎

北宋　高23厘米，腹径10.7厘米。台北故宫博物院藏。

北宋政和六年（1116）仿，代表该朝宫廷以仿商宋器运用在君赐臣家庙祭器的复古礼制。二立耳圆腹三柱足状，腹部以带身兽面纹为饰，为有雷纹衬底的复层花纹，形制与纹饰皆与商后期鼎风格近似；唯纹饰流露复古器的拘谨。

通过翻砂技术来自古代器物，也很逼真。但若与古铜器物放在一起相比，就迥然不同了。

这些伪造的古代器物，虽说外观看起来打磨得非常光滑，但用手摸会觉得表面其实很粗糙；虽然外观装饰很美观，可是气韵和质地都很低劣。其伪造的方法是：用翻砂法铸造出一个古铜器坯子，将表面打磨光洁，然后用刻刀刻出表面的纹饰和残缺。

怎样做旧呢？

先用新汲的井水调泥矾浸泡器物，泡10天左右后取出，用炭火烘烤，使其发热，然后再浸，浸了再烘，反复三遍，工匠们取名叫"作脚色"。

待器物表面干透后，把卤砂、胆矾、寒水石、硼砂、金丝矾等药物研成粉末，用青盐水溶化，再用干净的毛笔蘸上调好的药水在器物表面刷两三次。一两天洗去药剂，晾干后再刷一次。这道工序目的是调制色彩，水洗后仔细观察，这样要进行三五次才能完成。

调制好色彩后，在地上挖一个坑，用炭火把坑内各处烧热，趁热把浓醋泼进坑中，马上将调好颜色的器物放进坑内，再用醋糟浸盖住，再在上面加上土把土坑盖实，埋藏三天取出来观察，铜器上就生出各种颜色的古斑，再用蜡擦抹。如果颜色需要深点，就用竹叶烧烟来熏它。

在做旧的铜器上点缀颜色，有寒、温两种方法，但都要用明乳香。先让人把明乳香仔细咀嚼，除尽涩味，然后将白蜡和嚼过的明乳香融合在一起。要想使铜器表面呈青色，就把石青放进蜡中；着绿色，用四支绿；上红色，用朱砂。用温法时，

青铜鼎
近代 高18厘米，口径16厘米。藏地不详。
此器伪制西周青铜鼎的形制，表面的锈色是人工制作出来的。

青铜鉴
近代伪制 高23.6厘米，口径43.5厘米，底径23.6厘米。藏地不详。
此铜鉴仿造春秋战国时期铜鉴的样式，做工精细，锈色人工做成生坑锈色，不够逼真。

蜡要比明乳香用得多；用寒法，明乳香与蜡对半。明乳香与蜡调配好后，用来装饰铜器表面凸起部位的颜色。把明乳香与蜡的混合物堆叠成所需要的形状，用卤锈针

仿古铜器香炉

清 高24.5厘米，直径29厘米。山东天承拍卖有限公司2008年拍卖，成交价4.256万元人民币。

此香炉身仿三代礼器之形，包浆极美，无一丝损伤，可谓罕见。

砂加以固定。做水银色，则是用水银砂锡涂抹在铜器边角上，再用法蜡颜色遮盖，稍微露出来一点底色，用来愚弄鉴赏者。

用这种方法制作的伪制品，用手一摩擦，手上药料的气味就扑鼻而来，洗也洗不掉。有的伪制品制成以后，再放到卤碱地中埋藏一两年再挖出来，看起还带点古铜器的韵味。

夏商周三代和秦汉时期的铜器，保存下来很不容易，有的掉了一只脚，有的掉了一只耳朵，有的器物主体受损，出现了孔洞或缺口，这些都是正常的。近些年来，工匠们能用冷冲、热冲、冷焊、软铜冲法修补古铜器，而古代铜器的颜色不变。惟有用热冲法，上色的部分颜色会比其他地方稍黑些。如果用铅补加冷加焊法，都要将法蜡填充到焊接部位，再用山黄泥用水调稠涂抹上去加以遮掩，假扮成出土的样子。这些是真的古铜器，只因有所残缺，比起伪造的器物外形上差得很远。

还有一种情况，其做法跟前者相似，只不过整个器物是用几件残缺古铜器拼合成的，而每件残缺品本身都是古董，只因用新方法将几件残缺品改制成一件新器物，人们称它为"改锹"。

我在京城见到两件器物。一件是父子鼎，形体虽小却可使用，上面的纹饰及其造型，见到的人没有不喜欢的，但不知道是假货。伪造的方法是：用古代的壶盖作为鼎腹，将古墓中出土残破器物的"飞龙脚"焊在腹部作鼎足，用旧鼎的耳作耳，

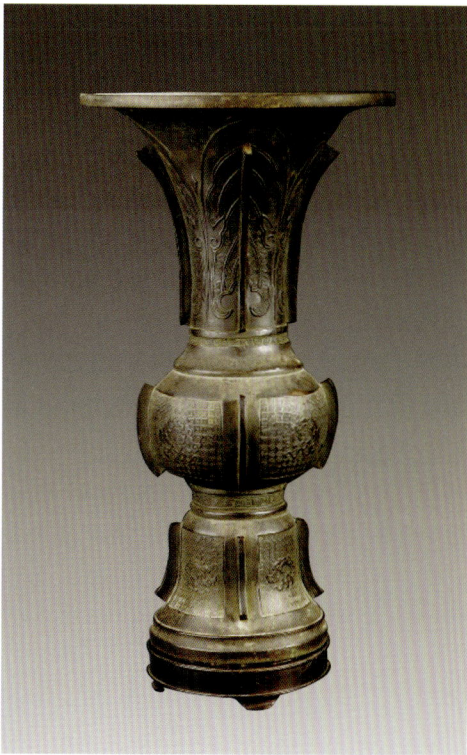

仿古铜花觚

清 高49厘米，口径27厘米。西泠印社拍卖有限公司2009年拍卖，成交价3.36万元人民币。

敞口，颈部由上而下渐窄，鼓形腹，高圈足。颈部浮雕变形蝉纹，腹部四面浮雕云龙纹，腹下束腰，浮雕回纹。仿照三代青铜器制作而成，其纹饰稍加变形。

仿古铜鼎

　　清　高15厘米，长11厘米。山东天承拍卖有限公司2008年拍卖，成交价7840元人民币。

　　此鼎造型奇特，铜质优良。主题纹饰为变形兽面纹，直耳，四边出戟，菱龙形扁足，各种纹饰井然有序。

仿西周兽面纹鼎

　　年代不详　口长15.85厘米，高21.3厘米。台北故宫博物院藏。

　　圆鼎，盘口、立耳、深腹、柱足。腹饰兽面纹，以雷纹为地。

从而拼成一个铜鼎。我当时就说："这不是真正的古董。"另一件是亚虎父鼎，内外都是水银色，没有一处断纹。最初人们认为能值一百两银子。此鼎大小有五寸，既有实用性又有观赏性，人们都争着购买。我再三鉴别，看出这座鼎是用破碎的水银背古代方镜切成方片，四面用冷焊法焊接成器身，然后拼凑上耳和脚。它制作工艺巧妙，可以说精妙之极。我一说出该鼎的破绽，大家认为对。这座铜鼎后来不知道流落到何处去了。像这样的伪造手法，那技艺简直出神入化。

　　元代，杭州的姜娘子、平江的王吉两家，铸造铜器的方法名重一时。姜娘子家制作的铜器拔蜡很精，炼的铜也很纯，细致精巧的彩色花纹赏心赏目。有的器物制成铬金

色，有的就用器物的本色。传到今天的器物，人们多喜欢蜡茶色和黑色，因为它的样式仿效古铜器，非常好看。只是纹饰细小，斜方形纹、龟纹、回纹居多。平江王家的铸造法也可以，炼的铜晶莹洁净，拔蜡也精细，只是样式不好，远不如姜家的铸法。

　　近来，淮安所铸造的铜器效法古代鎏金器皿，有小鼎炉、香鸭等器物，按旧时样式仿造，做旧也做得很好，人们不容易识别出来。用手触摸器皿，表面细腻光滑，仿造的功夫很高，所用的功夫不能用一时一日来计算。此外，还有大香猊、香鹤、铜人、烛台、香球、酒炉、投壶、百斤兽盖香炉、花瓶、火盆等器物。这么多品种，可弥补古代的空白，淮安也因此成为大明朝铸造铜器的著名地方。

瓷器清赏

　　瓷器是中国文明的代称，五千年的灿烂文化是伴随着这土与火的艺术而形成的，千年窑火述说了中华民族古老的历史。中国瓷器与国齐名，在世界文明中所占的地位，丝毫不亚于震古烁今的"四大发明"。

　　中国瓷器对世界的影响是巨大的，不仅启迪了整个世界的瓷器制作工艺，且广泛而深刻地影响了人类的物质文明和精神文明。毫不夸张地说，中国瓷器的制作促进了人类文明的进步。

论汝官哥窑器

　　高子说：说到瓷器，就不能不提到柴窑、汝窑、官窑、哥窑。不过，柴窑瓷器我未曾见过，无法评论，而其他人说法不一。有人说，柴窑瓷器"青如天，明如镜，薄如纸，声如磬"，这说明柴窑瓷器属于薄胎瓷器。但曹昭却说"柴窑瓷器底足黄土太多"，又说属于厚胎瓷器。他们的看法为什么相差这么远呢？

　　汝窑瓷器我经常见到，釉色如蛋白，釉汁晶莹肥厚如同堆起来的凝脂，釉面的棕眼（棕眼是瓷器表面的一种瑕疵。由于釉层较厚，里面含有较多水分子，焙烧时瓷坯内水分子大量溢出，使处于熔融状态的釉层出现象毛细管一样的小孔。烧成后温度降低，釉汁还来不及将小孔填平补齐，釉面就凝固了，于是留下了许多"棕眼"）隐隐约约，像螃蟹爪子，底部有芝麻花和细小支钉痕。

　　我收藏有一件汝窑大葫芦壶，圆底，

汝窑天青釉棒槌瓶

　　宋　高12.3厘米，北京红太阳国际拍卖有限公司于2008年拍卖，成交价500万元人民币。

　　盘口，长颈，宽而斜肩，平腹。器身施青釉，布满开片纹，整体纯朴、典雅。

汝窑青釉盏托

北宋　托盘直径16.5厘米。英国维多利亚•阿尔伯特博物馆藏。

盏托上呈杯形，口沿无釉，托镶铜口，圈足外撇。里外施青釉，釉面有开片。此盏托造型规整，釉色温润，具有美观而实用的特点。

汝窑青瓷花式温碗

北宋　高10.4厘米，口径16.2厘米。台北故宫博物院藏。

碗呈十瓣莲花式，碗腹壁深稍呈圆弧，高圈足。全器满釉，釉色呈青蓝，有细开片。

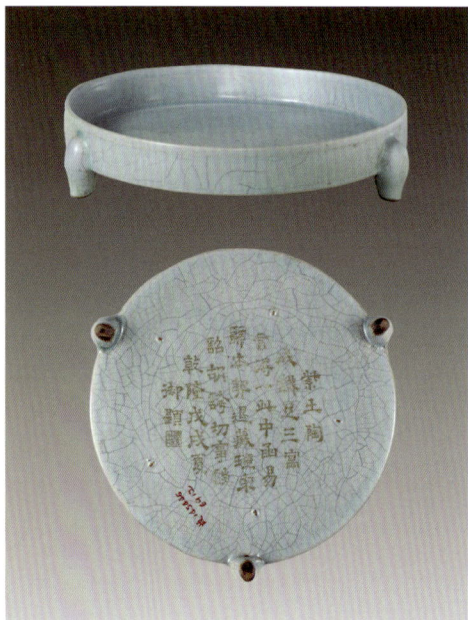

汝窑天青釉三足尊承盘

宋　高4厘米，口径18.5厘米。北京故宫博物院藏。

此盘造型规整，釉呈天青色，用于承放三足尊。器底有乾隆皇帝题诗一首。

底部光洁，又圆又白，如同和尚的头，密密排列了几十颗细小支钉痕。壶的顶部就像坝那样逐渐收敛；壶嘴像笔帽，仅有二寸高，像长矛那样竖直向上；壶口直径约四寸，上加罩盖；壶的腹部直径一尺，制作工艺也奇妙绝顶。

我还见过几个大小不同的汝窑碟子，圆形，较浅，瓮腹。口如磬，瓮足光滑，底部有细小的支钉痕。与官窑瓷器相比，汝窑瓷器的质地更滋润。

官窑瓷器的品质，大致与哥窑相同，釉色以粉青色为上品，淡白色次之，油灰色是官窑瓷器中的下品。釉面以有冰裂纹、鳝血纹为上品，梅花片、墨纹（即铁线纹）次之，细碎纹是官窑瓷器中的下品。

说到官窑瓷器的样式，有像商父庚鼎、纯素鼎、葱管空脚冲耳乳炉、商贯耳弓壶、周兽面纹贯耳壶、汉耳环壶、父己尊、祖丁尊等样式，全部是效法古代图式，这些都是进献给皇帝的贡品。平常人所见到的官窑两耳壶式样，不论样式的美丑，都认为是茄袋瓶（即穿带瓶），哪知道有与短矮大肚样式丑陋双耳壶相同的器物，似乎也粗俗丑陋。以上诸种官窑瓷器的样式与欹姬壶的式样，深得古人铜器铸造体式的真传，应该是官窑瓷器中第一等妙品，哪能一概说成是茄袋瓶呢？

又如葱管脚鼎炉、环耳汝炉、小竹节云板脚炉、冲耳牛奶足小炉、戟耳彝炉、盘口束腰筒肚大瓶、子一觚、立戈觚、周之小环觚、素觚、纸槌觚、胆瓶、双耳匙箸瓶、笔筒、笔格、圆葵笔洗、筒样大洗、瓮肚盂钵（二种）、水中丞、二色双桃水注、立瓜、卧瓜、卧茄水注、扁浅磬口托盘、方印色池、四八角倭角印色池、有文图书戟耳彝炉、小方蓍草瓶（即琮式

瓶）、小制汉壶、竹节段壁瓶等，这些都是官窑和哥窑瓷器中的上品。

桶炉、六棱瓶、盘口纸槌瓶（即直颈瓶）、大蓍草瓶（即琮式瓶）、鼓炉、菱花壁瓶、多嘴花罐、肥腹汉壶、大碗、茶盏、茶托、茶洗、提梁茶壶、六棱酒壶、瓜壶、莲子壶、方圆八角酒瓮、酒杯、各种劝杯、大小圆碟、河西碟、荷叶盘、浅碟、桶子箍碟、绦环水池、中大酒海、方圆花盆、菖蒲盆、底龟背绦环六角长盆，观音、弥勒、洞宾神像、鸡头罐、渣斗、圆砚、箸搁、二色文篆隶书象棋子、齐箸小碟、螭虎镇纸等，这些都是官窑和哥窑瓷器中的中等品。

大双耳高瓶、直径一尺大盘、夹底骰盆、大格梅花瓣春胜台、棋子罐、大扁兽耳彝敦、鸟食罐、编笼小花瓶、大小平

官窑琮式瓶

南宋 高18.8厘米。台北故宫博物院藏。

仿五节玉琮形制，方体圆口，平底。胎骨厚重，施粉青厚釉，开片密布。

官窑贯耳瓶

宋 高38.2厘米，足径14厘米×16.9厘米。台北故宫博物院藏。

南宋修内司官窑制作。胎较薄，底釉有缩釉状，乳浊状。此件器形较大，可知道南宋的胎骨较硬了，呈黑褐色。

官窑葵瓣洗

宋　高4.8厘米，口径18.7厘米。北京故宫博物院藏。

八瓣葵花式，斜直壁，折底，圈足。通体施粉青釉，釉层莹润如玉，在溢青流翠的釉面上片纹纵横交错，大片纹间又闪现条条小冰裂纹。足底边无釉，露铁黑色胎。

口药罐、各种眼药小罐、肥皂罐、中型果盒、蟋蟀盆及内中用具、佛前供水碗、束腰六角小架、各色酒案茶碟，所有这些都是官窑和哥窑的下等品。

要知道，古人烧制这些瓷器时考虑非常周到，这只是我大致的看法。而官、哥二窑烧制的众多瓷器，不易全部举出，仅此可见一斑。

所说的官窑，是宋代由修内司督造烧制的瓷窑，烧制的瓷器专门供皇家使用。南宋时期的官窑窑址修建在杭州凤凰山下，那里的泥土泛紫色，所以烧制的瓷器底部像铁色，当时称为"紫口铁足"。紫口的形成，是由于烧制时器口上仰（即仰烧），釉水下淌，器口的釉色比器物整体稍浅，微露紫色胎痕。这又有什么值得称道的呢？只有瓷土中含铁较多才能形成，而其他任何地方的土质和这里相比都要低，都都不及这儿的土质好。

哥窑是私人经营的窑子，烧制瓷器的瓷土也都全取自杭州凤凰山。

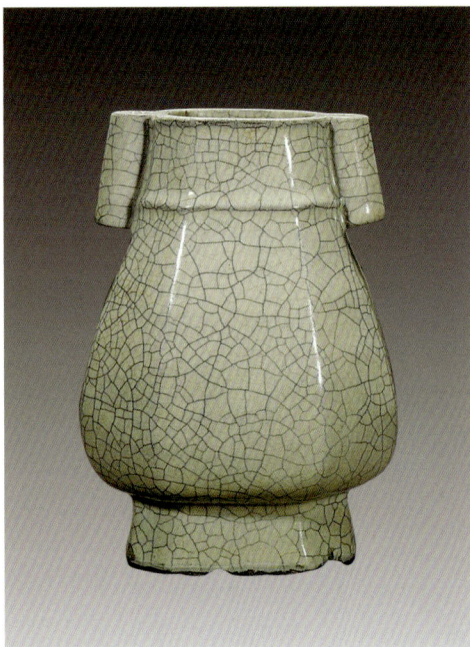

哥窑八方贯耳瓶

宋　高20.7厘米。美国旧金山亚洲艺术博物馆藏。

仿青铜器式样，口微外撇，颈部凸起两道弦纹，两侧各有一筒状圆形直耳。腹下部丰满，高圈足微外撇。底足一周无釉，呈黑色。釉面光亮莹润，通体开细碎鱼子纹。

哥窑米黄釉鼎式炉

宋　高8.4厘米。台北故宫博物院藏。

此炉做工精细，造型古朴、典雅、沉稳、庄重，为仿青铜器之作。米黄釉，釉开文武片，大片黑色，小片泛黄，俗称"金丝铁线"。

官窑瓷器釉面的隐纹像蟹爪（即蟹爪纹），哥窑瓷器釉面的隐纹像鱼卵（即鱼子纹），只是所用的釉料不如官窑所用的釉料好罢了。官窑和哥窑烧制出的瓷器经常发生窑变现象，窑变的形状类似蝴蝶、鸟、鱼鳞、虎、豹等，这是因为分布于本色瓷坯上的釉发生了釉外变色，有的变成黄黑，有的变成红紫，形象逼真可爱，这大概是由火候变化而形成，否则无法理解。这种有窑变现象的瓷器，工艺似乎更加难得。后来，又有董窑、乌泥窑等都效法官窑，但瓷器质地粗糙，釉面没有光泽，且有爆裂现象。这些瓷器混杂于哥窑瓷器中，现在也在世间流传。但后来像元代末年的新烧瓷器，还赶不上董窑和乌泥窑的瓷器。

近年来，各窑仿烧的官窑、哥窑瓷器中的精美瓷器也有可取之处，只有紫骨色和粉青色不大相似。而现在各窑新烧的普通瓷器，与宋代各窑烧制的瓷器相比还是相差很远。也有粉青色的，但釉面干燥无

光泽。即使釉面光滑润泽，但颜色变成了绿色，且索价很高，愚弄人。还有一种复制品，取用官窑、哥窑的旧瓷器，比如缺脚少耳的炉、口缘受损的瓶等伤残品，用旧料补旧器，涂上釉水，用泥土包裹，放入窑内重新烧制，烧成后和旧器没有多少差异，但填补的部位颜色浑浊，且质地干燥，不太精致。不过，若能得到这种复制品，也远远胜过新烧的瓷器。

无奈官窑和哥窑套器流传下来的很少，如葱脚鼎炉，国内仅保存一二件，乳

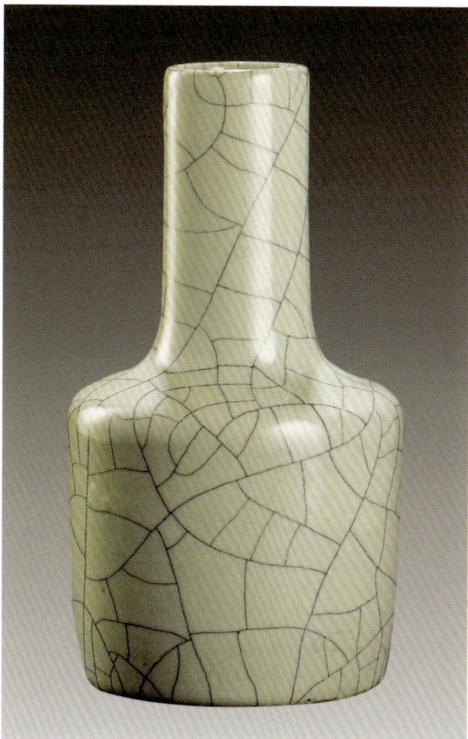

仿哥窑纸槌瓶

清雍正　高16.6厘米。巴黎苏富比拍卖公司2008年拍卖，成交价243.85万元人民币。

通体满施仿哥釉，釉色肥腴莹润，釉面开有大开片纹，圈足色黑如铁，为雍正御窑器中难得的精品。

仿哥窑花口碗

明成化 口径12.4厘米。美国旧金山亚洲艺术博物馆藏。

紫口铁足，金丝铁线，仿制得惟妙惟肖。

炉、花觚也只存有十数件，彝炉或许还有百十来件。这四种瓷器被鉴赏家和收藏家们奉为至宝，难怪卖价竟然远远高于其本身的价值，而且价格日渐上涨，也不知它们的价格以后会不会降低。所以，我每当看到这些珍品，便心清目爽，神魂飞扬，顿时忘却了饥饿。难道果真是赏玩的癖好使我这样吗？我更为后人只听说过些瓷器的名字而不能亲眼见到这些珍品而感叹，实在是令人感慨万分！

论定窑器

高子说：定窑瓷器，是宋代定州的瓷窑烧制的。

定窑瓷器釉色多为白色，间或有紫色和黑色的，都是在白色瓷坯上淋上釉水烧成。瓷器表面多有泪痕。苏轼有诗赞叹："定州花瓷琢如玉。"定窑瓷器上有画花、绣花、印花等三种工艺制成的纹饰，大多采用牡丹萱草、飞凤等时新花样。

定窑烧制的器皿式样繁多，工艺精巧。最好的有兽面彝炉、子父鼎炉、兽头云板脚筒炉、胆瓶、花尊、花觚等，都大致像古代青铜器的样式，但实际上是自出心裁，都是定窑中的上品。其余的如盒子，有内子口的，也有内替盘的，大的三四寸，小的一二寸，规格颇多。枕头有长三尺的，制作的样式很适合枕着睡觉。我曾经得到一个瓷枕，样式是一个娃娃手执荷叶的形象。荷叶盖在枕身上，叶子的形状前低后高，很适合头枕着睡觉，精巧无比。

定窑白釉印花菊纹碗

宋 口径20.3厘米。美国纽约大都会博物馆藏。

碗敞口，弧形深壁、平底矮圈足。全器施白色釉，釉色莹润。口缘及足沿皆镶"铜铃口"。外壁光素，内壁饰有印花缠枝菊纹。

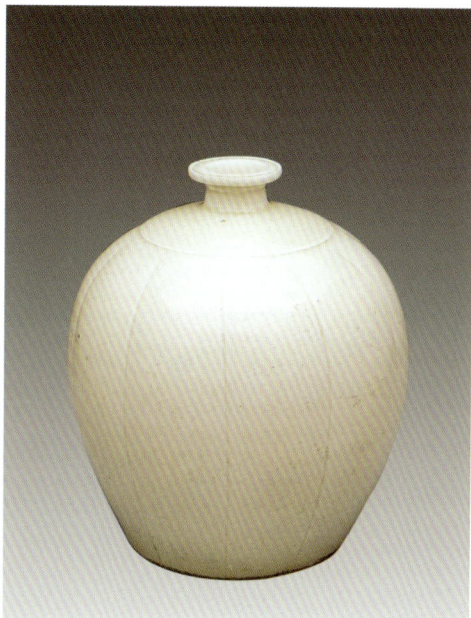

定窑白瓷瓜棱罐

北宋 高18.7厘米，口径4.6厘米。台北故宫博物院藏。

胎质细腻坚密，釉光润泽，瓜棱罐外壁素面施满粉釉，显示出定窑工匠高超的技艺。

定窑烧制的瓶子的样式非常多，碟子的样式更是千变万化。我收藏有几个定窑碟子，长条形，样子像银锭，两头翘起，左右两侧作成褶皱状。还有一个碟子呈四方形，四角如莲花瓣一样凸起，而左右两旁如莲叶卷起。有的碟子中间作成水池样，四周作成宽边，可以当笔洗、笔砚。这些是上古时代所没有的。

定窑还烧制人物形象，其中以仙童居多。而兜头观音、罗汉、弥勒等，其相貌形体、眉目、衣服上的皱褶刻画精美，栩栩如生。其他小器件，如水中丞、各种各样的瓶罐，从两三寸到五寸高的，我见过不下百余件，但形状规格却没有一种相同。还有灯架、大小碗、酒壶、茶注等，都有多种样式，精巧得让人难以想像，称得上鬼斧神

工。那些水注，做成蟾蜍样、瓜茄样、鸟兽样的，件件都生动传神。巨觥、承盘、卮、匜、盂、斝、柳斗、柳升、柳巴，上面仿照藤条编织成的花纹线条流畅，连续不断。又如菖蒲盆，底部大小不一，都值得欣赏。还有坐墩，样式古雅；花囊，圆腹盘口，口部平坦像托盘一样，中间的孔直径约两寸，可用来插各种花枝。酒囊，圆腹敞口，口部像一个小碟，光泽浅淡，中有一小孔，用来倒酒。这些东西，种类样式繁多，不能一一细说，其他窑烧制的瓷器都不能与定窑相比。

尽管如此，这些定窑瓷器只能说是工巧一时，缺乏古风遗韵。凭这精巧的技艺迷惑现在的人还可以，但要在做工、质地、样式上胜过古人就完全不可能。如宋代宣和、政和年间的制品，专门为宫廷烧制，色白质薄，土色如玉，价格很高。但当时定窑紫色、黑色瓷器数量很少，我只见到过一二种。白瓷中色黄质厚的，属下品。还有瓷坯的颜色，若青污如油灰色的，当地人俗称"后土窑"器，又低一等。

定窑白釉孩儿枕

宋 高8.3厘米，长20.3厘米。美国旧金山亚洲艺术博物馆藏。

定窑孩儿枕极为罕见，有卧女瓷枕、童子荷叶枕等。此为童子荷叶枕。

其他窑口烧制的瓷器，如高丽窑器，虽然也能绣花，杯、盏、盆、盂之类也有值得一看的，但质薄而脆，色如月白，质量很不好。

近来新仿定窑器烧制的文王鼎炉、兽面戟耳彝炉，质量也不亚于定窑瓷器，几乎可以假乱真。如周丹泉（字时道，明隆庆、万历年间景德镇制瓷名手，仿古瓷的名家）仿造定窑瓷器，最初烧制的器物可视为佳品，但必须磨去周身的红色才可供观赏。如玉兰花杯，做工虽然精巧，但似有沦入歧途之嫌，且样式变化很快。又比如继周丹泉之后烧制的合炉、筒炉，用锁子甲、锦龟花纹等穿插连接成花底板，虽制作得非常精细，但不能列入可供欣赏赏玩的器物之列，而且远远不如周丹泉制作的品质好。

元代霍州窑有匠名彭君宝，始效仿定州窑，后推陈出新，青出于蓝，终创出了"新定"，这就是历史上有名的"霍窑"

定窑白釉葵形盘

宋 口径9.5厘米。美国旧金山亚洲博物馆藏。
盘作六瓣葵花形，通体施白釉，光素无纹。

或"彭窑"。其土坯细白，器口都较光滑，只是缺少光泽，质地极脆，也不能作为珍品观赏，往往冒充定窑瓷器蒙蔽外行人，索取高价，简直可笑！

论诸品窑器

这里说的诸窑，主要包括龙泉窑、章窑、吉州窑、建窑、钧窑、大食窑等。另外，也对玻璃器进行介绍。

龙泉窑瓷器在定窑之下，位居第二。宋代的龙泉窑瓷器，土细质薄，颜色翠绿，制作精妙的龙泉窑瓷器可与官窑争艳，只是缺少开片、紫骨和铁足而已。

宋代龙泉窑烧制的瓷器，有琮式瓶、鬲炉、桶炉、有耳束腰小炉等。菖蒲盆的底部有圆形、八角形、葵花形、菱花形等，还有各种酒瓮、骰盆，冰盘的式样有瓦棱的，大圆形的直径两尺。除此之外与菖蒲盆样式相同，有深腹单边盥洗盆，有大乳钵，有葫芦瓶，有酒海，有大小药

定窑瓜式提梁壶

宋 高13.5厘米。台北故宫博物院藏。
壶身为六棱圆瓜形，通体施白釉，釉色莹润，有如玉的瓷质。

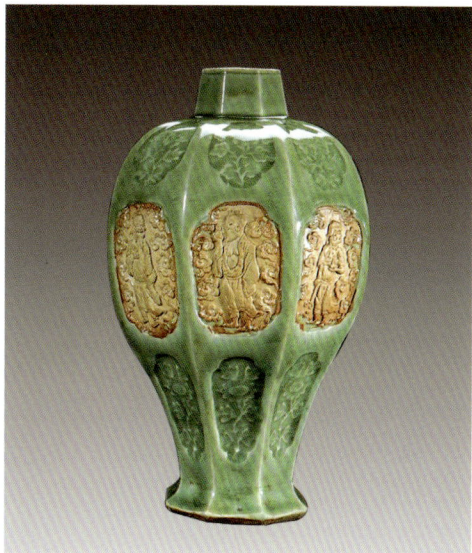

龙泉窑青釉铁斑露胎模印加金八仙过海图梅瓶

　　元代　高27.6厘米。美国旧金山亚洲艺术博物馆藏。

　　瓶身以八片瓷胎贴塑成型，瓶腹露胎开光八组，开光内高浮雕模印八仙图，人物造型生动，纹饰清晰，尤其露胎处残留的加金装饰，集合元代龙泉窑众多装饰技法于一身，更为珍贵罕见。

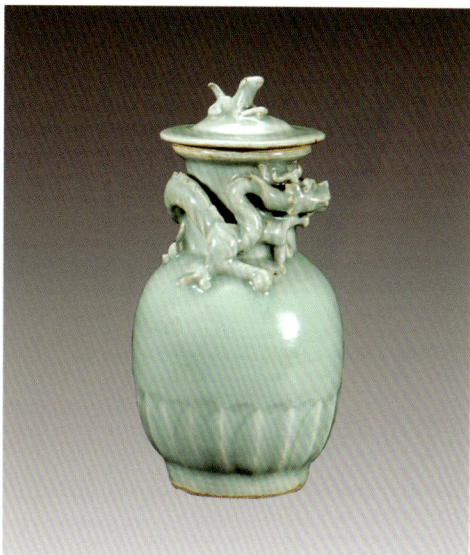

龙泉窑青釉盘龙瓶

　　南宋　高24.8厘米，底径12.7 厘米。美国旧金山亚洲艺术博物馆藏。

　　敞口，长粗颈，肩部堆饰一条盘龙，长圆腹，近足处刻有尖叶纹。通体施青釉，釉面光亮，色若翡翠。

瓶，这些器物上面都有凸起的花纹，非常精致。还有坐鼓高墩、大兽盖香炉、烛台、花瓶和立地插梅大瓶，这些都是龙泉窑所独有的，只是外观不是那么雅致，仅有适用性罢了。各种器具，在制作方法上不仿效古人，工匠技艺也低劣，然而胎体厚实，非常耐用，不易损伤。古代瓷器的颜色多种多样，用色各不相同，有粉青、深青、淡青之别，现在只有上品瓷器呈翠绿色，其余全是油青色，制作技法也愈来愈差。

　　还有一些瓷器，用白泥制作瓷坯，外施浅翠色釉料，隐约露出白色的胎色，与龙泉窑制作的瓷器相比，更觉巧妙精致，称之为"章窑"，是因姓氏而得名的窑。

　　还有吉州窑瓷器，呈紫色，和紫定相

龙泉窑青釉琮式瓶

　　南宋　高26.5厘米。英国大英博物馆藏。

　　方形直腹，四面各以凸起横竖线纹装饰。通体施青釉，釉色莹润光亮，开细碎片纹。

建窑黑釉兔毫盏

宋代　高5.8厘米，口径12.8厘米。北京故宫博物院藏。

碗口釉呈酱色，口下渐为褐黑相间，近里心为纯黑色。釉中有丝状黑褐色兔毛般结晶，俗称"兔毫斑"。

吉州窑黑釉茶盏

宋　尺寸不详。英国大英博物馆藏。

此器形似斗笠，通体施黑釉，内底贴一枯叶作装饰。黑釉木叶碗为吉州窑代表作，其技法是先于生坯器上施含铁质的黑色底釉，而后再将处理过、沾染含铁较低的黄釉木叶贴着于黑釉之上，一次烧成。

吉州窑白地褐彩梅瓶

南宋　高18.5厘米。纽约苏富比拍卖公司于2007年，成交价74.08万元人民币。

瓶颈绘回形纹，瓶身在白地以褐釉绘缠枝花卉及卷草纹，胫部间隔饰有横纹、尖叶纹、回形纹。

似，但质地粗糙，做工不佳。

建窑瓷器多为紫口碗盏，色黑而润泽，釉面有黄色兔毫斑点，斑点大的是真品，质地厚实，薄的少见。

还有大食窑瓷器，铜胎，用药料烧成五颜六色，有香炉、花瓶、盒子一类的器皿，这是品质最差的瓷器。

玻璃窑器，产自少数民族聚居的岛屿，只有广东沿海附近出产。制品规格不统一，但可惜的是没有古雅的制品，只有小瓶稍有雅趣。其他的如酒盘、高罐、盘、盂、高脚劝杯等器物，无一可取之处。白缠丝、鸭绿、天青黄锁口三种颜色的还值得一看，只是不耐用，不是值得鉴赏的佳品。

钧州窑器，有朱砂红、民间称为鹦哥绿的葱翠青、茄皮紫等釉色，朱砂红红如胭脂，葱翠青青如葱翠，茄皮紫紫如墨黑。这三种颜色的瓷器，颜色纯正而没有变化或少有变化的是上品，器底烧有"一""二""三"等标记。猪肝色、火里红、青绿错杂像垂涎色，都是

建窑曜变天目釉碗

　　南宋　高7.2厘米，口径12.2厘米。日本东京静嘉堂文库美术馆藏。
　　碗内外施满釉，内壁遍布有圆形斑点，斑点周围闪耀着蓝色光彩，如天星一般。天目碗是宋代所创烧的一种釉面极具特色的产品，尤以曜变最美，但其也极少。就目前所知，只有日本收藏的三只。

钧窑紫红色梅瓣式花盆

　　宋　高16.5厘米。美国旧金山亚洲艺术博物馆藏。
　　器作六瓣梅花形，通体施紫红色色釉，釉薄处亦现淡蓝色。

钧窑鼓式三足洗

宋　高6.4厘米，口径20.6厘米。美国旧金山亚洲艺术博物馆藏。

洗作鼓式，亦称鼓式洗。洗内施天蓝色釉，外为玫瑰紫色釉。其玫瑰紫釉色及蚯蚓走泥纹为钧窑器之特征，为传世官钧瓷器的代表作品。

钧窑蓝釉红斑三足炉

金　口径7.4厘米。伦敦苏富比拍卖公司于2010年拍卖，成交价折合人民币94.94万元人民币。

圆口外撇，短宽颈，鼓腹，配镂空铜盖。全器胎厚釉浓，外壁天蓝釉彩釉质乳浊，而犹如晚霞的紫红釉斑赋予全器一股华贵的气质。

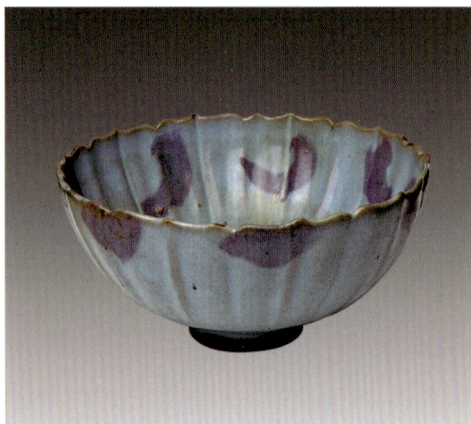

钧窑蓝釉莲花式碗

金　高12.1厘米，口径24.5厘米。美国旧金山亚洲艺术博物馆藏。

全器作八瓣莲花形，外弧壁因莲花之形，呈现有如波浪般起伏的变化。通体罩施蓝色釉，釉质厚润匀净，间有紫色斑。

红、青、紫三种颜色瓷器在烧制时因时间不足而形成的，并不是另外有这种色样，因而民间将它叫做"鼻涕涎""猪肝"等名，非常可笑。钧窑瓷器只有菖蒲盆这种瓷器最好，其他如坐墩、炉、盒、方瓶、罐子等，都用黄沙泥作坯，所以器质粗厚不佳，都不大受人喜欢。近年来新烧的钧窑瓷器，全用宜兴沙土作坯子，釉汁略像宋代钧窑瓷器，其中也有好的，但不耐用，没有收藏价值。

论景德镇新窑古窑

宋代的景德镇窑瓷器（即饶器，景德镇宋代属饶州府浮梁县）进献宫廷御用的，质薄而润泽，色白花青，比定窑瓷器稍差。元代，景德镇窑烧制的小足有印花、内有枢府字号的器物，价值较高，而且不容易求得。还有大明朝永乐年间景德镇窑所烧制的压手杯，杯口平坦，腰部弯曲，砂足，光底，中心画有双狮滚绣球，球内篆书"永乐年制"四字，细如米粒，是上品；中心画有鸳鸯的次之；画有花心的品质更差。杯表面为深翠色青花的，式样精妙，可永久传世，价格因此非常昂贵。如果是现在的仿制品，瓷质特别粗厚，红底红足，外形略像真品，但毫无观赏价值。

宣德年间烧制的红鱼把杯，是将西红宝石研成粉末后，用它在瓷胎上描画出鱼形，烧制后鱼就从瓷坯上凸现出来，宝石的光泽鲜艳夺目。有的烧成后变成了紫黑色，是因烧制时火候没控制好。

釉下青花红彩瓷器有龙松梅茶把杯、

人物海兽酒把杯、朱砂小壶、大碗，红釉的颜色如出生的太阳，器口制成白色。又如竹节把罩盖澄壶、小壶，这些器物自古未曾发现过。其他的还有各种适用的器具，小巧玲珑的最好，外形和纹饰都一丝不苟。而炉、瓶、盘、碟最多，制作如同平常用品。像罩盖扁罐、敞口花尊、将军罐，都非常精美，大多制成五彩瓷器。

其他如中心烧有"坛"字的白瓯，就是平常所说的坛盏，胎体质地细腻，釉料丰腴，样式美观，经久耐用，是真正的文房佳品。又如式样相同的细白茶盏，比坛盏稍低，但其瓷肚、釜底、线足，光洁如玉，莹润可爱，内有很细小的龙凤暗花，底有"大明宣德年制"的暗款，橘皮花纹隐约显现，即使是定窑瓷器也不能与它相

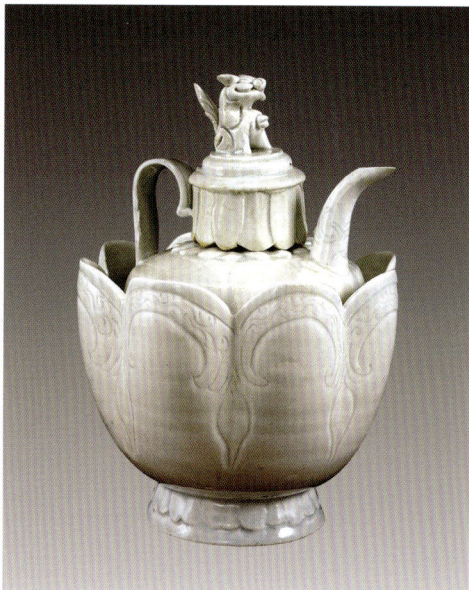

景德镇窑青白釉刻花注壶、注碗

北宋　通高22.5厘米。英国大英博物馆藏。

注壶直口，有盖，盖顶置狮形纽，折肩，弯流，曲柄，圈足，肩部划葵瓣纹，壶体呈瓜棱状。注碗葵瓣式口，碗体呈莲瓣形，圈足外撇。注壶与碗通体施青白釉。

青花压手杯

　　明永乐　高4.9厘米，口径9.2厘米。北京故宫博物院藏。

　　此杯制作精细，形体古朴敦厚。内外均绘青花纹饰，青花色调深翠。杯心有葵花一朵，花中心青花篆书"永乐年制"4字款。外壁口沿下绘朵梅一周，腹部饰缠枝莲纹。

青花红彩海水龙纹合碗

　　明宣德　高7.4厘米，口径17.4厘米。北京故宫博物院藏。

　　碗外以青花绘云及海水，红彩绘双行龙，下腹部饰凸起的弦纹两道。碗里光素无纹饰，中心青花双圈内楷书"大明宣德年制"6字款。

釉里红三鱼纹高足杯

明宣德　高10厘米。苏富比（香港）有限公司2006年拍卖，成交价1615.44万元人民币。

此器造型端庄，鱼纹刻画生动活泼，仿佛三条红鱼首尾相随于水中。莹润的橘皮纹白釉与明艳的釉里红纹饰互相衬托，相映成趣。

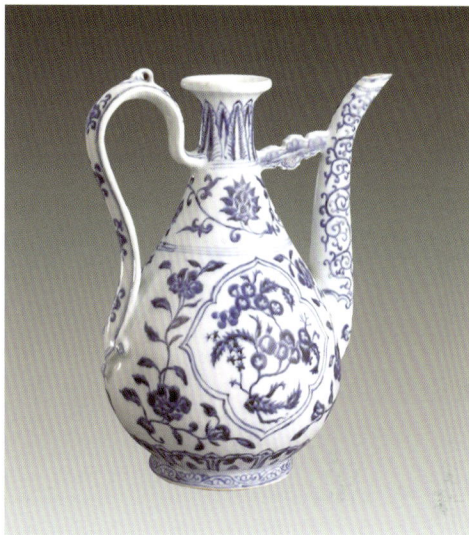

青花三果纹执壶

明宣德　高27.5厘米。北京故宫博物院藏。

此壶造型端庄古朴，釉质肥厚莹润，青花色泽深沉含蓄，色重处青花下凹，呈现出点点的黑疵斑痕，与浓艳的青色相映成趣，形成独特的艺术效果。

比，真是一代绝品，可惜世上见到的不多。又如精美的坐墩，非常精美，有的用五颜六色填充镂空花纹，像云锦一般华丽；有的用五彩填实的花纹，鲜艳夺目。这两种底色都是深青色的。有的是蓝色地子添画五彩的，就像石青上挑出的花。有白底青花，有如冰裂纹的，各种式样，好像前代不曾有过。

成化窑瓷器中的上品，没有超过五彩葡萄敞口扁肚把杯的，样式比宣德窑杯更好。其次如草虫子母鸡劝杯、人物莲子酒盏、五供养浅盏、草虫小盏、青花纸薄酒盏、五彩齐箸小碟、香盒及各种小罐，都精美得令人喜爱。我认为，青花瓷，成化窑不及宣德窑；五彩瓷，宣德瓷不如成化瓷。宣德窑瓷器的青色，是苏勃泥青。苏勃泥青后来全都用完了，到了成化时期，

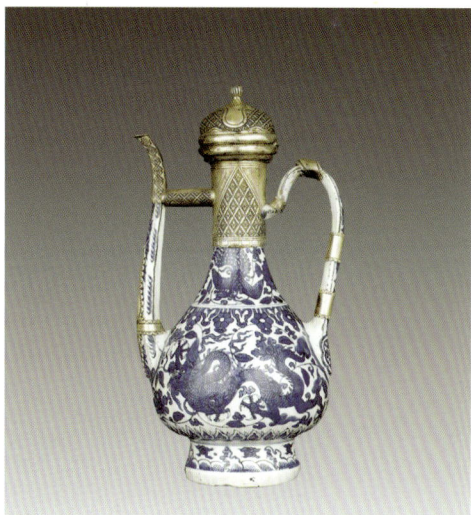

青花穿花龙凤纹嵌铜执壶

明嘉靖　高38厘米。巴黎苏富比拍卖公司于2007年拍卖，成交价73.10万元人民币。

明代是伊斯兰文化在中国迅速发展的时期，在青花瓷上镶嵌有精美印压纹的铜饰就是其重要表现之一。

青花海水龙纹高足碗

明宣德　高15.2厘米。香港苏富比拍卖公司拍卖公司于2007年拍卖，成交价3394.7万人民币。

明宣德青花使用进口青料，此种高铁低锰料在烧成过程中青料易晕散，故所绘纹饰不够清晰。此碗青色较为淡雅，纹饰比较清晰，实为难得。

斗彩团莲纹高足杯

明成化　高7.2厘米，口径6.7厘米。北京故宫博物院藏。

此杯胎质洁白细腻，薄轻透体。纹饰采用勾勒平涂施彩，色彩均匀，微微凸起。釉色乳白柔和，更能衬托出斗彩的鲜丽清雅。

成化使用的都是一般的青色了。宣德五彩瓷，颜色浓厚，所以不是很好，而成化窑五彩瓷用色浅淡，很有画意。这是我一家之言，不一定确切公允。

明嘉靖年间的青花瓷和五彩瓷，新窑瓷器和古窑瓷器中全都有。怎奈景德镇附近出产的高岭土越往深处土质愈差，比较新窑和古窑的制品，代代不相等同。小白瓯，器里烧有"茶""酒""枣汤""姜汤"等字样的，是嘉靖皇帝为做道场祈祷使用的器物，又称作"坛盏"，制作的工艺及器物的质地、釉料，远不及成化窑的制品。嘉靖窑瓷器，如盘口、馒心、圆足外烧三色鱼扁盏、红铅小花盒子，这两种瓷器大小如铜钱，也是稀世珍品。小盒子上青花描绘的画很美妙，恐怕以后的官窑再不能烧制出这样的器物了，得到它的人应视为珍宝。

青花穿花龙纹大盘

　　明嘉靖　高16厘米，直径77.5厘米。上海崇源艺术品拍卖有限公司2009年拍卖，成交价907.2万元人民币。

　　此盘形制硕大，蔚为可观，侈口敛腹，圈足内凹，其挖足过肩，底不施釉，呈火石红色。器身满绘青花，纹饰密而不紊、繁而不杂，盘心绘正面五爪龙，内壁盘沿亦绘有四条穿花行龙，外壁满饰缠枝莲，口沿下落"大明嘉靖年制"楷书横款。

五彩鱼藻纹大罐

　　明嘉靖　高35厘米。辽宁国际商品拍卖有限公司2007年拍卖，成交价2970万元人民币。

　　颈部光素，肩部饰一周莲叶纹，近足处饰一周蕉叶纹，腹部绘鱼藻莲花纹，水草随波而动，莲花绽放，各式肥鱼穿梭于莲花水草之间，怡然自得。

斗彩缠枝花纹盖罐

　　明嘉靖　高19.5厘米，口径10.5厘米。成都市金沙拍卖有限公司2007年拍卖，成交价550万元人民币。

　　此罐造型饱满，青花发色具有回青料的浓艳，红彩具有枣皮红色，绿彩、黄彩透明艳丽，具有成化斗彩的遗风。

青花"三羊开泰"图纹碗（一对）

　　明嘉靖　高10.5厘米，口径16.5厘米。苏富比（香港）有限公司2007年拍卖，成交价2216.7万元人民币。

　　景德镇御窑厂烧造的宫廷用瓷器。碗呈仰钟式，内外均为青花装饰。所施白釉莹润泛青，青花发色浓重艳丽，所用青料当系嘉靖朝盛行的"回青"。

斗彩鸡缸杯

　　明成化　高3.4厘米，口径8.3厘米。北京故宫博物院藏。

　　此鸡缸杯以新颖的造型、清新可人的装饰、精致的工艺而历受赞赏，堪称明成化斗彩器之典型。明万历年间《神宗实录》载："神宗时尚食，御前有成化彩鸡缸杯一双，值钱十万。"

古玉清赏

　　中国人把玉看是天地精气的结晶，用作人神心灵沟通的中介物，赋予玉所不同寻常的宗教象征意义。不仅把玉作为装饰品，还把玉作为信物、法器、礼物等，都是实用的，都与人类息息相关。玉的美学所追求、歌颂的是自然的象征，是中国的宇宙观念。它是精神，是意念，是理想，更是中华民族对美的追求和升华，并被蒙上了各种神秘的色彩——佩玉以求避邪除凶，食玉以求长生不死，着玉衣以求尸体不朽。

玉色鉴赏

　　高子说：玉器中玵黄色的是上品，羊脂色要次一点。因为黄色玉为中性色，很不容易得到；白色玉为偏色，较容易得到。现在的人认为白玉贵重，黄玉低贱，这是因为见识太少了。

　　玵黄色玉中，以色如蒸栗的为最好，焦黄色的要稍差一些。但即使是颜色发青像新发的柳叶颜色的玵黄玉，近年也没有了。我曾看见过一件玵黄玉马，长四寸，形神具备，栩栩如生。所见过的玵青色羊头带钩、螭玦、素璊等器物，颜色娇美，惹人喜爱。我得到过一件残损的旧玉，用它制成的五岳图案巾圈、蟾钮印两件器物，非常精美。

　　碧玉的颜色如菠菜一样深绿色的最美，有细墨点的、淡白间杂的要稍差一点；墨玉的颜色以像黑漆色为最美，四川出产的一种石头与它十分相似；红玉的颜色像鸡冠一样红的最为珍贵。这三种颜色

的玉器，世上并不多见，京城里的皇亲贵族也很看重这三种玉器。绿玉的颜色很像碧玉，颜色稍微深一点，里面有饭糁一样小点的品质要好。

　　除下上述的七种颜色的玉石，其余的都不值得称道了。

黄玉降龙伏虎图笔筒

　　宋　高16.1厘米，口径9.9厘米。台北故宫博物院藏。

　　黄玉，有赭斑。盘口，平底，附木座。外壁雕降龙伏虎图。

玉器种类

上古时代的人们对玉器非常看重，认为很神圣，从不敢亵渎，更不轻易使用，所以天子定制玉圭用来分封诸侯，用深绿色玉制成玉璧用来祭祀天帝，用青色玉制成玉圭用来祭祀东方的神灵，用黄玉制成玉琮用来祭祀地上的神灵，用赤玉制成半圭形状的璋用来祭祀南方的神灵，用白玉制成老虎形状的玉琥用来祭祀西方的神灵，用黑色玉制成半璧形状的璜用来祭祀北方的神灵。至于璁、珩、璜、衡牙，都是用来佩带的装饰品；琫、珌、鹿卢是剑鞘上的配饰，蚩托、轴辂饰诸具、弁星蚩牛环、螳螂钩、辘轳环、蟠螭环、商头

钩、双螭钩、玉套管、琚环、带钩、拱璧等，都是王侯车服上的饰物，琬、珇、杂佩、步摇、筓珈、琼华璪玉等是后宫及女人的装饰物，还有玉玲、玉瑱等殓尸玉。又比如用玉制成的六瑞、宝玺、刚卯、明瑺、玉鱼、玉碗、卮、匜、带围、弁饰、玉辟邪、图书等物，没有比这些更珍贵了！但三国两晋南北朝以后，礼崩乐坏，失掉古人使用玉器的本意了。

唐宋以后，制作的玉器和以前有很大差别。如玉提携、凤钗、乳络、龟鱼帐坠、哇哇树、炉顶、帽顶、提携袋挂、压口方圆细花带板、灯板、人物、神像、炉瓶钩钮、文具器具、杖头、杯盂、扇坠、梳背、玉冠、簪珥、绦环、刀把、猿马牛羊犬猫、花朵等具有实用性和装饰性的器

白玉镂雕蟠龙戏珠纹带环

明　外径11厘米。英国大英博物馆藏。

玉呈青白色，局部有浅褐色皮斑痕。器呈圆环形，通体镂雕一团龙与一执球的小孩。雕琢圆润华美，颇具宫廷风格。

黄玉三羊尊

　清　高14.2厘米。北京故宫博物院藏。

　黄玉制成，色如蒸栗。圆口外侈，颈部有环状凸棱，腹部凸雕三羊首，三羊前足形成器足，足下衬一圆托。

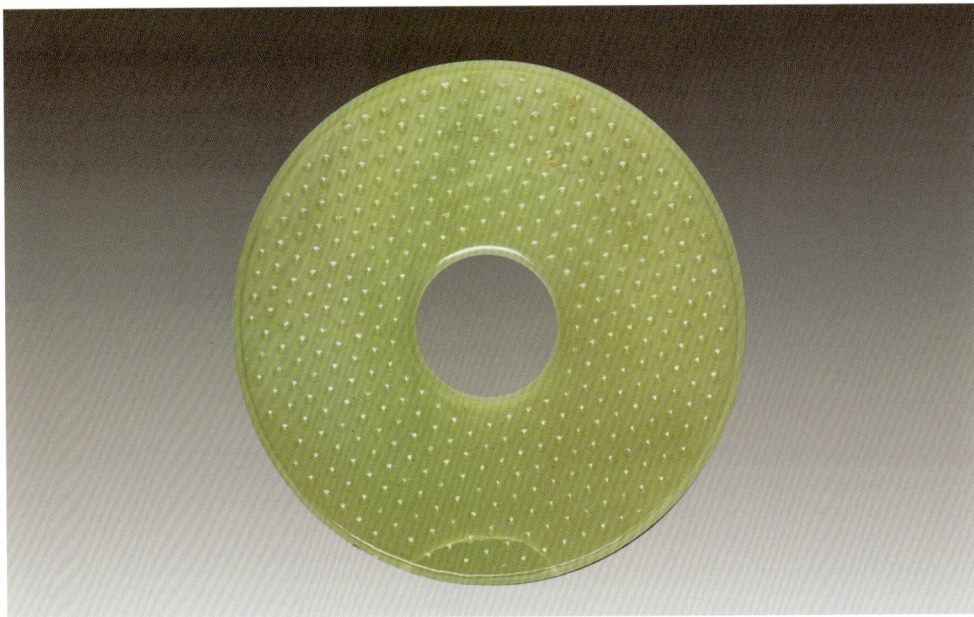

玉璧

春秋　直径14.6厘米。美国纽约大都会博物馆藏。

青玉质，温润有光泽，两面皆饰乳丁纹。

白玉镂雕双虎环佩

元　直径5.4厘米，厚1.5厘米。北京故宫博物院藏。

白玉质地，利用皮色镂雕子母虎、山石、柞树等饰。

涂朱玉璋

　　二里头文化　尺寸不详。中国社会科学院考古研究所藏。

　　此件玉璋形体甚大，表面涂有象征朱砂，有着浓厚的宗教意味。

玉圭

　　西汉　长18.5厘米，宽7厘米。台北故宫博物院藏。

　　此圭玉质青灰，表面沁作浅赭斑。全器呈梯形，尖首、两侧平齐、平底。近底部处，有一小圆孔。光素无纹。

凤鸟纹小玉圭

　　西周　尺寸不详。台北故宫博物院藏。

　　玉色青绿，带有灰赭沁色。全器作片状长方形，器身以双线阴刻有长尾鸟纹。

青玉龙纹瑗

汉　外径12.2厘米。台北故宫博物院藏。

根据中央孔径的大小可把古代片状圆形玉器分为璧、瑗、环3种。璧是指边的宽度大于孔；瑗是指孔的宽度大于边；环是指孔和边宽度一致。

玉鱼

春秋　长5.9厘米，宽3.1厘米。河南省信阳地区文物管理所藏。

玉呈翠绿色，局部有黑色浸斑。器呈半鱼形，以细线琢出鱼头、鱼鳃、鱼嘴和4行鳞纹，末端刻有背鳍和腹鳍

物，其碾制方法如同刀刻一般，非常细致，一丝一毫都没有偏差，一点也不会破坏章法，精致到了极点。

工艺鉴赏

宋代工匠制玉器，沿袭了古代工匠的技艺，但有的投机取巧，采用了当时治玉工匠的拙劣手法，真为他们感到可惜。当时制作的大多数玉器不单做工巧妙，选用的玉材种类也多，只可惜制作玉器时用心不如古代。比如，我见过一件一尺高的张仙像，玉雕成的丝带和衣服上的皱褶像画的一样，非常生动。

我还看见过一件一尺六寸高的真武大帝像，巧雕而成，头发是黑色，此外从额头起到脸部及身上衣服全是纯白色，没有一点杂色。我还看见过一件玉雕子母猫，长九寸，母猫用白玉制成，母猫身上背了六个小猫，小猫有的黄黑色像玳瑁一样，有的纯黑，有的黑白混杂，有的黄色，根

玉瓜纹佩
宋 高4.8厘米。台北故宫博物院藏。
玉色呈灰白，其中一面色泽较黄褐。雕琢瓜果、花朵、枝叶。

白玉龙纹带扣
宋 长9.1厘米，宽5.2厘米。北京故宫博物院藏。
白玉质，正面为浮雕，背面呈长方形圈环。正面浮雕图案为云龙纹，外围饰串珠纹。

据玉材本身颜色的不同巧雕而成，小猫或攀或附或睡或抱姿态各异，随行就势，惟妙惟肖，真是精妙之极。

我还看见过一件墨玉大块，背景上的灵芝草全呈黑色，两条龙腾云卷水，龙身龙尾部是白玉，绝不是勉强凑合而成的。又比如，还有一件玛瑙蝈蝉，其头部是黑色，胸部为黄色，双翅全白而且透亮。还有一尊弥勒佛像，用红、黄缠丝玉料制成袈裟，以黑色部分制成袋子，面、肚、手、足都是纯白色。宋代制作的玉器精品实在是太多了，种种精妙的地方这里不一一列举了，我看见的大小几百件玉器都如此，现在的工匠哪能和宋代工匠相比！

不过，汉代人雕琢玉器，巧妙在于双钩、磨碾之法的巧妙运用，制成的玉器宛转流畅，没有一点不精细，更没有疏密不均匀、线条断续的现象，很像是采用白描手法进行绘画，笔墨没有一点滞涩的痕迹。比如，我见到过汉代人制作的玉巾圈，一点一点地细碾出来，手法都很圆滑。还见过汉代人制作的玉螭虎，云彩连绵不断，层层叠叠，云朵的圈子都是实实在在的碾为双钩，仿佛云霞在飞动一样，只是玉的色彩被土气浸蚀得差不多没有了，穿线的两个孔已经锈蚀得只剩一个

青玉龙凤纹佩

汉　直径4.7厘米。北京中嘉国际拍卖有限公司2009年拍卖，成交价22.4万元人民币。

青玉质，局部有黑褐色沁斑；佩正面浮雕龙凤纹，体形细长；背面阴线刻勾连云纹。

执荷童子

宋　高7.2厘米。北京故宫博物院藏。

白玉琢成，童子五官简单，罩一长马甲，双手持莲，花朵于头顶绽放。

青玉绳纹佩

汉　长6.3厘米，宽4.9厘米。台北故宫博物院藏。

青玉，呈淡绿色。镂雕绳索盘绕之形，上下、左右对称。

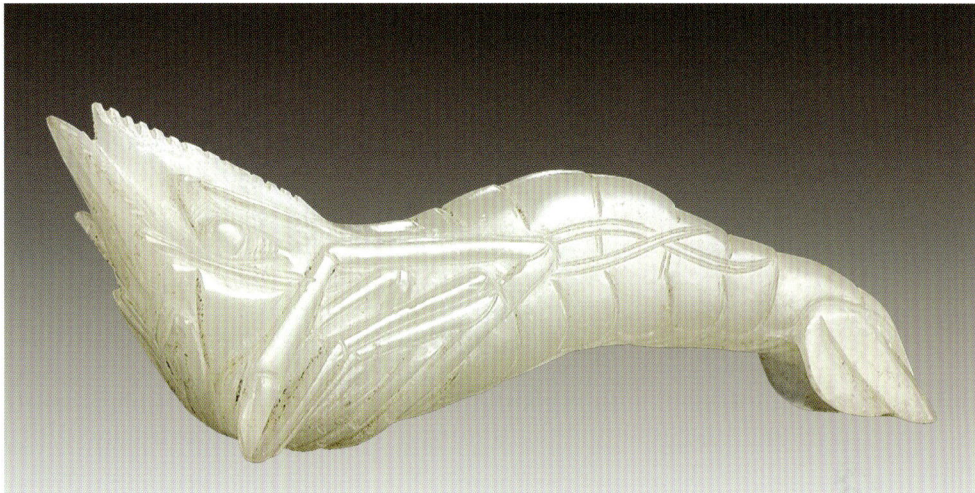

玉虾

宋　长7.6厘米。香港苏富比拍卖公司于2010年拍卖，成交价26.39万元人民币。
白玉，玉质莹润，琢成虾形圆雕，以阴刻线雕鳞身、胡须，高浮雕刻出虾足，惟妙惟肖。

玉璧

汉　直径6.8厘米。香港苏富比拍卖公司于2010年拍卖，成交价27.49万元人民币。
白玉，玉质白润，局部有褐色沁斑，两面饰满勾云纹。

了，这难道是后人可以模仿的吗？要知道，用玉雕琢巾圈并非是从唐代开始的。又如玉刚卯，有正方形的，有六角形的，文字勾勒的精细程度和碾法的精妙，即使宋代工匠也远远不如，也甘拜下风。

汉代人用玉制作的人物、螭玦、钩环和随葬物品等，古典雅致而不繁琐，不刻意追求形似，可是物品的形状自然具备，还保留了夏商周三代的遗风。如果是宋人的作品，则会刻意去模仿，追求物品形似，只求汉代玉器的简洁，而不用心追求汉代人的琢磨难度。用双钩细碾的

白玉璧

汉　直径16.1厘米。台北故宫博物院藏。

圆形璧，内饰以镂空双龙，龙首回顾，附羽翼，尾交缠。

地方，形似卧蚕，和汉代的制品相差很远。汉代玉器和宋代玉器的差别，一眼就能分辨出来。

沁色鉴赏

至于古代玉器，在世间保存并流传下来的很少，从地下挖出来的较多。埋藏在地下的玉器，因泥土、尸体浸蚀留下的痕迹，似乎不容易伪造。出土的古代玉器，受到血水的侵蚀，有的像血那样红，有的黑锈像黑漆一样，其做工典雅，磨弄圆滑，称它叫"尸古"。如果玉器被黄土包裹，有浮翳笼罩，表面硬得弄不破，这叫"土古"。我见过一个玉玦，有一半是青绿色，这一定埋藏在墓里时与铜器混杂在一起，沾上铜锈才成这样的绿色，这也是一件奇宝。我还收藏有定窑生产的两个瓶子，器身也有青绿色，其成因大概和这块玉玦相同。近来，吴郡的能工巧匠模仿雕刻汉代、宋代的螭玦和钩环，用边皮呈苍黄色的苍玉或带淡墨色的玉，按照古代玉器的样子雕琢而成，以假乱真，往往能卖出

玉璜

汉　长9.5厘米。台北故宫博物院藏。

青玉，局部有沁褐色。两端有穿，一端面有线纹，一侧器缘有凿孔痕。

玉辟邪

汉　长13.5厘米，高8.5厘米。北京故宫博物院藏。

白玉质，表面多处有沁斑。琢一辟邪伏地爬行状，头似虎，顶长角，背上有翼。

青海玉松鹤水洗

现代　边长13厘米。中国书画艺术品拍卖有限公司2008年拍卖，估价1380—2300元人民币。
青海玉同和田玉的组成成分几乎相同，硬度也一样，往往用来假冒和田玉。

高价钱。但有谁知道有的地方是不能模仿的？用双钩之法模仿，形状相似，有的能够以假乱真，但古人的钩碾之法，现在的人怎么能够模仿呢？识货的人一看自然就分辨出来了，何必还要伪造呢？

似玉非玉

现在，制作玉器的材料比古代要多。近年来，从西域运进大块劈成片状的玉料，叫做"山料"，是从山中开采出来的，原产地不是和田昆仑山区。还有西域流沙河中出产一种玉石，色白而质地干燥，内多丝状裂缝，俗名叫"江鱼绺"。这类玉石不如和田子玉贵重。还有一种叫水石，色白且又好看，色泽胜过和田玉，但里面里有饭粒状的斑点，可以假冒和田玉。又比如宝定石、茅山石、阶州石、巴璞、嘉璞、宣化璞、忠州石、莱州石、阿不公石、梳妆楼肖子石，表面看起来都基本上与和田玉差不多，只是少了些温润水色，应当仔细辨别。

又如，古代特殊的玉制器物，如寒玉鱼、温玉棋子、紫玉笛、紫玉九雏钗、五色玉环、玉膏、灭瘢玉、火玉、玉瓮、紫玉函等，这些都是天地间秘不示人的珍宝，但它们今天都在哪儿呢？是收藏在内府库中，还是回到了仙官？使得后人只知有这些名字，而看不见这些器物，真奇怪！

漆器清赏

　　用漆涂在各种器物的表面上所制成的日常器具及工艺品、美术品等，一般称为"漆器"。

　　中国漆器的制造历史悠久，新石器时代就出现了。宋元时期，漆器制作达到高峰，填漆、剔红、剔黑、戗金、描金、犀皮、螺钿等漆器百花齐放，争奇斗妍。深厚神秘的东方风采，丰富神奇的质感肌理，扑朔迷离的诗般意境，以及整体的装饰情味和细部的精妙处理，都使得漆画艺术具有了一种因时因地而异的奇特效果，耐人寻味，意趣无穷。

剔红漆器鉴赏

　　高子说：宋代人制作的剔红漆器，如宫中用的盒子，大多用金银作坯子，用很厚的红漆堆几十层，然后才在上面雕刻成人物、楼台、花草等图案，其刀法之精细，雕镂之巧妙，简直像图画一般。还有的用锡作胎，有的用蜡作底，也有的花纹红色、底色为黄色的，红、黄二色相互映衬，看起来很引人瞩目。有的用五色漆制成坯胎然后雕刻而成，刀口或深或浅，随着需要显示出各种不同的色彩，如红花绿叶、黄心黑石之类，光彩夺目，非常好看，可惜流传于世的器物数量不多。还有的用红色做底板刻彩锦，以黑色作面刻花，在彩锦底板上压花，红色、黑色都好看。

　　不过，这类剔红制品以盒子的数量为多，盘和匣子的数量要少一些。漆盒的形式有蒸饼式、河西式、蔗段式、三格式、两格式、梅花式、鹅蛋式等，大的有直径有二尺，小的仅一寸左右，无论大小都雕刻有花纹。漆盘有圆形的、方形的、腰形的、四角形的、八角形的、绦环形的、四角牡丹瓣等。匣子有长方形、四方形、二格式、三格式四种样式。

剔红花卉双鸟纹圆盘

　　南宋　直径26.5厘米。佳士得（香港）有限公司2001年拍卖，成交价237.97万元人民币。

　　"剔红"的技法成熟于宋元时期，发展于明清两代。宋元剔红漆层较少，纹样较浅，10层左右。明清两朝至少髹漆36层，多者百层。

剔红雕漆庭园赏鸟图长方盘

　　宋　长37.2厘米，宽18.6厘米。香港苏富比有限公司2006年拍卖，估价184.2万—276.3万元人民币。

　　宋代雕漆工艺根据漆色的不同，有剔红、剔黄、剔绿、剔黑、剔彩、剔犀之分，但工艺特点相似，雕漆基本由胎、灰地子、糊布和雕有纹饰图案的大漆构成。

剔红雕花鸟纹盖盒

　　宋元　直径13.7厘米。苏富比（香港）有限公司2004年拍卖，成交价25.68万元人民币。

　　雕漆胎有铜胎、铅胎、脱胎和木胎等，以木胎为主。

剔黑婴戏图漆盘

　　南宋　直径31.2厘米。日本文化厅藏。

　　圆形浅盘，盘内底部刻一庭院，院中地面遍铺锦地，建筑巍峨，池塘中鲤鱼游动，空中日乌当头，院中10个孩童正在游戏，各个情态不同。

元朝时，有张成、杨茂两家雕漆作坊，两家的雕漆技术风行一时，只是红漆上得不够厚，漆很容易皲裂。

明永乐年间果园厂制作的剔红漆器，红漆要上三十六遍才行。当时所使用的坯胎有锡胎、木胎，在上面雕细锦的器物居多，但器底用的是黑漆，用针刻上"大明永乐年制"的款识，工艺水平似乎超过了宋、元两代。

宣德年间剔红漆器的形制和永乐年间的相同，但红色的鲜艳超过了永乐年间的红色，器物底部也是黑漆，用刀刻上"大明宣德年制"六个字，然后填金。宣德年间制作的漆盘、漆盒，其大小和制法与宋、元两代一样，但品种多了丫髻瓶、茶盘、劝杯、茶瓯、穿心盒、挂杖、扇柄、砚盒等。当时，民间也有制作漆器的，黑色的居多，工艺也很精美，但品种只有几架、盘、盒、香撞等几种，像四五寸大的香盒、一寸左右的香盒就太少了。云南的雕漆工匠，以制作这些造型小巧的器物为专长，可惜用刀不善于藏锋，又没有磨出棱角，雕法虽然细致，但漆上得不牢，从前所制作的的器物尚有可取之处，现在制作的就不值得一看了。

现在有人伪造果园厂剔红漆器，先用矾石红漆堆起雕刻，再用红漆覆盖两次，以此用来糊弄不能辨识的人。明穆宗时，新安人黄平沙制作的剔红漆器可以和园果厂生产的漆器相媲美，花果、人物刻画的都很精妙，刀法也圆滑清朗。无奈的是，其他技艺平庸的工匠为追求利润，效法他人的制作方法很多，但做工都很低劣，实在是不堪入目。不像以前那样，一个漆盒可卖三千文钱，现在制作的能值三千文钱

的已经没有了，哪里能买到好货！金陵的漆器也是如此。

剔红栀子花纹圆盘

元 张成。直径16.5厘米。北京故宫博物院藏。

盘以黄漆为地，以写实手法在盘中雕刻一朵硕大盛开的双瓣栀子花，间有4朵含苞欲放的花蕾，枝叶舒卷自如，肥腴圆润，布满全器。盘背边雕刻香草纹，线条峻深而圆转自如。近足处有针划"张成造"3字。

剔红观瀑图八方盘

元 杨茂。直径17.8厘米。北京故宫博物院藏。

盘内壁八方开光，锦地上压雕一幢殿阁，阁畔苍松挺立，一老者身临曲槛，眺望山前飞瀑，身后与阁内各有侍从一人。盘底髹黑漆，足内有刀刻填金"大明宣德年制"6字款，系后刻，足边左侧"杨茂造"针书细款隐约可见。

剔红牡丹纹盘

　　元　张成。直径20厘米。北京诚轩拍卖有限公司2006年拍卖，成交价407万元人民币。

　　木胎，内外黄漆素地上漆百道。口沿圆厚饰锦纹，盘心满雕一朵盛开的牡丹，四周伴有含苞微绽的花蕾，牡丹枝叶舒卷自如。外壁亦雕刻四朵缠枝牡丹装饰。近圈足处以针划"张成造"三字。

剔红雕漆"携琴访友"图圆盖盒

　　明永乐　直径22厘米。苏富比（香港）有限公司2008年拍卖，成交价456.7万元人民币。

　　此盒做工精湛，是明永乐年间制作的剔红雕漆精品。"大明永乐年制"款，后加"大明宣德年制"款。

剔红雕漆福禄寿图盘

明万历 直径25.5厘米。苏富比（香港）有限公司2006年拍卖，估价110万—138万元人民币。

此盘雕刻的图案、盘边的开光形式和花卉的表现手法均为明万历时期雕漆的特点。有"大明万历年制"款。

造剔红赏花图圆盒

元 张敏德。通高7.5厘米，口径20.4厘米。北京故宫博物院藏。

此盒构图完美，刀法精湛，状物逼真，俨如一幅工笔画。其刻款与雕刻风格均与张成雕漆一脉相承。盖内一侧有"张敏德造"针划四字细款。

剔红花鸟圆盒

明 直径11.4厘米。北京翰海拍卖有限公司2010年拍卖，成交价8.96万元人民币。

盒面微隆，上下开启，通体米字锦地上深刻花鸟纹饰，漆面平整，剔面层次均匀，工艺精湛，纹饰细致，刀法犀利流畅，为明代早期雕漆风格。

剔红人物纹大圆盒

　　明永乐　直径22厘米。香港苏富比拍卖公司于2008年拍卖，成交价432.43万元人民币。

　　永乐时期的雕漆器髹漆层次明显增多，有的作品厚达一二百道，因此花纹上下起伏，层次丰富，增强了立体感，这是明代对雕漆技艺的新发展。

剔红双螭荷叶式盘

　　明宣德　长24.5厘米。佳士得（香港）有限公司2007年拍卖，成交价502.4万元人民币。

　　漆色暗红，盘心椭圆形开光，雕一双螭龙嬉戏于波浪翻滚的海水中，其中一螭龙尾和部份身体隐于水中，口衔灵芝，寓"灵仙祝寿"之意。内壁菱形锦纹地上雕四合如意云纹，外壁锦纹地上雕缠枝纹。

描漆和彩漆

明朝建国之初，著名的有杨埙描漆漆器和汪家的彩漆漆器，技术都不错，我家中各收藏了他两家的一两件制品，的确超过了其他人制作的漆器。描漆如果用粉，几年后颜色一定会变黑。但杨埙制作的《林和靖观梅图》屏风，用断纹技法，画成的梅花斑斑点点像雪片一般，其用色的巧妙可以从此推知了。

宣德年间有填漆器皿，是用五彩稠漆堆成的花色，磨平后像彩画一样美，似乎更难制作，甚至直到器物坏了，漆色仍然新鲜。现在，这种彩漆漆器也十分少了。还有漂霞、砂金和螺壳镶嵌、堆漆等制作方法，要数新安人方信川制作的最好。他仿制的砂金倭盒，胎体又轻，漆又光滑，与日本人造的没有两样，现在赝品很多。

"皇明祖训"描金云龙纹漆盒

　　明　长39厘米，宽15.5厘米，高8厘米。中贸圣佳国际拍卖有限公司2007年拍卖，成交价224万元人民币。
　　"皇明祖训"为明太祖朱元璋主持编撰的明朝典籍，内容是为巩固朱明皇权而对其后世子孙的训戒。

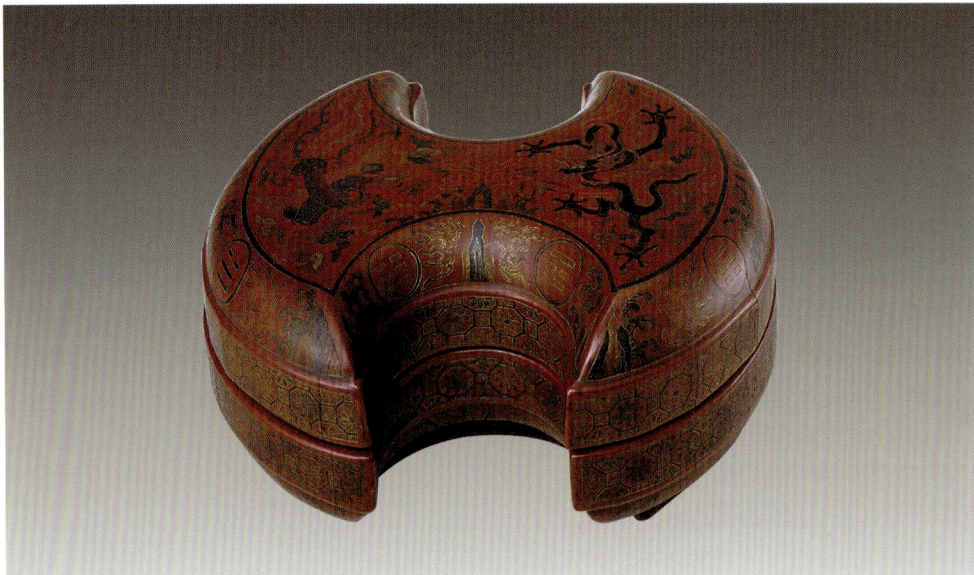

彩漆戗金银锭式盒

明嘉靖 长25.2厘米，宽24.2厘米，高11.7厘米。北京故宫博物院藏。

以银锭形状制作器物应始自明嘉靖朝。此盒用料考究，做工精湛，造型新奇。色彩以红色为主，配黄、绿、黑、赭、灰等色，以珊瑚、万字、龙凤、海水江崖和八卦等图案装饰。

日本漆器鉴赏

漆器要数日本人制作的最精巧，坯胎、样式都不错。比如圆漆盒，通常将三个小子盒套在母盒内，有时甚至将五个、七个、九个子盒套在母盒内。母盒外径有一寸半左右，里边的子盒像莲子壳那么大，盒盖描金，一丝一毫都不马虎。小漆盒子都是三分重，不知究竟是用什么方法制成的。所制作的方匣子有四子匣、六子匣、九子匣，箱有衣箱、文具屉箱，还有簪匣、金边红漆三屉撞盒、洒金文台手箱，以及涂金妆彩屏风、描金粉匣、笔匣、贴金扇匣、洒金木桃、角盥桶子、罩盒，另有罩盖、箱罩盖、大小方匣等器物。

日本人制作书橱的方法可以说妙绝到了极点：书橱上面是一平板，左右两边稍突起，用来摆放书卷；板子下面的格子用来装书；旁边的板子雕成绦环；洞门两边漆成金色，表面装饰凸起的铜线。中间一格，左边制作成一个小橱样子，有门，可以用金色的铜锁开闭，非常精巧；右边制成神龛，也极为细致。下面一格，右边还制成小橱，结构和上面的小橱一样，但尺寸比上面的小一半；左边上空一格，再下面，四面是虎牙如意勾脚。整个小橱圆转的地方都用安装了金色明线铜锁，两边圆浑一体，没有交接头，这也是很少见到的。

识文描金方形小套盒

日本　长7.5厘米，宽5.4厘米，高2.5厘米。台北故宫博物院藏。

由三个方形小盒和一个方形浅盘组合而成的小套盒，既是多宝格类的文物，本身也作为收藏盒使用，在三个方形小盒内各装着一件小玉器。

识文描金山水楼阁三层方盒

日本　长6.2厘米，宽5.4厘米，高6.5厘米。藏地不详。

盒作三层，侧面相接处的转角削成斜面。五面均绘图，描写城池楼阁，构图以近中景为主，远山处于一侧。技法为黑漆地平莳绘，配合银粉、金粉之莳晕，盒面相接处粉溜。

日本人制作的盒子中还有金银片嵌光顶圆盒、蔗段盒、结盒、腰子盒、腰子砚盒等，还有臂搁、一枝瓶、酒注等，都用金色的铜件镶口嘴。还有折酒盂，上边像一个底部有孔的大空酒杯安放在盏托上，盏托盖在大碗上，碗外边绘有金花彩纹饰。用它倒酒，可以避免酒滴溅到外面，洒出的酒也流到大碗里了。还有像朱砂那样鲜艳的大小碗碟，描彩嵌金银片的酒盘等。装文具的都丞盘，内有日本石砚、水注、刀锥、拂尘等东西。还有盖子用铅镶边的小扁方匣，笔筒、茶托、观音漆龛、准提马哈喇佛像等。还有三层四层结构的小圆香撞提匣，有三格、五格能挂吊在腰间的小圆香提匣，有八角茶盘、茶杯、尖底劝杯、铜罩香熏、镜匣，有金银螺嵌山水禽鸟图案的日本式几案，长约两尺，宽一尺二寸多，高三寸。有一个两尺高的香案，面子用金银螺镶嵌了一幅《昭君图》，十分精致。

日本人制作了各种各样的漆器，工艺达到了极高的水平，精致到了极点。根据目睹者说，种类数也数不清。又比如雕刻、紫檀嵌百宝等漆器，花费的心思和工本，也是绝无仅有的。不过，日本漆器只能观赏一时，恐怕时间一久漆就会脱落。有的匣子因木料潮湿了要伸长，干燥了要缩短，估计不能代代相传。因此，宁可要雕刻图案的漆器，因为这样的漆器可以长时间流传下去，可以留给后人观赏。况且现在镶嵌的漆器件件制作都是这样粗劣，与明代初年的漆制品质量有天壤之别，因此价格也很低廉。

楼阁山水莳绘箪笥

日本江户时代　长90.8厘米，宽50.5厘米，高146厘米。日本神户市立博物馆藏。

箪笥是竹或苇制的圆形和方形盛饭器。郑玄解释说："箪笥，盛饭食者。圆曰箪，方曰笥。"

螺钿雕漆鉴赏

技艺高超的工匠雕刻的漆器非常神奇，如宋朝的王刘九，他用青田石、楚石雕刻的寿星、吕洞宾、观音、弥勒等形象，不仅形似，简直就像活人一样，真是栩栩如生。这些神像摆放在一起，神情很像在互相谈话，这哪里是后人能够模仿制作的啊！

又比如用螺钿、雕漆手法制成的观音在普陀山的端坐法像，背景的山水树石，看起来像用白描技法绘成一样，那些线条用眼睛不能逐一数清楚。即使是观音的法相，身上穿的衣服就用了六种锦片，别谈螺壳深凹，就是在平地的器物上也很难雕刻出这样水平的图案。又比如漆雕的诸天、罗汉，他们手里拿的笏板、经书，以及翻阅经书用的书签等物品、各种细致入微的动作，样样都刻得精细，真是巧夺天工。后来有效法的人很少能掌握其中的奥妙。

描金堆漆舍利函

北宋　高41.2厘米，底宽24.5厘米。浙江省博物馆藏。

紫檀木为胎，通体描金堆漆成菊花和神兽等，嵌小珍珠，聚棕色漆，图案精致，堆漆工艺高超，描金运笔老练，并且布局疏密有致。

黑漆嵌螺钿荣归图长方盒

　元　高29厘米。佳士得（香港）有限公司2008年拍卖，成交价455.3万元人民币。
"螺钿匠尹俊华"刻款。

黑漆嵌螺钿山水人物双门柜

　　元　高43厘米，宽53厘米。上海崇源艺术品拍卖有限公司2010年拍卖，成交价91.84万元人民币。

　　通体黑漆嵌螺钿，柜顶开光面嵌庭院图，有亭台楼阁、芭蕉松柳、假山叠石等图案；柜门外立面分两层装饰，上层为如意云头形镂空，下层亦为开光庭院图；柜两侧面同为如意云头形镂空，下饰开光花鸟纹。

剔彩宝相花圆盒

　　明中期　高16厘米，口径27.8厘米，足径22厘米。北京故宫博物院藏。

　　表面为红漆，从刀口断面可见红、黄、绿3种色漆重叠使用3次，共为9层。

黑漆嵌螺钿人物屏风

元　宽60厘米，高58.3厘米。西泠印社拍卖有限公司2009年拍卖，成交价47.04万元人民币。

木胎黑漆，以螺钿嵌出山水人物。一面描绘三顾茅庐的历史故事，内框外框隔断处嵌饰各种人物、山水、动物等画面。另一面为高士松下对弈图。

还有明宣德年间的工匠夏白眼，他所雕刻的各种器物都很有特色，如在乌榄核上雕了十六个娃娃，形状只有半粒米大，眉毛、眼睛都看得清，喜怒哀乐各种神情都具备。又如他雕的荷花九鹭，鹭鸶驻足、飞动的各种姿态全都雕在方寸大小的小乌榄核上，可以说是独一无二的精品，绝对是一件能够传世的宝物。

夏白眼以后，有鲍天成、朱小松、王百户、朱浒厓、袁友竹、朱龙川、方古林等人，都能雕琢犀皮盒、香料盒、紫檀图匣、香盒、扇坠之类的器物，各种奇巧之处，远远超过了前人。比如方古林选材构图非常精致巧妙，很有奇思妙想。他雕刻

的瘿瓢、竹拂、如意、几杖，他依照材料的特征制作，奇妙如神，在明朝也称得上的绝技。

近来仿制日本器物的，比如吴郡的工匠蒋回回，设计漆器时善于参考日本人的作品，制作时也善于模仿，用铅镶口，用金银花片、螺壳镶嵌树木、石头，涂金描彩，样样都很逼真，人们都交口称赞。不过，他制作的漆器坯子用的布稍微厚了一点，手感较轻，制作出来的器物与日本货相比仍差得很远。

福建的象牙人物雕刻，精致小巧，可惜没有适合摆放的地方，不能进入清赏器物之列。

玺印清赏

　　古玺印纯朴、稚拙的风貌包含着不同时代人们的审美情趣和思想内涵，岁月更是赋予了它神秘莫测的古朴之美。古玺印特殊的材质以其不朽的特殊魅力，启迪着一代又一代的人，特别是引起了许多收藏家和艺术爱好者的兴趣。他们十分热衷收藏印章，同收藏字画艺术品一样，探访搜罗、寻求物色，不遗余力。

　　印章具有艺术价值。历代出现了不少好的印章作品，人们对这些印章印文、边款和印饰的研究和鉴赏，有助于窥探和学习前人创作的艺术表现手法，从而提高自身的艺术修养和鉴赏水准，这不失为一条捷径。

论汉唐印章

　　出土的古代铜章成千上万，即便是顾氏（顾汝修，明代隆庆时期著名学者，所编《集古印谱》又名《印薮》，中国最早的印谱）所著的《印薮》一书，仍然称没收集齐全。我从前曾多次到北京附近的各个集市，收集了上千枚印章，这些印章十年之中价格高低差别很大。从前，并有官印和私印的区别。直到最近，才把王、侯、伯、官长的印章列为官印，其价格远远高于以前了。又将姓氏印列为私印，其价格比以前也高出一倍。

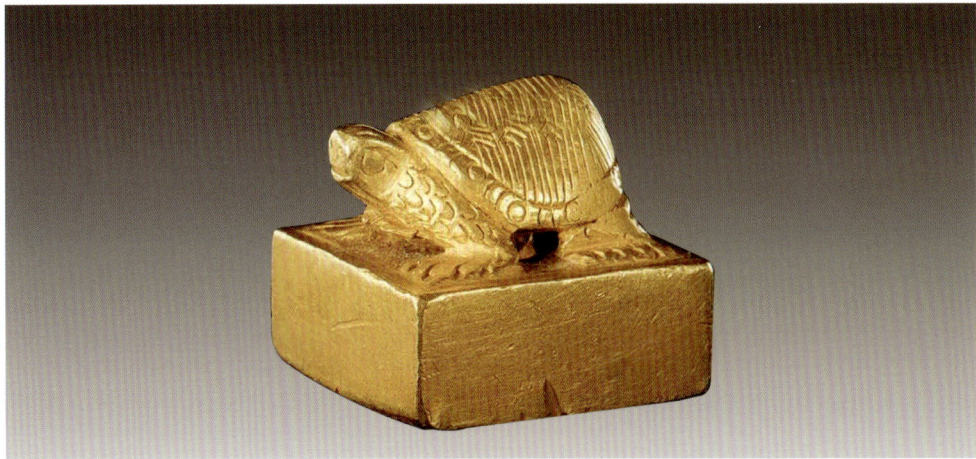

"关内侯"金印

汉　长2.5厘米，宽2.5厘米，高2.3厘米。中国嘉德国际拍卖有限公司2010年拍卖，成交价448万元人民币。此印雕刻洗练、传神，金光璀璨，引人注目。系印玺中的上品。

"文帝行玺"金印

汉　高1.8厘米，边长3.1厘米。南越王墓博物馆藏。

盘龙钮，印面白文篆书，字形平正，以田字格加以分隔，更显端方古朴，匀称严谨，笔划坚挺，有肃穆之气。

官印和私印中，按印材来说有许多珍品，有玉印、金印、银印、玛瑙印、琥珀印、宝石印等。有烧瓷印的，瓷印中以官窑、哥窑、青州窑烧制的最多。大凡这些印章，上端以覆斗形钮为印钮，间或也有用鹿形或瓦形作印鼻的。

铜质的印章，用龟、螭龙、辟邪、骆驼、枭鸟、老虎、坛子、兔子、瓦、鱼、钱、覆斗、环、四连环、亭子、鼻子、异兽、鹿、羊、马、狻猊、角𧰼等形象制作印钮，无奇不有。印钮的颜色，或用锗金色，或用涂金，或用细错金，或用银商金等，制作的工艺非常精妙。比如一种立方体印章，六个面都刻有文字，子印和母印配成一套。母印的印钮铸成一个母兽，子印的印钮铸成一个子兽。两枚印章合在一起，犹如母抱子，二者相接触的的地方和另三面都刻有文字。

我曾购得一方玉石印章，还有一套由子印、母印组成的玉石子母印。这三枚印

章都刻有边款文字，是官印和私印中价值最高的，也不可多得。就雕工来说，刻工精细周到，篆文笔意一丝不苟，无可挑剔，好像是用传说中的昆吾刀雕刻而成的，这就是汉代的双钩碾玉之法，不是后人可以仿效的。所以，珠玉宝石制成的宝印，更被鉴赏家们看重。

"夏侯　"玉印

西汉。高1.8厘米，印面边长2.3厘米。北京诚轩拍卖有限公司2006年拍卖，成交价7.48万元人民币。

鸡骨白沁，覆斗钮，棱线分明。印文为白文篆书"夏侯赗"三字，文字布局疏密有致，笔画线条均匀。

"和众"青铜印

秦　长2.3厘米，宽1.5厘米，通高14厘米。北京中拍国际拍卖有限公司2009年拍卖，成交价8.96万元人民币。青铜材质，瓦形钮，印文为"和众"，私印。

"卫青"龟钮铜印

西汉　印面边长2.5厘米。上海崇源艺术品拍卖有限公司2009年拍卖，成交价84万元人民币。龟钮，首尾穿孔为系。印文"卫青"二字，或为西汉名将卫青的私印。

银质龟纽官印

西晋（疑） 高2.5厘米，印面边长2.5厘米。上海大众拍卖有限公司2009年拍卖，成交价6.72万元人民币。龟纽，印面篆书白文"宣成公章"四字，为少见的西晋诸侯章。

古代印章上的文字，除姓氏之外，只有字号或小名，没有诸如闲散道号、家世名位，引用现在的话，只是"臣某印"等文字。汉代封疆大吏向皇帝呈送奏折，用小印章。又如"封"字，古代印章上是没有的，是后人创造的。古时的"白记"，就是"封"的意思。我曾见到一枚印章上刻有这样的文字："某氏私记，宜身致前，迫事无闲，愿君自发，封完印信。"这是唐宋时期的印章，汉代人不会刻这样的文字。即使只有一个字的印章，也只能模仿禽鸟、龙虎、双螭、芝草的形状，这常见于圆形印章上。刻有"子孙永宝""宜尔子孙""子孙世昌"等文字的印章，都是闲文印。汉代的官印，应该放在印盒中佩带在身上。我曾收藏有一个铜印盒，高一寸八方，方一寸五方，制作样式和现在官印的印匣相同，但印盒前后有能开合的门扇和锁扣，两边有鼻耳，便于穿上绳索以佩带。印盒的外面青绿色，像玉石一样晶莹亮泽。盒箱内装有子母印章一套，这也是小铜器中一件珍奇器物。

近日，关中洛河下游一带贪图小利的人，仿造古代印章，以假乱真以获取暴利，愚弄收藏印章的人。像印面上刻有"军司马王任日利"之类的，不一而足，而且这类假印很不容易辨识。现在那些模仿刻制汉代印章的人，甚至自称是汉代篆文雕刻行家。这些人自鸣得意，自作聪明，故意刻损边旁，残缺笔画，自认为这样才有有古意，令人好笑。即使《印薮》六卷搜录的印章，损伤印文的也没有超过

"汝南国瑞图书永保子孙"铜印

　　宋　通高2厘米，印面宽2.4，长4.2厘米。北京华夏藏珍国际拍卖有限公司2010年拍卖，成交价6944元。
　　瓦钮，印面长方形，长方形，印文为"汝南国瑞图书永保子孙"吉语印。

十枚。即使印文有残缺，也是因埋入地里年代久远，被水锈浸蚀剥落，或是因填满了泥沙，在剔除清洗时损伤印文，并不是古代印文本来就如此。想追求古意，为什么不效法古篆法和古刀法，竟然效法那些缺乏常识的后人损伤笔画以追求形似，这是近日必须辨识清楚的。如果他们真正是行家，自然不会做出这样的事来。

"朗州之印"铜制官印

　　唐　通高3.4厘米，印面边长5.1厘米。中国嘉德国际拍卖有限公司2008年拍卖，成交价26.88万元人民币。

　　方形，橛钮，印文为"郎州之印"，文字平稳舒展，线条细劲有力，唐代开始出现书之叠折，为以后九叠篆开启了先河。印台镌刻"郎州印"与印文相应。

武平县铜制官印

　　唐　印匣：通高7厘米，边长8.9厘米；印：通高3.7厘米，边长5.7厘米。中国嘉德国际拍卖有限公司2009年拍卖，成交价58.24万元人民币。

　　橛钮，印文为篆字"武平县之印"，文字平稳舒展，线条细劲有力。印台镌刻"武平县之印"与印文相应。唐代官印少见，且带有原盒者更为稀少。

青铜官印

　　三国·魏　通高2.6厘米，印面边长2.2厘米。中国嘉德国际拍卖有限公司2007年拍卖，成交价8.4万元人民币。
　　驼钮，造型生动，刻工精细。印文"魏屠各率善佰长"，文字凿刻率真规整，为三国时曹魏政权颁发给当时北方少数民族"屠各"首领之官印。

金尔珍刻印

　　清　通高4.2厘米，印面边长6.2厘米。北京轲尔多拍卖有限公司2006年拍卖，成交价968万元人民币。
　　白天黄。印文："祷天祝圣人万年长寿昌。"边款："祷天祝圣人万年长寿昌戊申秋吉石刻。"

　　又如，青田石中的灯光石像玉那么晶莹如玉，在光照下发出的光芒就像真的灯光，近年来很不容易得到，价格也非常昂贵。但假如石质里面有斑点，那就不是佳品了。除灯光石之外，青田石还有白、红、黄、青、黑等颜色，还有黑、白相间的，红、黄相间的，这些都质地光润，坚韧细腻，可用来雕刻印章。古人喜欢用青田石作印鼻，如鬼工球印，我曾见过有从外到内大小球依次滚动，共十二层，滚到最里面的一个小球像绿豆般大小才算完结，不知用什么方法刻成，

· 103 ·

真是鬼斧神工!

杭州过去能称为最善刻制印章的工匠，只有岑东云、沈薱湖二人，他们擅长雕刻各种形式的印章。岑东云更擅长制作连环，三层五层相叠，还会制作奇妙的锦纹套挽等印鼻，刻的印文也高沈薱湖一筹，沈薱湖刻制的印文没有可取之处。后人有效法他们雕刻技艺的，但缺乏他们雕刻的印章古朴雅致的风韵，这也算是制印章中的不可多见的高超技法，所以一并记录在案。又如福建有用象牙雕刻人马形印鼻的工匠，这是刻制印章的恶习，即使做工精细，但又有什么用呢？

刻玉章法

王心鲁（明代艺术家，擅长刻玉印）说："用玉雕刻印章的技法，并没有传说中使用药物烘烤玉料使之变软然后雕刻的方法。"

还引用陶弘景《赡酥昆吾刀说》中的说法："我传授刻玉印的方法，只是用真真正的菊花钢来锻造成刻刀，宽五分，厚三分，刀口平磨，使用刻刀尖锐的刀锋来刻制。若是在新玉或旧玉印材上刻印字，就用木架把印材固定好，用刻刀按照设计好的印文笔划雕刻，一刀刻不进，再刻一刀，最多刻三刀，玉料就刻进去了，玉屑出来了。但不可以用力太大，用力过大刻刀就会打滑反而难以刻进去，要用手腕运刀。身边还要放一块磨刀石，随时可以磨刀，保持刻刀锋利。这样没有不成功的。"

我见王心鲁先生刻制玉印的技艺非常精湛，他所刻制的印章很像汉代的。而且王先生仿效钟繇所作的《荐季直表》，小楷和篆书都刻得极好，所以将其记载下来。

"王武"玉印

汉　通高1.8厘米，印面边长2.3厘米。北京故宫博物院藏。

汉代私印，以黄玉琢造，鼻钮，印面有阴线边栏，印文字体为鸟虫书篆，白文，右起横读"王武"二字。印身通体青黄，青者淡然若隐，黄者如浸非覆，浑然天成。

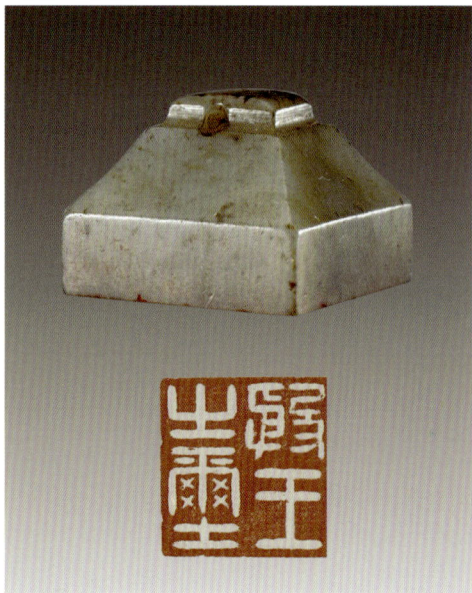

"殷王之玺"玉印

明　通高1.6厘米，印面边长2.1厘米。北京故宫博物院藏。

青玉，布满斑点。鼻钮，印文字体为篆书白文，右上起顺读"殷王之玺"，为明代托名楚汉之际封王玺印制作。

"安武君"玉印

明　通高3.4厘米，印面边长2.7厘米。北京故宫博物院藏。

青玉质地，辟邪钮，印面有阴线边栏，印文字体为篆书白文，右上起顺读"安武君"三字，为明代托名秦汉之际封君玺印。

"中山王宝"玉印

明　通高1.5厘米，印面边长1.4厘米。北京故宫博物院藏。

青玉质，辟邪钮。印文字体为篆书白文，右上起顺读"中山王宝"四字，为明代托名汉代封王玺印之作。印文中的"中山王"本为汉代封王，名刘胜。

书画碑帖清赏

中国人所说的"书"，并不是指社会上实用的文字；所说的"画"，也不是社会上应用的绘画。书指文人消遣时所写，是应用之外书写的文字；画是书写的变形，书写的延伸与发展。书与画合二为一，互相融合，不可分割。书画之所以受到重视，是以美术眼光、考古研究、赏玩目的及崇拜先贤几个方面为根据，而并不是从实用的观点出发。

书、画与文人的关系很有限，似乎没有特别讲究与特别注意的必要。但经过仔细考证，在中国，书画实际上与文人密不可分，是古代文人所必须具备的技能。

古代书法鉴赏

历代书法名作

我们这些人学习书法，应当从上古以来所有名家所收集的各种体式碑帖中，兼收广蓄，随时展示阅读，探求其字体的形貌笔势、转侧结构，像鸟飞兽走，如风云变幻；像四季交替，如阴阳起伏；笔锋像刀戈一样锋利，像弓箭一样强劲。点折处如山崩雨骤，纤细处如烟雾游丝，看到这些就感到心胸开阔，纵横万象。如果众多学习书法的人不满足于小的收获，精心苦练后他们的书法也可以扬名于当代。

我将《书谱》上所评述的历代神品、妙品、名家碑帖抄下来备考：

《草书要领》五卷，集晋代草书，为初学的人效法。草韵三种，各五卷。宋元时代刻本，吴郡人重新摹刻。

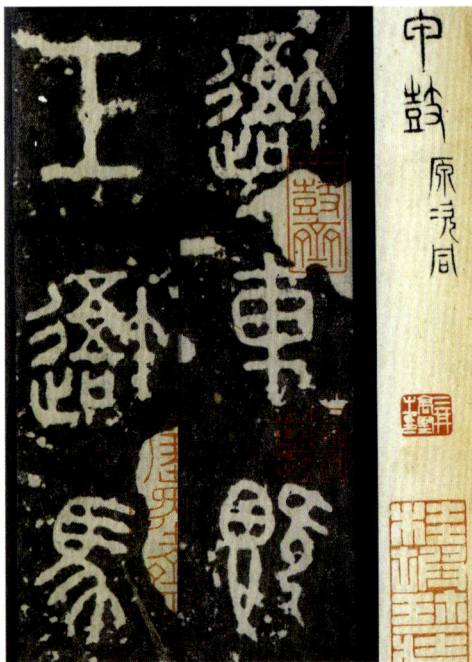

石鼓文（先锋本局部）

先秦，北宋拓。各纵18.0厘米，横10.4厘米，日本东京三井纪念美术馆藏。

明代安国的十种石鼓文拓本，最佳者北宋拓3本：仿军兵三阵命名为《先锋》《中权》《后劲》秘藏之，均是世界上保存字数最多、最好的拓本。《先锋本》分上下二帖，每页2行，行3字，存480字。

周秦汉碑帖

周代《石鼓文》（传史籀篆），秦代《泰山碑》（李斯篆），《峄山碑》《朐山碑》《秦誓》《诅楚文》，汉章帝《草书帖》《夏承碑》，蔡邕书《郭有道碑》《九嶷山碑》《熹平石经》（隶书），《边韶墓碑》（师宜官八分书），《仙人唐君碑》《张公庙碑》《韩明府修孔子庙器碑》《刘跃井阴碑》《尧母祠碑》《北

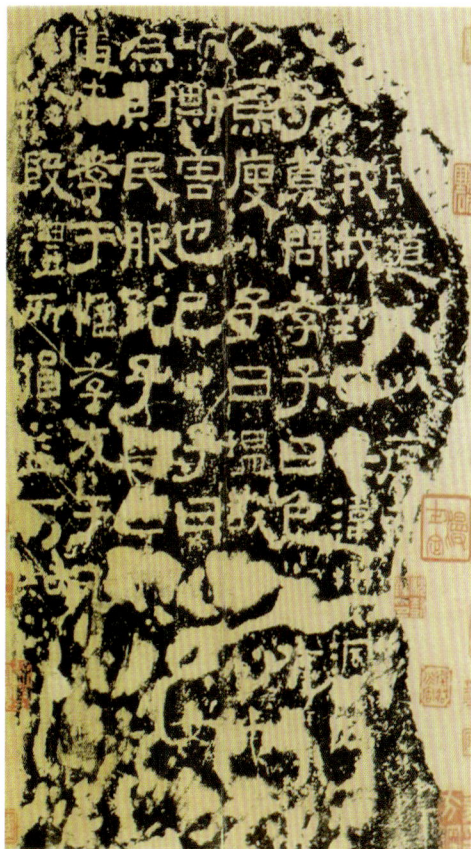

《熹平石经》残石

汉·蔡邕，宋拓本。纵29.2厘米，横22.4厘米。北京故宫博物院藏。

石经刻于汉熹平四年（175），碑石共46方，几经动乱，原碑早已无存。自宋以来，常有残石出土。隶书字体方正，结构谨严，是当时通行的标准字体，传为蔡邕所书。

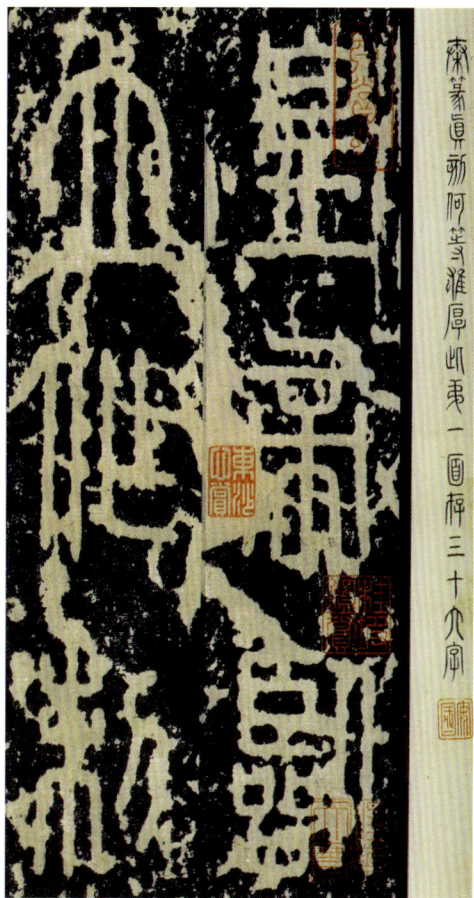

泰山刻石（局部）

秦·李斯，北宋拓本。共29帧，各纵27.8厘米横14.3厘米。日本东京台东区立书道博物馆藏。

泰山刻石共222字，北宋最完整拓本165字，明嘉靖年间尚存29字，现存10字。此为明代安国藏北宋拓本，165字。

岳碑》，郭香察隶书《华山碑》《张平子墓铭》（崔子玉书）。

魏碑帖

钟繇作《贺捷表》《大飨群臣碑》，《文皇哀册文》《受禅碑》《刘玄州华岳碑》《上尊号碑》。

吴碑帖

《王增恕延陵季子二碑》《吴国山碑》。

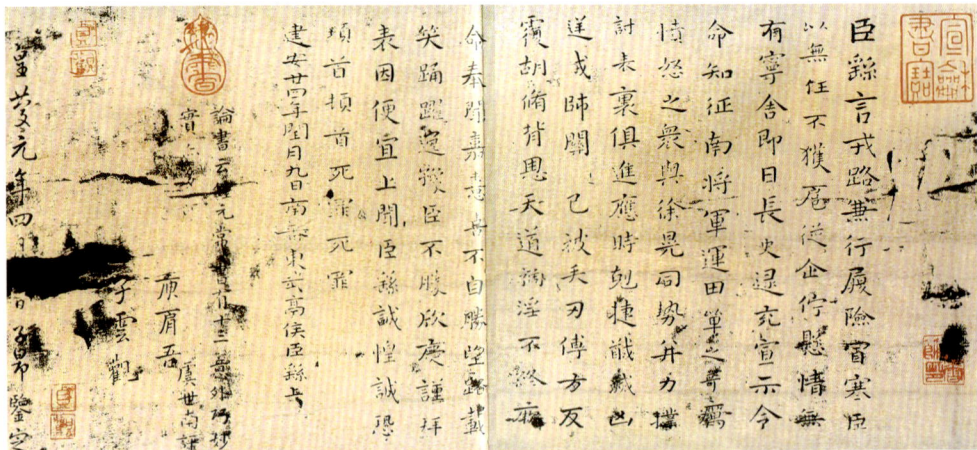

贺捷表

唐摹本。尺寸不详。曾流失至英国，现已不存。

《贺捷表》作于东汉建安二十四年（219），钟繇时年68岁。内容为得知蜀将关羽被杀的喜讯时写的贺捷表奏。真迹早已不存，有唐摹本传世，后流失于英国，今已不存。

晋碑帖

《王右军兰亭序》《笔阵图》《黄庭经》《金刚经》（怀仁和尚集右军行书），《乐毅论》，草书《心经》，《集王圣教序》《周府君碑》《北岳醮告文》《东方朔颂》《洛神赋》（比王大令书稍大），《集右军书牡丹诗》《大草书兰亭》（恐非真迹），《告墓文》《集右军书绛绎州重修夫子庙堂碑》《集右军书摄山寺碑》（智永集），《裴雄碑》《兴福寺碑集书》《临钟繇宣示帖》《平西将军墓铭》《集右军书梁思楚碑》《杨承源碑》（集王羲之、欧阳询、褚遂良等书），《改高楼碑》《王涣之陀罗尼经幢》《羊祜岘山碑》《集右军书建福寺三门碑》《包府君碑》。

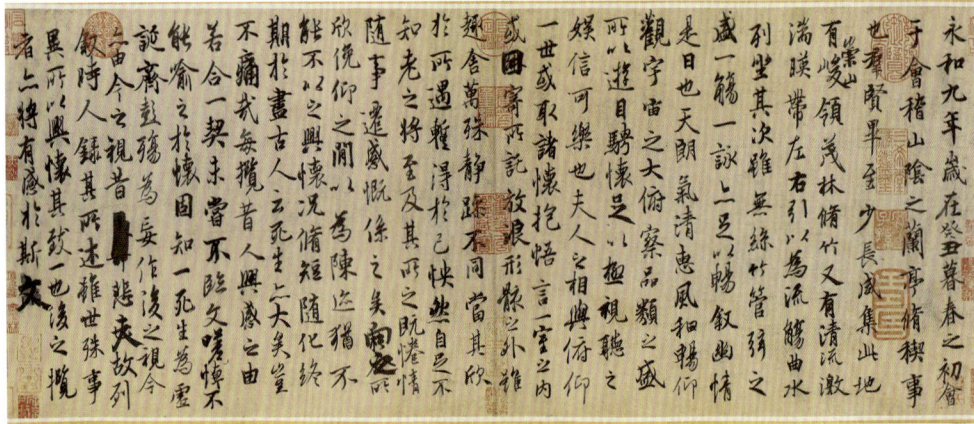

兰亭序

晋·王羲之，唐冯承素摹。纸本，行书，纵24.5厘米，横69.9厘米。北京故宫博物院藏。

用楮纸两幅拼接，纸质光洁精细。因卷首有唐中宗李显神龙年号小印，故称"神龙本"。

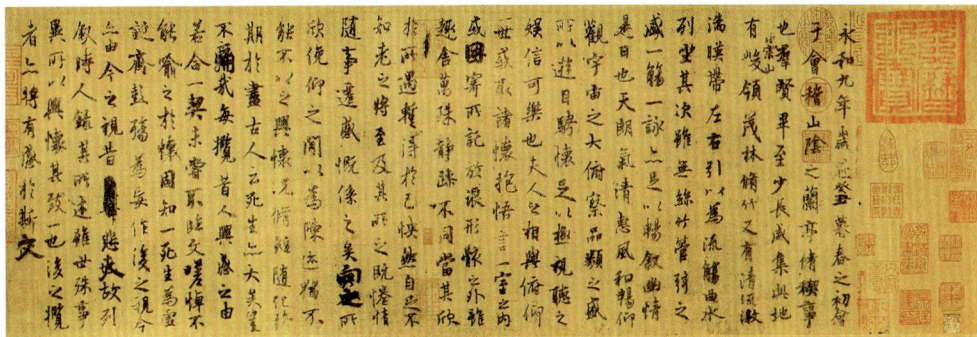

兰亭序

晋·王羲之，唐虞世南摹。纸本，行书，纵24.8厘米，横57.7厘米。北京故宫博物院藏。

白麻纸。董其昌在题跋中认为"似永兴（虞世南）所临"，后世就改称为虞世南摹本。因卷中有元代大历内府藏印，故亦称"大历本"。

宋齐梁陈碑帖

宋《文帝神道碑》，齐《倪桂金庭观碑》《南阳寺隶书碑》，梁《茅君碑》（张泽书），梁陶弘景《瘗鹤铭》、刘灵正《堕泪碑》。

魏齐周碑帖

魏裴思顺《教戒经》，北齐王思诚八分书《蒙山碑》，后周《大宗伯唐景碑》（欧阳询书），萧子云章草《出师颂》《天柱山铭》。

隋碑帖

隋薛道衡书《朱厂碑》，张公瑾书《龙藏寺碑》，魏瑗书《上方寺舍利塔铭》，史陵书《禹庙碑》，虞世南书《阴圣道场碑》，《开皇三年刻兰亭记》（绝妙诸本）。

唐碑帖

唐太宗书《魏徵碑》，李邕书《李思训碑》（《云麾将军碑》）《庐府君碑》，僧智永《真草千字文》《陀罗尼经》《玄度十八体书》，僧亚栖《千字文》，李阳冰篆《先侍郎碑》，张旭草书《千字文》《郎官帖》，僧怀素三种草书《千字文》《入市诗》《自叙帖》《圣母帖》《心经》《藏真律公二帖》，褚遂良《忠臣像赞》，虞世南《宝昙塔铭》《夫子庙堂碑》《破邪论》《龙藏寺碑》，褚遂良《文皇哀册》《临摹兰亭》《枯树帖》《临圣教序》《蔡孝子墓表》《小楷阴符经》《草书阴符经》《小楷度人经》《紫阳观碑》《真草千字文》，虞世南《龙马图赞》，李怀琳《绝交书》，史惟则隶书《千字文》，于志宁隶书《十八学士像赞》，薛稷《升仙太子碑》，颜真卿《元次山碑》《摩崖碑》《中兴颂》《北岳庙碑》《草书千字文》《戒坛记》《李含光碑》《祭伯文稿》《圆寂上人五言诗》《麻姑仙坛记》《争座位帖》《家庙碑》《东方朔画赞》《多宝塔碑》《放生池碑》《千禄字帖》《颜母陈夫人墓碑》，李邕《阴符经》《娑罗树碑》《曹娥碑》《秦望山碑》《李思训碑》《岳麓寺碑》《藏怀亮碑》《开元寺碑》《李梦徵篆教兴颂》，欧阳询《化度寺碑》《九成宫醴泉铭》《皇甫君碑》《虞恭公碑》《小楷心经》《真书千字文》

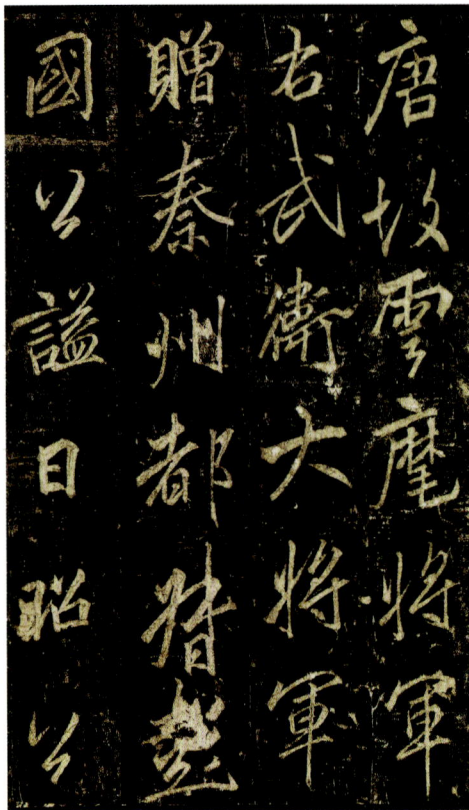

云麾将军碑（局部）

唐·李邕，宋拓本。每帧纵24.6厘米，横14.3厘米。台北故宫博物院藏。

《云麾将军碑》全称《唐故云麾将军右武卫大将军赠秦州都督彭国公谥曰昭公李府君神道碑并序》，亦称《李思训碑》。

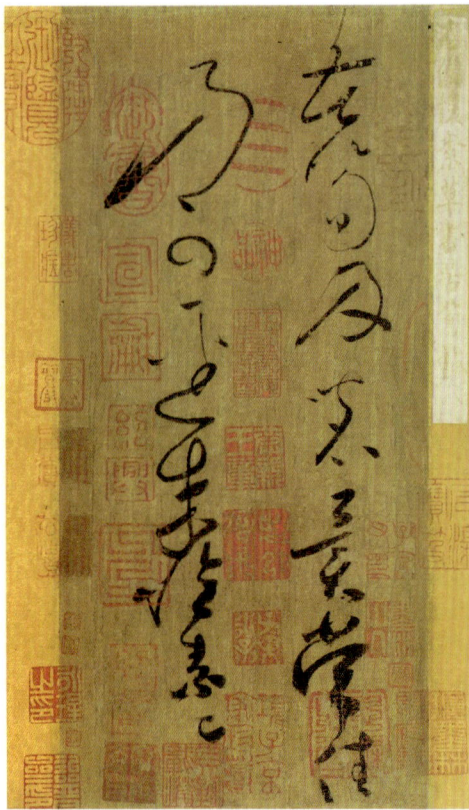

草书苦笋帖

唐·怀素。绢本。纵25.1厘米，横12厘米。上海博物馆藏。

文字不多，但字圆锋正，精练流逸，不仅能使我们观赏到那娴熟的笔法和行云施雨、走蛇舞龙般的线条之美，同时还能直接感受到作者书写时的内在气质。

《金兰帖》《鄱阳铭》《梦奠帖》，唐太宗《屏风帖》，韩择木《荐福寺碑》，唐太宗《李勣碑》，韩择木八分书《臧希沈碑》，唐玄宗《隶书孝经》，欧阳通《道因禅师碑》，李阳冰《篆书千字文》《谦卦卜辞》《城隍庙碑》，柳公权《玄秘塔铭》《李晟碑》《薛平碑》《武侯祠堂记》《蒙诏帖》，唐玄度八分书《崔守成碑》，唐明皇书《金仙公主碑》，欧阳询《千字文》《陇兴寺四绝碑》（李华撰，张从申书，李阳冰篆，法慎师书额），薛稷《周封中岳牌》，僧行敦书《遗教经》，孙过庭《书谱》，王维书《寿州紫极宫记》，牛僧孺《隶书陀罗尼经》，柳公绰《诸葛亮庙堂碑》，欧阳通《益州碑》，熊君《重修先师庙碑》（隶书），索靖《出师表》，褚遂良《乐毅论》《白鹤禅师墓灵记》（隶书），李北海《荆门行》，智永《草书兰亭记》。

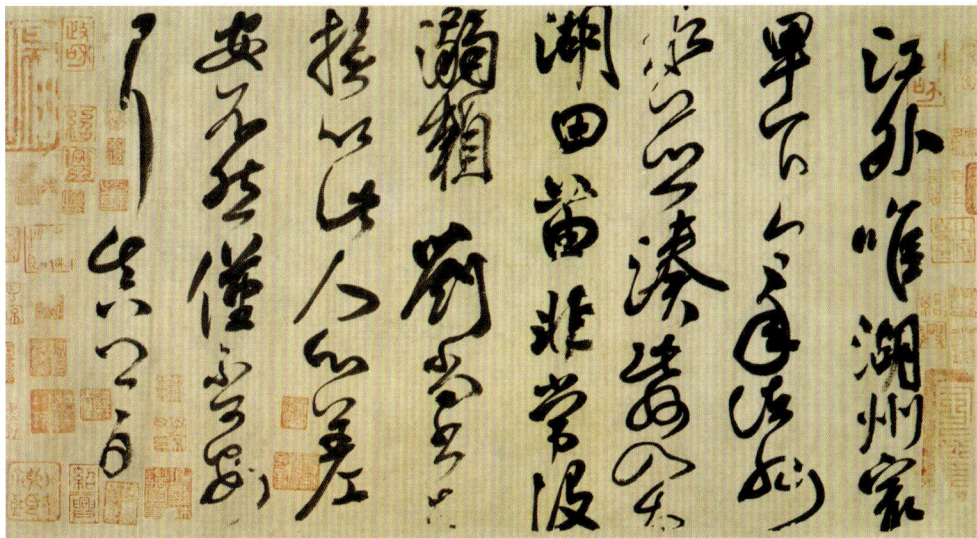

湖州帖

　　唐·颜真卿，宋摹本。纸本，纵27.6厘米，横50.2厘米，北京故宫博物院藏。

　　此帖曾经宋宣和内府、贾似道，明项元汴、张则之，清梁清标、安歧、清内府等收藏。南宋留元刚《忠义堂帖》有刻本，明《快雪堂帖》曾刻入。

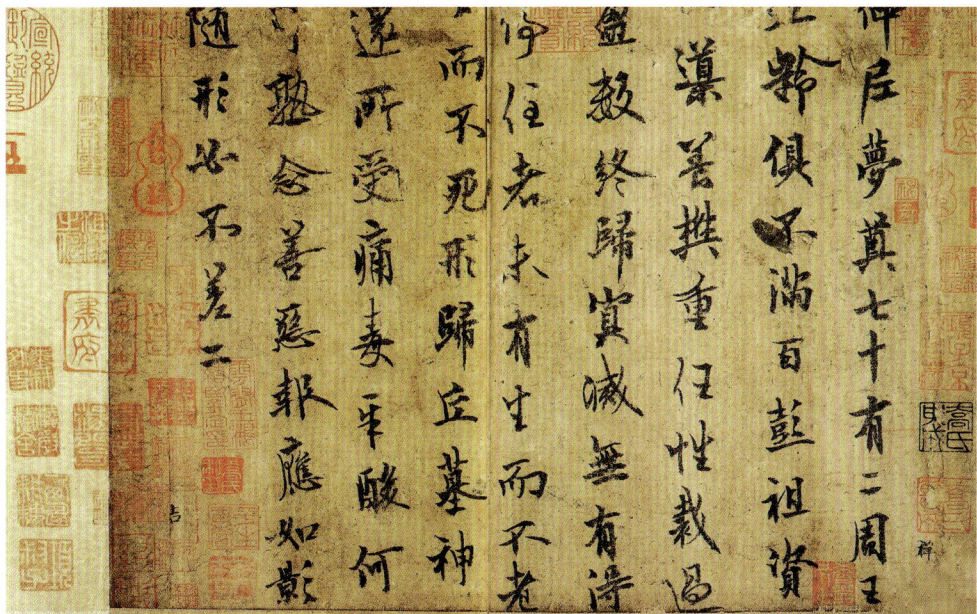

梦奠帖

　　唐·欧阳询。纸本，纵25.5厘米，横33.6厘米，辽宁省博物馆藏。

　　全称《仲尼梦奠帖》，78字，为欧阳询晚年所书，用墨淡而不浓，且是秃笔疾书，转折自如，无一笔不妥，无一笔凝滞，上下脉络映带清昕，结构稳重沉实，运笔从容，气韵流畅，体方而笔圆，妩媚而刚劲。

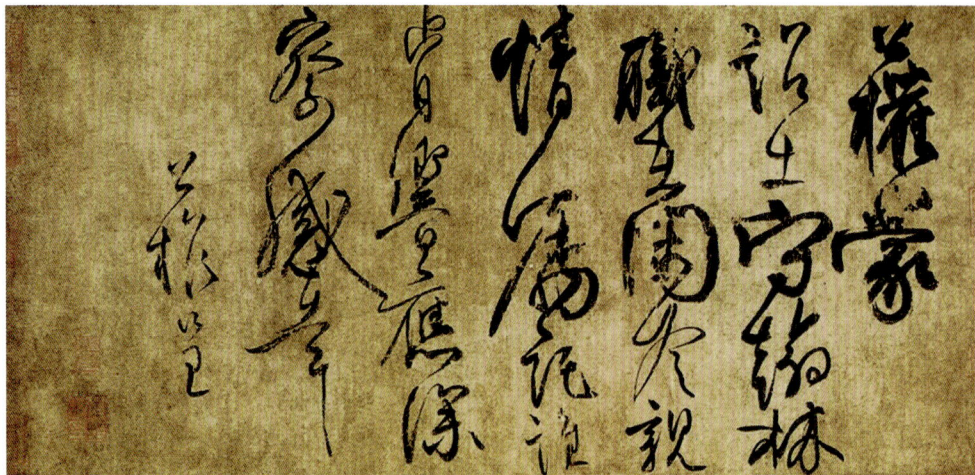

蒙诏帖

唐·柳公权。纸本，纵26.8厘米，横57.4厘米，北京故宫博物院藏。

也称《翰林帖》，曾刻入《快雪堂》《三希堂帖》等。意态雄豪，气势道迈，不仅为柳书的结构，也为唐代法书中的典范风格。

宋碑帖

苏轼《真书韩文公庙碑》《醉翁亭记》《马券》《鱼枕冠记》《王郎帖》《归去来辞》《表忠观碑》《洋州园池三十首》《金刚经》《楚颂帖》，黄庭坚书《狄梁公碑》《此君轩歌》《书评》《行书晚游池塘诗》《大江东去词》《食时五观帖》，米芾《章君表》《穹窿山赋》《山水歌》《龙井记》《壮怀赋》《天马赋》《行书千字文》，蔡襄书《东园记》《书锦堂记》《阅古堂记》《荔枝谱》《严陵祠堂记》，白崇矩《宣师庙碑》，冉宗闵《宣庙门碑》，周越《草书千字文》，

归去来兮辞

北宋·苏轼。纸本，纵32厘米，横181.1厘米，台北故宫博物院藏。

兼有二王、颜真卿、李邕、杨凝式之长，书风充分流露潇洒奔逸、豪迈不羁的气概。此卷文字意态丰腴，结体稳密，纵笔重，横笔轻，撇戈笔划，左伸而右缩，为苏字特色。

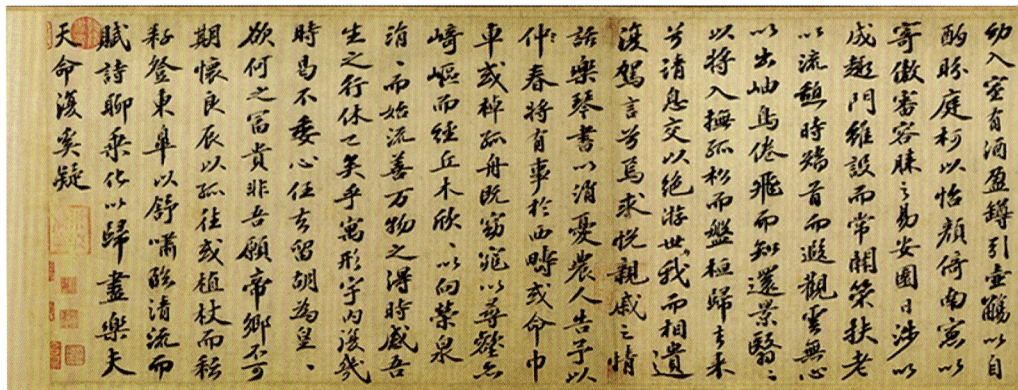

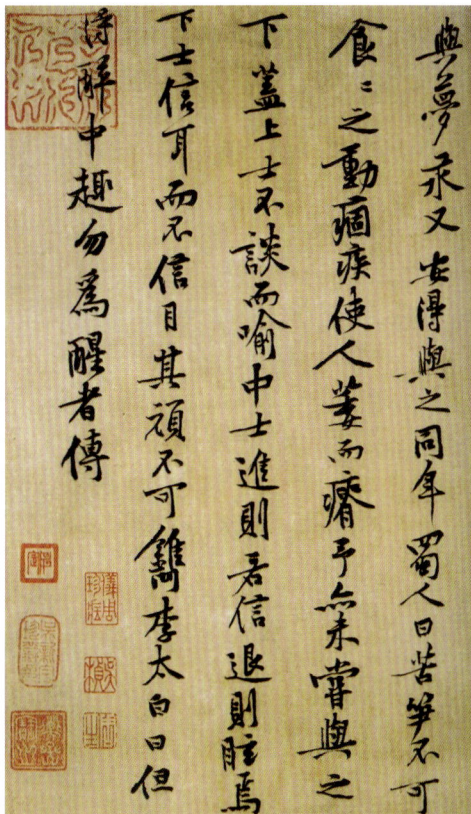

苦笋赋

宋·黄庭坚。纸本，纵51厘米，横31.7厘米，台北故宫博物院藏。

经吴桢、安岐、陈定等人收藏，《平生壮观》《墨缘汇观》《石渠宝笈续编》《故宫书画录》等著录，《御刻三希堂石渠宝笈法帖》《仁聚堂法帖》《墨缘堂藏真帖》《宋四家墨宝》等收录。

葛刚正《续千字文》，陶谷《抄高僧传》，姜夔《续书谱》，佛印禅师《牛颂》，袁正己《摩利支天经》，朱熹《富贵有余乐诗》，僧梦英《篆书字源千字文》《十八体书》。

元碑帖

鲜于枢《进学解》《行书千字文》，康里巎巎《白石篇》《清风岭诗》，宋克《竹谱》《七姬权厝志》，赵孟頫《小楷度人经》《黄庭经》《乐毅论》《七观帖》《佑圣观碑》《兰亭十三跋》《番阳君庙碑》《行书道德经》《沈山寺碑》《东岳行官碑》《行书千字文》《大字千字文》《玄元十子像赞》《真草千字文》《小楷千字文》《洞玄经》《临兰亭帖》《行书归去来辞》《金丹四百字》《春夜桃李园宴记》《赵仲穆义田记》《乐善堂集赵诸帖》，李溥光《茶榜》，吴衍篆《书阴符经》，王翼篆《四书》，宋克书《杜出塞九首》，宋燧《小楷不自弃文》，周伯温《四体千字文》，吴志淳《千字文》，颜辉《小楷孝经》，僧讷《草书千字文》，张即之《金刚经》。

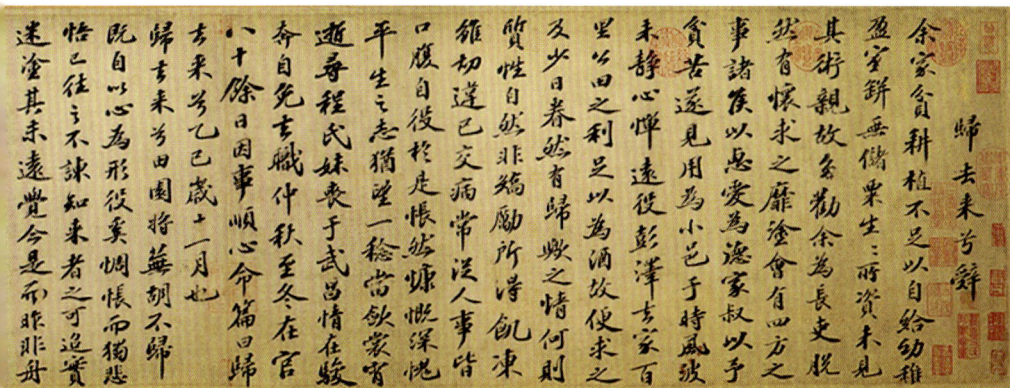

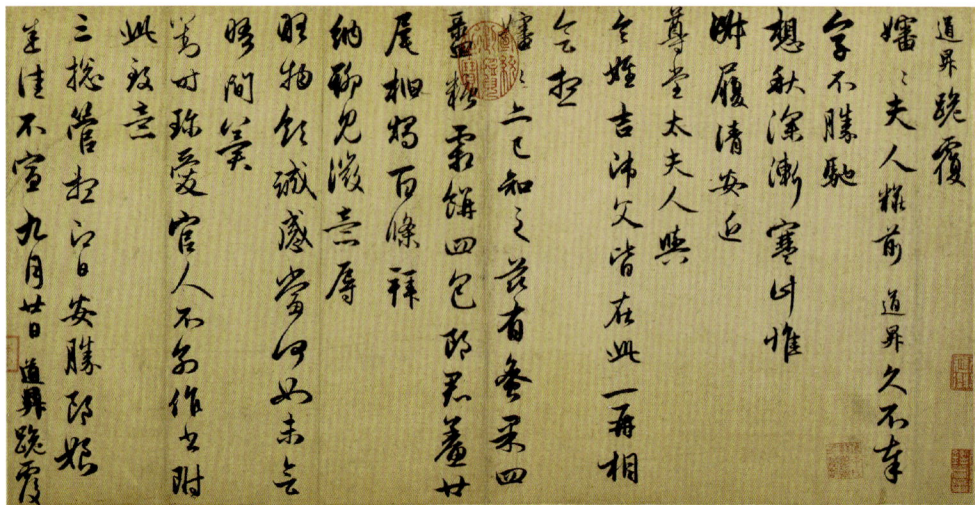

秋深帖

元·赵孟頫。纸本，行书，纵26.9厘米，横53.3厘米。北京故宫博物院藏。

落款是赵孟頫的妻子管道昇，实为赵孟頫所书。其笔力扎实，体态修长，秀媚圆活，畅朗劲健。

以上各种碑帖，只是大致列举了在世间流行较多的。我亲眼看到的碑帖，宋代拓本和现代人拓本各占一半。这是因为能够流传下来的赏玩器物中，铜器、玉器因能够长期保存，所以保留下来的多；书帖容易损坏，因而保留下来的少。再加上战火焚毁、人世的沧桑变迁，生命还无法保障，哪里还顾得上碑帖啊！幸存下来的碑帖仅仅是少数，这些碑帖经过辗转流传，经历种种磨难，只有极少数幸存下来，散失在民间。喜好它的人无钱购买，不能认清其价值的用它来盖东西，这对它们又是一种劫难。真不知幸存下来的碑帖经历的灾害会有多

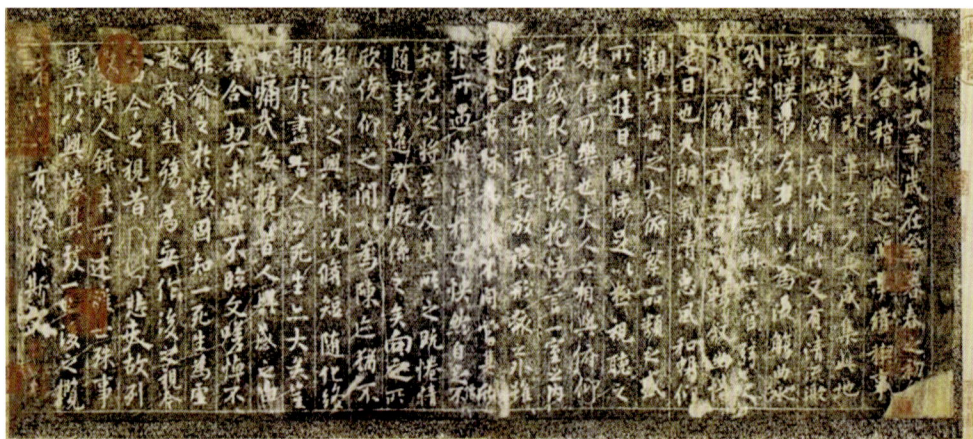

兰亭序（定武本）

晋·王羲之，宋拓本。纸本，纵27厘米，横66.7厘米。台北故宫博物院藏。

唐太宗得王羲之《兰亭序》真迹，命欧阳询临摹，刻石于学士院。

萧翼赚兰亭图

唐·阎立本，宋摹本。绢本，纵28厘米，横65 厘米。辽宁省博物馆藏。

萧翼向辩才索画，萧翼洋洋得意，老和尚辩才张口结舌，失神落魄。旁有二仆在茶炉上备茶。人物表情刻画入微。

少！又怎样才能把少之又少的古代书法作品汇聚一堂，和它们握手交谈，在书桌上一睹古人的风采呢？

所以，收藏家们把宋代及宋代以前的书帖列为第一等珍品。现在，如果有人有幸得到一二件，便应当将它视为超过金玉的宝物，这才是最聪明的收藏家。我以前曾见过隋代开皇年间第一次拓印的《兰亭帖》，有周文矩画的《萧翼赚兰亭图》，定武本《兰亭序》有肥瘦二种版本，还有褚遂良《玉枕兰亭序》四帖，我将它们每天当作宝物鉴赏，仿佛走进了当年的兰亭集会，感悟到了曲水流畅的意境，将半生的俗气一扫而光，顿时觉得神清气爽。

著名法帖汇总

高子说：古代书法的体式有三十六种。另外，唐玄度（字彦升，唐文宗时书法家）说书法有十种体式，韦续（唐代书法家）编撰的书法论著中又分为五十六种体式，梦英和尚（法号宣义，北宋名僧，善书法）又著书把书法分为十八种体式。

关于书法体式的论著为什么有如此之多呢？这是好奇的人引证传说和见闻，搜罗怪异荒诞的说法，再加以主观臆想、牵强附会而自立名目，其中内容多有重复。

现在的人学书法，主要是大篆、小篆、八分书、隶书、草书、楷书、行书等，练习、精通这几种字体就已经很不错了，何必贪多图广。只是上述各种体式的古代书法流传下来的极少，即使想精通它，也没有碑帖可以临摹。想临摹而无可以效法的对象，就自己杜撰，反而会被行家嗤笑。

现在流传下来的书法字帖，没有哪本不是效法《淳化阁帖》的。但阁帖来源于秦、汉、晋、唐等历代碑刻，所以有人认为石刻本最早，用它可方便观看。

除《淳化阁帖》，其他书法字帖主要有：

淳化阁帖（局部）

宋拓。白纸挖镶剪方裱本，麻纸乌墨拓，每页尺寸纵25.1厘米，横13.1厘米。北京故宫博物院藏。

此帖又名《淳化秘阁法帖》，共十卷。第一卷为历代帝王书，二、三、四卷为历代名臣书，第五卷是诸家古法帖，六、七、八卷为王羲之书，九、十卷为王献之书。

绛帖

宋代的潘思旦以《淳化阁帖》为底本而有所增删，临摹刻于山西绛州，共二十卷，北纸北墨，极有神韵。《绛帖》比《淳化阁帖》每行多两个字。

潭帖

又名《庆历长沙帖》。宋代庆历年间，希白和尚（钱希白，字宝月，号慧照大师，湖南长沙人，宋代书画家）将《淳化阁帖》重新临摹刻于潭州，风韵雅致，字体分布匀称，字形笔势都很圆润，但缺少峭健的气势。

元祐秘阁续帖

宋代元祐年间，哲宗皇帝在《淳化阁帖》之外，增刻其他碑帖于秘阁，称为《元祐秘阁续帖》。

淳化祖刻

五代时南唐后主李煜命徐铉（字鼎臣，五代末宋初文学家、书法家）将收藏的法帖雕刻在石碑上，取名《昇元帖》。它在《淳化阁帖》之前，所以称"祖刻"。

绛帖

宋拓。尺寸、藏地不明。

《绛帖》共二十卷，前十卷的第一卷为诸家古法帖，第二至五卷为历代名臣法帖，第六、七卷王羲之书，八至十卷为王献之书；后十卷第一卷为大宋帝王书，第二卷历代帝王书，第三至六卷为王羲之书，第七、八卷为历代名臣法帖，第九卷为唐法帖，第十卷是唐宋法帖。

太清楼帖

又叫《大观太清楼帖》或《大观帖》。宋代大观年间，宋徽宗从《淳化阁帖》中挑选了数帖，重新刻于太清楼下。重刻碑帖模仿蔡京的字体，随意潦草，放手运笔，已没有原帖之意。好在雕刻工匠手艺精湛，好像超过了其他的碑帖。

淳熙秘阁续帖

南宋孝宗淳熙十二年（1185），下诏把御府所藏的淳化旧帖重新刻石立在禁中，其规模与阁帖没有太大差别。又把南渡以后所得到的晋、唐时所遗留下的墨迹加入其中，共有十卷，这就是"淳熙秘阁续帖"，又因为它的卷尾有"淳熙十二年，乙巳岁二月十五日，修内司恭奉圣旨模勒石"的字样，所以世人又叫"修内司本"。

《元祐秘阁续帖》和《淳熙阁续帖》相差不大，刻工精致，却有失粗细，自然少了些风韵。

戏鱼堂帖

又名《临江戏鱼堂帖》。宋代元祐年间，刘次庄（字中叟，晚号戏鱼翁，居所称"戏鱼堂"，潜心临摹家藏《淳化阁法帖》）将《淳化阁帖》中有篆字题写的年月删除，另加进注释文字，纂刻于临江官署。在翻刻的碑帖中有的字颇有笔力，淡墨拓更是特别好。

星凤楼帖

北宋尚书赵彦约在南康所刻，南宋时曹士冕又重新摹刻，以《淳化阁帖》为蓝本而增入别帖。赵刻精致而一丝不苟，曹刻清丽而又不浓艳，仅次于《太清楼帖》。

宝晋斋帖

米芾好蓄法书名画，藏有晋人墨迹，

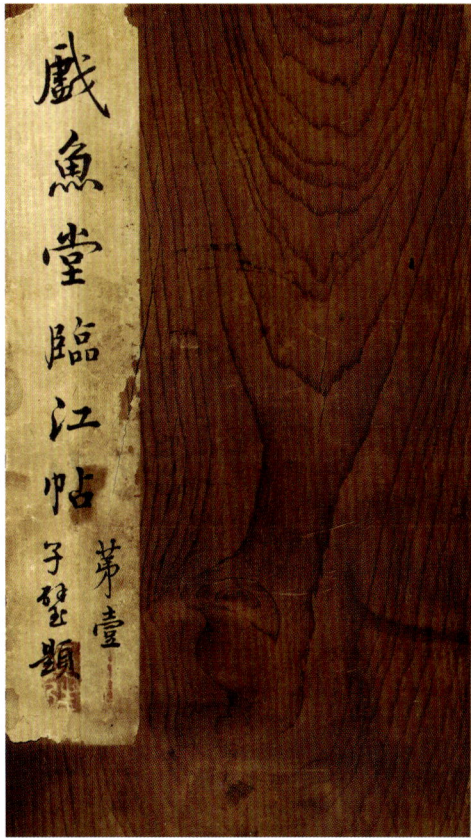

《戏鱼堂帖》封面

宋拓本。尺寸、藏地不详。

刘次庄以吕和卿旧藏《淳化阁帖》重摹于临江，共10卷，名曰《临江戏鱼堂帖》，又名"临江帖""清江帖""戏鱼堂帖"。

命其居室为宝晋斋。崇宁三年（1104）知无为军时，把所藏王羲之的《王略帖》、谢安的《八月五日帖》和王献之的《十二月帖》三帖上石，是即最初的《宝晋斋帖》。原石毁于兵火，世无传本。南宋初，葛佑之知无为军时，据火前本重刻了三帖，是《宝晋斋帖》的第二代本。南宋绍兴年间，曹之格重刻于无为州学宫内，其中收有大量米芾书法，还包括米芾临写的王羲之书法，是为《宝晋斋法帖》，在众法帖中是最差的。米元章又说"王羲之

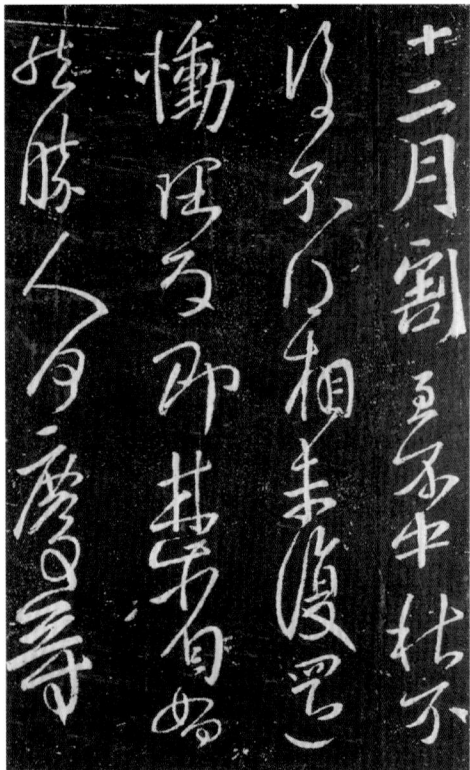

十二月割帖

晋·王献之，清拓本。纵25厘米，横14.7厘米。《十二月割帖》即《十二月帖》，墨迹曾为米芾收藏，后摹勒上石，南宋人收入《宝晋斋法帖》。墨迹早已失传，现仅有拓本传世。

的七帖，有云烟舒卷翱翔游动的气势。"

百一帖

宋代王曼庆摹刻。笔意清新，刚劲有力，有雅致优美的趣味，只是刻字工匠手艺不精。

利州帖

宋代庆元年间，四川总领权安节，以刘次庄《临江戏鱼堂帖》为蓝本并释文，重刻于益昌官舍。帖中的注释和字体比《临江帖》稍大。

黔江帖

宋代秦子明于长沙借得《潭帖》，汤正臣父子摹刻上石，碑石载入黔江绍圣院。《潭帖》即宝月和尚（即钱希白）古帖十卷。

东库帖

民间传说一潘姓人氏把石本帖（即《绛州帖》）二十卷一分为二，绛州公库得到了其中的上十卷，绛州太守重新摹刻下十券补全了石本帖。靖康年间，石本帖在战火中失落了，金人又重新摹刻，二者相比有很大差别。

武陵帖

宋代曾宏父在《石刻铺叙》中说："《武陵帖》二十二卷，绍兴十一年（1141）辛酉十月，郡守张斛集《秘阁法帖》合潭、绛、临江、汝、海诸帖，参校有无，补其遗阙，以成此书。后列郡官名衔。"

又云："六卷以后则列历代名臣帖。十卷之末即二王书，至十七卷之首为止。二十卷则颜鲁公帖居半。张长史草书亦系横刊，视阁、绛名贤帖多五之一。末卷亦祖绛帖，殿以李建中字，较之诸帖为详。然止木本，世称旧有石碑，前未之见。"

《武陵帖》比其他的碑帖增加的内容更多。里面收进了里没有的。虽多但不精，很不足取。

赐书堂帖

宋庠（字伯庠，宋代人，官至兵部侍郎同平章事）命人刻于山阳，上有绝妙的古钟鼎文，精妙之极，可惜的是其中的二王作品都不精美。刻石已不复存在。

一百七十种兰亭帖

南宋理宗内府所收藏，装裱成十册，是稀世之宝。

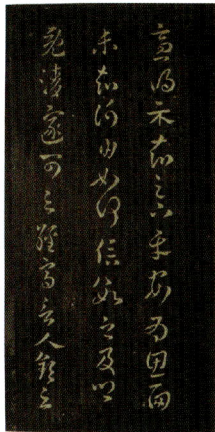

武陵帖（局部）

宋拓。墨拓残本，存20开，裱为一册。每开纵26厘米，横13厘米。北京故宫博物院藏。

宋代的鼎州武陵县即今湖南常德市。以帝王好尚之故，宋人刻帖之风盛行。一个基层州县居然能做出一套卷帙浩繁、摹勒及传拓都相当不错的大型丛帖，实在是文化史和书法史上值得注意的现象。

甲秀堂帖

宋代卢江李氏摹刻，帖前有王彦题字，帖中所选多数在其他书帖中没有见过。碑帖后面多为宋人书帖。现在吴郡有人重新摹刻的，也有可取之处。

二王帖

宋代许提举摹刻于临江，摹写雕刻都非常精致。

群玉堂帖

原名《阅古堂帖》。南宋韩侂胄权相以家藏墨迹，令其门客向水编次摹勒上石。向氏精于鉴赏，擅长刻帖，故摹刻甚为精善。其中刊载前代遗留的墨迹最多，后面有宋人书。

蔡州帖

是蔡州人重新摹刻《绛帖》的上十卷，品质在《临江帖》《潭帖》之上。

彭州帖

彭州人重新摹刻历代法帖，十卷，临

摹不是很精彩，纸类似北纸。

鼎帖

石质坚硬，刻字工匠手艺不精，虽多但无古意。

钟鼎帖

宋代薛尚功按钟、鼎、卣、彝的次序，将古铜器上铭刻的文字集为二十卷，摹刻于九江府库，临摹非常精致，颇有古意。现在人图方便将其抄录成十卷，用来出售。

四声隶韵

书法非常精致，稍为显得妩媚。传说原石刻于琉球，拓法和纸的质量都非常好。

玉麟堂帖

宋代吴琚摹刻，浓艳而不清丽，混杂了不少米芾父子笔意。

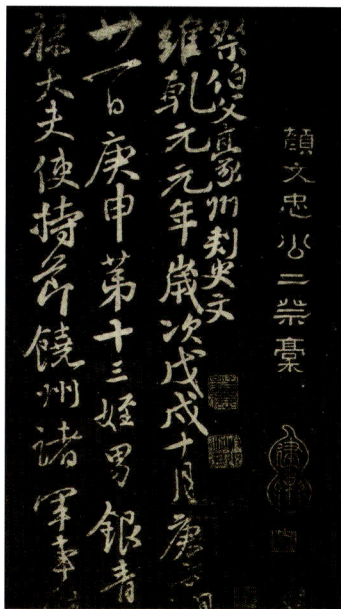

祭伯父文稿（局部）

宋甲秀堂拓本。北京故宫博物院藏。

又称《告伯父文稿》，全称《祭伯父濠州刺史文》。为乾元元年（758）十月颜真卿途经洛阳时，仓促奠告于伯父墓前的祭文稿本。原刻早佚，见宋《甲秀堂帖》本。

以上各种法帖，尚存的已十无一二了。

历代法帖评价

《淳化阁帖》的翻印本以《泉州本淳化阁帖》为最好，宋代的泉州拓本现在也不多见了。泉州现在刻的与宋拓本相比，何止天渊之别啊！又如明代周王朱有燉主持摹刻《淳化阁帖》《东书堂帖》，加进了《兰亭序》和宋人书帖，还有点雅趣，今人重新翻刻，但与当时所刻相比较又差远了。

其他像《濯锦堂帖》十卷，拓法和刻技都不好；《宝贤堂帖》十二卷，摹刻虽精巧，但众人评价不高。近来如吴郡潘姓、顾姓两家摹刻的阁帖，比当时制的摹刻阁帖要好。吴郡又有人重新模仿刻印，几乎达到了以假乱真的地步。又见到南都新摹刻的阁帖，书法界称为善本，近年来又有翻刻本，纷繁杂乱到了极点。

前年，曾见到书商舒伯明等人摹刻的一种阁帖，非常精美，但因为片面追求逼真的效果，反而缺少了自然意趣。更可惜的是，他们只拓印了几本就将刻板毁掉了。这种刻板如果选择旧纸采用蝉翅拓法冒充宋代阁帖，每册可卖得百金的高价，即使是有名的鉴赏家也可能被这种手法骗过。毁掉刻板的用意，是想让别人不能利用它来做新刻板，从而没有旧板可供参考。

我还见过一种阁帖，不知是谁刻印的，编序的方法似乎很有道理：把帝王的帖子列为一套，把宣尼古篆放在历代名臣书法的书帖之前，把《草书要领》中王坦之、王凝之、智永等诸位王姓名家排列在王献之的帖子后面，这是其他书帖中没有

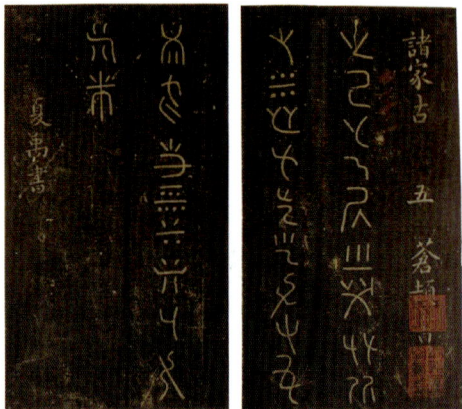

泉州本淳化阁帖（局部）

宋拓。墨拓残本，存第五、六、八卷，分装三册。北京故宫博物院藏。

《泉州本淳化阁帖》又名《泉帖》，是淳化阁帖的一个宋代重要翻刻本。传说原石藏于南宋内府，帝昺南逃时携至泉州。

见过的。

古今碑帖传布于天下的何止千万，但《格古要论》中却将洛阳、长安两都和十三省的碑刻一一列出，自认为是收集得最广泛的，但收藏范围似乎还显得狭窄。我从前在北京附近地区游历，当时和王麟洲、梁浮山两位老先生一起拓印西山和附近的碑刻，统计我们得到的有二三百种，还说没有拓完。即使是七卷《法华经》，也全部有碑刻。照这样推算，天下碑帖数量之多哪里能计算的清楚啊！

从纸墨辩证帖之真伪

高子说：古字帖的真伪，刚开始时稍不留心细看，即不能识辩。

唐代萧诚伪造了一张古帖，拿给李邕看，并说："这是王羲之的书法。"李邕看后高兴地说："这的确是王羲之的真迹。"萧诚笑了，于是把实情告诉了李

邕。李邕又仔细看了看，说道："是啊，果然差点神韵！"

从这件事上可以看出，连李邕这样的书法高手都有走眼的时候，更何况是水平低的平常人啊。

总的来说，南方出产的纸坚韧细薄，很容易拓上墨；北方出产的纸粗厚松脆，不容易吸墨。所以，用北纸拓印的字帖就像薄云飘在青天上，显得墨迹很不均匀。北方用松烟制墨，不掺油蜡，所以墨色浅淡，拓出的字也常有皱褶，不是用薄如蝉翼的纱布夹在碑和纸间拓下来的；南方碑帖是用松烟和油蜡掺和在一起拓制的，所以墨色纯黑，表面有浮光。

现在的伪制古帖，大多用油蜡直接涂在碑上进行拓印，间或也有人学习南方拓

读碑窠石图

宋·李成、王晓。绢本，墨色，纵126.3厘米，横104.9厘米。日本大阪市立美术馆藏。

冬日田野上，一位骑骡的老人正停驻在一座古碑前观看碑文。一块残碑，几株枯树，原野凄凉，表现出不堪回首之感。画中残碑以淡墨染正侧面，斑驳漫漶。

法用松烟掺和墨进行拓印的，墨色淡而发青，而且拓制时敲击用力太重，纸张入石太深，字旁有重的墨痕，着墨深浅不均匀，墨浓处如同乌云生雨，墨淡处如白虹架空，缺乏太多古雅的情趣。这样伪制的古代碑帖只是利用人们对它还陌生时才能蒙蔽住外行人，骗这些睁眼瞎罢了。

古代碑帖拓印好以后，装裱的程序很多很仔细，这样保存的年代才更加久远。其中墨浓的地方像生漆一般坚硬，而且有一种无法描绘的奇异香味，这种香气出于纸和墨之外。如果用手揩抹，墨色一点也不沾染到手上。还有，它的纸面则像打磨过一样光滑，纸也因年代久远而变得很薄，一接触就会脆裂。刻在边上的字以及碑帖折过的地方，并不存在墨色浸染的现象。而现在用浓墨拓制的碑帖，用手轻轻一抹字迹，整个指头都会被墨色染黑。

古代拓印的碑帖纸色较旧，正面因被人观赏抚弄时间长了，自然纸色陈旧。古代碑帖正面虽然陈旧，但背面颜色要新多了，因为古代的纸张坚韧厚实而不易变质。现在假称是古代拓印的碑帖，大多是用四川产的扇纸、竹纸拓印而成，挂起来用烟灰熏染，并用水染而成古色。因纸张的正反两面都被浸透，因此两面的颜色一样。如果将这种伪制的古碑帖试着揭起一角，纸薄的易被撕裂，纸厚的坚韧不会断裂。若是真正的古碑帖就不是这样了，薄纸的即使揭开，因坚韧而不会撕裂，因为装裱时浆糊粘得多；纸厚的反而破碎揭不起来，这是因年代久远，浆糊使用多的缘故。

前面说的那些都是从外表来看基本相同的真假古碑帖来分辨其真伪。若从笔

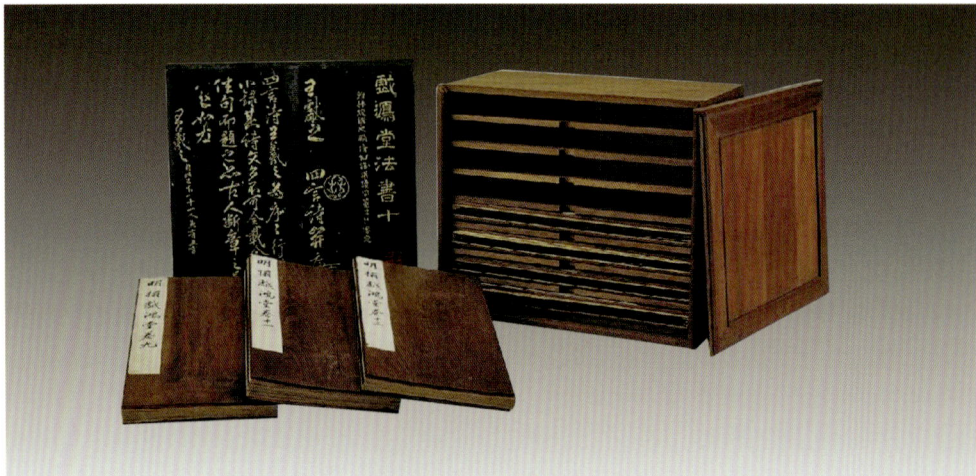

戏鸿堂法书

明拓。十六册，黑纸托裱，开尺寸纵29.3厘米，横14.6厘米。北京故宫博物院藏。

又名《戏鸿堂帖》，明代著名刻帖，由董其昌选辑晋、唐、宋、元名家书迹及旧刻本镌成。浓墨拓，经折装裱，木匣盛装。经考证当为石版的早期拓本。

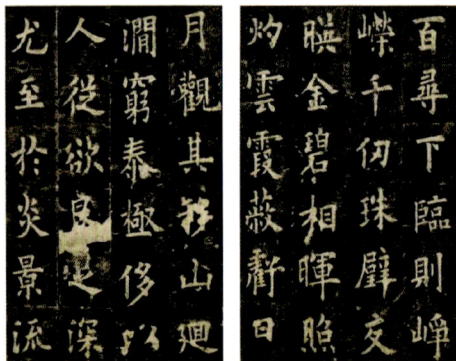

九成宫醴泉铭（局部）

唐碑，魏徵撰，欧阳询书，宋拓。白纸镶边剪裱本，共26开，每半开纵20.9厘米，横13.9厘米。北京故宫博物院藏。

碑额篆书，碑文楷书，石尚存，但经剜凿，损泐过多，已非原貌。北宋拓本为现存善本之最。

法、刀法方面来研究，翻开碑帖一看，即使是宋代拓制的碑帖，其质量的好坏也马上能看得出来，伪制碑帖又怎么可能愚弄人呢？虽然话是如此说，但近来吴郡的拓制碑帖高手，他们伪制的古代古碑帖是用坚实的厚竹纸拓印，装裱工艺十分巧妙。

他们用夹纱拓印的方法，拓好后用草烟、末香烟熏烤，火气就把纸质熏烤脆了。再将药物加到浆糊里装裱，发出古代碑帖一样的气味，完全没有一点新碑帖的痕迹。这种赝品，大多不易被看出来。这些伪制品构思奇巧，制作精细，很不容易被识破，除非鉴赏家具备通神灵的水平才不会上当。

论兰亭边旁考异

《兰亭序》帖里的第一个字"永"，具备楷书的八法，下笔的地方稍微有点转折。第二个字"和"，"口"下边横起那一画稍微出点头。"蔵"字有一点在"止"的下面，"戈口"的右面。"年"字的一竖是悬笔向上凑到顶部。"流"字的"云"，下边笔锋一弯而未加点。"在"字左边的"亻"字下端反着挑起。"是"字下边的"疋"字，一笔转折三次

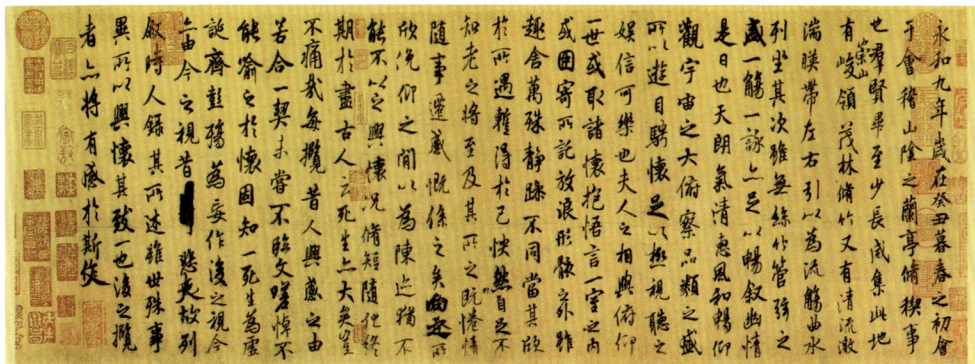

兰亭序

晋·王羲之，唐褚遂良摹，宋再临摹。纸本，行书，纵24厘米，横88.5厘米。北京故宫博物院藏。

作品质地属楮皮纸，是宋以后方普遍使用的纸质，也可印证此为北宋摹本。全卷由两幅纸拼接，前纸19行，后纸9行，行款排列较松匀，点画用笔少锋芒，与《冯摹兰亭序》呈鹅毛笔书写特点的风格迥异，亦和以褚摹为底本的唐摹本墨迹不同，当属于唐以后一再重摹的宋摹古本。

而连续不断。"事"字的一竖下端倾斜而没有挑起。"欣"字右边"欠"最后一笔写成章草起笔的样子，不是一捺。"抱"字右边的"巳"开口。"亦"字下边的四个点写得大些。"兴感"的"感"字，"戈"上的点直作一笔，不是一点。"未尝不"的"不"字，反跳脚的地方有一点损缺。"殊"字下部姚起带过一横。"趣"字的一捺稍微向上卷起。

上面列举这些字的特点，用来鉴赏《兰亭序》真迹，大概不会相差很远。

所说的《兰亭序》"五字损体"是指"端""流""带""右""天"五个字体有所缺损。

南宋景定、咸淳年间，贾似道让门客参校《兰亭序》帖各种拓本的不同和相同之处，选择多种拓本中字写得最好的辑成一本新字帖，让技艺高超的巧手工匠王用和雕刻印版，用了一年才制成这一帖本，帖后盖有"悦生堂"印章，很值得收藏。

古代绘画鉴赏

六法三病，六要六长

高子说：画家有"六法三病，六要六长"的说法。

所谓的"六法三病"，是指作画的六种法则和三种弊病。

六种法则是：第一，气韵生动；第二，骨法用笔；第三，应物象形；第四，随类赋彩；第五，经营位置；第六，传移模写。三种弊病是：一是板，二是刻，三是结。

所谓的"六要六长"，是指品评绘画优劣的六则要诀和六个标准。

六则要诀是：第一，气韵象力；第二，格制俱老；第三，变异合理；第四，彩绘有泽；第五，来去自然；第六，师学舍短。六个标准是：第一，粗卤求笔；辟涩求才；第三，细巧求力；第四，狂怪求理；第五，无墨求染；第六，平西求长。

高逸图

唐·孙位。绢本设色，纵45.2厘米，横168.7厘米。上海博物馆藏。

此为《竹林七贤图》残卷。图中所剩四贤分别为山涛、王戎、刘伶、阮籍，各有童子侍奉。四贤的面容、体态、表情各不相同，并以侍童、器物作补充，丰富其个性特征。

"六法三病，六要六长"，是初学绘画的人入门的要诀。但若用这些标准来评论绘画技法的高低，标准就太低了。我评论绘画水平的高低，是从天趣、人趣、物趣三个方面来评定。所谓的天趣，就是讲神韵；人趣，就是讲生动；物趣，就是讲形似。

神韵在形似之外，形似蕴寓于神韵之中。形象不生动，就失去了神韵而显得呆板；形象生动而游离于画艺之外，就显得粗疏。所以，要力求神韵寓于形似之外，而形象寓于形似之中。生气、神韵能够从远处看得出来，这便是天趣；从近处能够玩味形似，这就是人趣。因此，一张画完成以后，要悬挂出来，从远处玩味鉴赏，体会它的天趣和人趣。如果所画的山川只是陡峭险峻，没有云烟的衬托增色；如果画的树林只是层层叠叠，没有随风摇曳之态；如果画的人物仅仅很相似，却像没有灵魂的躯体，没有音容笑貌、步履轻盈的姿态；如果画的花鸟只具有色彩华丽的羽毛、艳丽缤纷的色彩，不能引发人们似飞、似叫、似香、似润泽的想象。这些情况都可以说是没有神气。以上四种情况都无可指责，观玩时逼真的形象完全具备了，这便可以说是获得物趣了。能在人趣中求得气韵生动的意境，那么天趣才能得到足够的表现。

古代名画的欣赏

譬如唐代绘画作品，以我见过的吴道子作的一大幅《水月观音》为例，他描绘观音的装束打扮，设色很精美，头上佩戴的宝珠璎珞摇曳生姿，栩栩如生地展现出观音菩萨雍容华贵的仪容。观音菩萨上半身笼罩着白纱袍衫，像薄薄的生丝隐隐约约遮盖着躯体，袍衫上又有白粉打底绣有彩色花纹的细锦镶边。不要说元明清三代，就是距离唐朝时间并不是太远的五代和宋朝，我见过的那么多人所做的众多菩萨画像，又有哪一幅能和这幅相比呢！整幅画面被月色笼罩着，月光似黄似白，画面中间端坐着观音大士，水天一色，远远看去，画面中仿佛万水奔腾而来，人物和月亮都随着水波飘动，真正达到神生画外的境界了！

又譬如阎立本的《六国图》，描写的各种人物形态都非常逼真，画面中的人物或醉或醒、载歌载舞、穿戴不同服饰的

步辇图（局部）

　　唐·阎立本。绢本设色，纵38.5厘米，横129.6厘米。北京故宫博物院藏。
　　画面中，唐太宗李世民威严庄重，松赞干布派来的吐蕃使者敬畏恭谦，礼仪官神情肃穆，宫女们顾盼生姿，气氛亲切融洽，却又严肃庄重，是一幅成功地描写古代西藏地区与中原地区友好交往的历史画卷。

历代帝王图（局部）

　　唐·阎立本。绢本设色，纵51.3厘米，横531厘米。美国波士顿美术馆藏。
　　《历代帝王图》又称《古帝王图》，共描绘了自汉至隋十三位帝王的形象，画中按等级森严的封建伦理观念处理人物的大小。此为晋武帝司马炎形象。

人们在野外游玩的种种姿态都生动地表现出来，种种神情都跃然纸上，这真是得于自然之外的神来之笔。再看阎立本的大幅《四王图》，君臣俯仰的不同威仪，左右侍从在朝拜上拱手肃立的端庄肃穆，所罗列的奇珍异宝，无不活灵活现。山上的树木枝丫交错，升腾起层层烟雾，用色力求形似，远远望上去就像立体的一样，而走近用手指触摸，却感到像在又薄又平的丝织品上作画一样平滑。

再如李思训的《骊山阿房宫图》，山岩层层叠叠，亭台楼阁分布其间，众多的车马楼船和各种人物聚集其间，大小都在方寸之间，画面极为精美，人物车马仿佛蚂蚁聚集，曲折逶迤，远远近近延续不断，游览时的各种仪态全都在细微的地方表现出来。由此当知作者画前早已神韵在胸，作画时生动的形象出自于指腕之间，每一笔画都天趣十足，所以能将波澜壮阔的景象缩小到方寸之间，而又表现得惟妙惟肖；将万种景象在毫端描绘出来，松杉非常清楚地杂乱陈列，峰峦奇石嶙峋怪异，又用皴法点染出层层叠叠的山岩沟壑，勾勒出各种各样的树叶。曹昭未曾见过这幅画，所以认为山水画古不如今。有人说这是文徵明家藏旧物。

江帆楼阁图

唐·李思训。绢本，青绿设色，纵101.9厘米，横54.7厘米。台北故宫博物院藏。

画中山石用墨线勾勒景物的轮廓，用石绿渲染，富有装饰味。有勾无皴的山石，起伏均匀的水纹，精丽工致的屋宇，图案形状的夹叶相呼应和，妙趣天成。

又如周昉的《美人图》，画中人物美在意外，风姿绰约，仪态娇媚，姿态端庄，绝对不是普通人所描绘的那些容貌艳丽、身姿轻盈的俗世美女比得上的，庸俗的美人让人看到会心猿意马，产生非分之想，而周昉所画的美女雍容华贵，让人感到只能远观而不能亵渎。又如周昉的白描作品《过海罗汉图》（又叫《龙王请斋》），线条细得像游丝一样，曲折回环而没有踪迹可循。画中人物的眼睛就像用黑漆点染而成，神态栩栩如生。老年人则有逼真的龙钟之态，年轻人像在飞动似的。背景的大海波涛汹涌，打开画卷，让人感到惊心动魄。水里的动物或被人骑着向上托起，让人一看心惊胆战！这难道只是徒具形骸，通过点染纸墨就可以达到的效果吗？

还有边鸾画的花鸟画，画面中的花朵好像在随风摇曳，婀娜多姿；叶子上的昆虫好像在吸啜露水，翩翩起舞；野草随风起伏，酷似天然生成。即使是面对漫天大雪展玩这幅图画，身子也像坐在春风和煦的园林里一样舒服。

又如戴嵩的《雨中归牧图》，画面中有几株柔弱的垂柳，柳丝好像在云烟中飘曳，用淡墨挥洒出针头状的星星点点，形象逼真地描绘出了傍晚的蔼蔼云雾和霏霏细雨，雨中牧童骑着牛，急冲冲向家里奔跑。这些都是神韵出于形象之外、形象蕴于形似之中的天趣飞动的经典之作了。所以唐朝人作的绘画作品长期被后世所效法。不过，唐代画家所作的画追求庄重严肃，不求精巧，但自然而然呈现出种种妙处，奇思妙想尽在其中，这是后世作品很难做到的。后人作的画，处心竭虑刻意去

调琴啜茗图

唐·周昉。绢本设色，纵28厘米，横75.3厘米。美国纳尔逊·艾京斯艺术博物馆藏。

周昉工仕女，多写贵族妇女，亦擅肖像，，还擅作宗教画。图中共五人，中间三贵妇一人于石上调琴，另两位一边啜茗，一边侧耳静听琴声。边有二侍者。人物组合疏密得体，富有变化。

斗牛图

唐·戴嵩。绢本，水墨，纵44厘米，横40.8厘。台北故宫博物院藏。

戴嵩擅画田园之景，尤以善画水牛著名，与韩幹之画马并称"韩马戴牛"。图中两牛相斗，生动描绘出斗牛肌肉张力、逃者喘息逃避的憨态、击者蛮不可挡的气势。

和神韵都达到了极高的境界，设色和白描都达到了最佳的效果。至于著名的山水画家，有李思训、李昭道、卢鸿、王维、荆浩、胡异、张僧繇、关仝等，这些人笔力遒劲，立意高远，所作的山水画山环水绕，树木烟云笼罩，山间雾霭弥漫，用墨酣畅淋漓，神气飞扬生动。说到花鸟画，郭权辉、施璘、边鸾、杜霄、李逊、黄筌、黄居寀等，所作的花鸟画都设色得宜，布局有法，那形象艳丽得似露珠欲滴的花，那随风翻飞的鸟，都巧夺天工。又如韩幹画的马，戴嵩、张符画的牛，僧传古画的龙，韩太尉画的虎，袁义画的鱼，都是超出一时的绝技，所画的动物富有生命力，形象生动飘逸，气韵浑成，神韵甚至超出自然界存在的真实的动物，即使写生画也不能达到如此的境界。

追求精巧，虽然体现了物趣的意境，却缺乏唐代绘画作品中的雅趣天成。

唐到五代的丘文播、杨宁、韦道丰、僧贯休、阎立德、阎立本、周昉、吴道子、韩求、李祝、朱瑶这些人，都是画人物的神手，所画的人物都非常逼真，形象

像宋代的孙知微、僧月蓬、周文矩、李遵、梁楷、马和之、僧梵隆、苏汉臣、颜次平、许道宁、盛师颜、李早、李公麟、顾闳中等，都工于人物画，掌握了人物画的真髓，所作的各种人物神态生动逼

照夜白图

唐·韩干。纸本设色，纵30.8厘米，横33.5厘米。美国大都会博物馆藏。

照夜白是唐玄宗最喜爱的御马，它被系在一木桩上，鬃毛飞起，鼻孔张大，眼睛转视，昂首嘶鸣；四啼腾骧，似欲挣脱羁绊。不仅画出马的膘肥肌健的外形，更着力表现其杰骜不驯的雄骏神采。

真，神采飞扬、神清气爽。像郭忠恕、许道宁、米友仁、赵千里、郭熙、李唐、高克明、孙可元、刘松年、李嵩、马远、马逵、夏圭、楼观、胡瓘、朱怀瑾、范宽、董源、王晋卿、陈玤、朱锐、王延筠、李成、张舜民这些人，都是工于山水画的，他们抓住了山泉、岩石的高洁风韵，作品意境深远。像杨补之、丁野堂、李迪、李安忠、吴炳、毛松、毛益、李永年、崔白、马永忠、单邦显、陈可久、僧希白、刘兴祖、徐禹功、赵昌、赵大年、王凝、马麟这些人，都工于花鸟画，他们能将这些自然界小生灵的秘密揭示出来，并显出活泼之态。再如宋高宗画的山水竹石，文同、苏轼、毛信卿、吴心玉画的竹石枯木，阎士安画的野景树石，张舜民画的烟村图，都能让自然界的各种声音从笔端流泻出来，仿佛让浩荡的渭河完全容纳在砚池之中，随意挥洒运笔，画出郁郁葱葱的

万杆翠竹，云雾升腾，变幻莫测。将这些画挂在书房之中，满堂绿荫，四面生风，这哪里是那些平庸之辈能够达到的境界

雪堂客话图

宋·夏圭。绢本设色，纵28.2厘米，横29.5厘米。北京故宫博物院藏。

图中描绘江南雪景，笔法苍劲浑厚，画山石用小斧劈皴和短线条秃笔直皴，从而使得画面方硬奇峭、水墨苍润的效果。

重屏会棋图

五代到宋·周文矩。绢本设色，纵40.2厘米，横70.5厘米。北京故宫博物院藏。

画面中头戴高帽、手持盘盒，居中观棋者为南唐皇帝李璟，对弈者是齐王景达和江王景过，人物容貌写实，个性迥异。衣纹细劲曲折，略带顿挫抖动。四人身后屏风上画白居易"偶眠"诗意，其间又有一扇山水小屏风。

明皇避暑宫图

宋·郭忠恕。绢本，墨笔，纵161.5厘米，横105.6厘米。日本大阪国立美术馆藏。

此画传为郭忠恕所绘，画中避暑宫室建筑宏伟壮丽，结构复杂，细密精工，造型准确，景色宜人。山石呈卷云状，其宫殿楼阁描绘精密工致，法度严谨。

呢？又如陈容画的龙、钱光甫画的鱼，朱绍宗、刘宗古画的猫犬，都能深得各种事物的绘画真谛，形象十分逼真，所以名噪一时。

这些人的作品都是我亲眼所见，暂且评述这几人。如果想得到全面的评述，就应从画谱绘鉴中去求索，那就不是我所说的清赏要略了。

我从唐朝人的绘画作品里，品味出作品的神韵其实在作画之前，作者就成竹于胸。所以画成之后就神韵灵动，生气十足；宋朝的画家仅擅长于追求形似，所以画成之后画面虽然精美，但神韵不足。宋代作品的物趣远远超过唐代作品，而唐代作品的天趣又远远超过了宋代作品。

如今评论绘画的人，姑且称为美术评论家吧，他们把宋代的绘画作品全部当做是院画而不予重视，只是崇尚元代的绘画作品，这是因为宋代的绘画作品过分追求技巧而神韵不足。然而宋代人的绘画水平，也不是后人能够轻易达到的，而元代

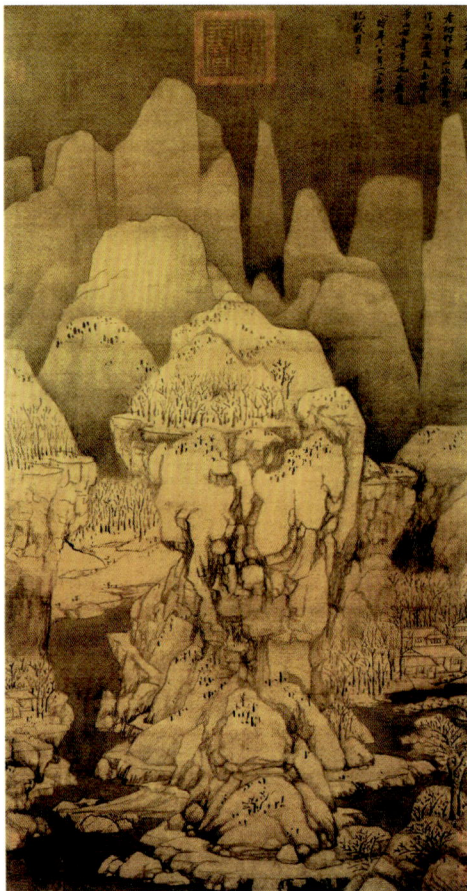

九峰雪霁图

元·黄公望。绢本,水墨,纵117.2厘米,横55.3厘米。北京故宫博物院藏。

黄公望汲取夏圭、李唐等人绘画技法精华,又有改进。图中高峰耸立,重峦叠嶂,冻树萧瑟,水和天空用浓墨渲染,烘托出白雪皑皑大雪初霁的山峰景色。

画家却能够和宋代并驾齐驱。不过,元代的黄公望山水画技法,难道不是出自夏圭、李唐的画风吗?再说,王蒙也采用董源、范宽的画法和钱舜举、黄筌的着色技法,盛懋(字子昭,元代画家)继承了刘松年的遗风。

赵孟頫则天资聪颖,才学超群,且心胸不凡,汲取了马和之、李公麟的绘画技法,又得益于刘松年、李成的布局结构方法,设色方法则效法赵伯驹、李嵩,浓谈得宜。而富有生命力的气势则是效法夏圭、马远的高旷宏远。可他到了绘画的成熟期,作品完全脱离了上述人的风格,而是独创了一种温润清雅的画风。见到这些画,就像见到绝色美女一样,令人怦然心动。他取得的成就远远超过同一代人,堪称文人画中的绝品,但其画法开始都是效法古人,绝无邪僻之笔。

元代的绘画作品,如王蒙、黄公望、赵孟頫、赵雍、倪瓒的恢弘气势,陈仲仁、曹知白、王渊、高克恭、顾正之、柯九思、钱选、吴镇、李衎、僧雪窗、王冕、萧月潭、高士安、张渥、丁野夫的雅致不俗,而要说绘画的精致巧妙,要数王振朋、陈琳、颜辉、王恽、刘耀卿、孙君泽、胡廷辉、咸祥卿、边鲁、张可观等

人；文雅闲适的画风要算张中、苏大年、顾安、姚雪心这些人了。

上述诸人都是元代的绘画名家，说他们名重一时是可以的，如果说他们的成就全都超过宋代画家，却有失公允。赵孟頫、黄公望、王蒙是其中的佼佼者，其绘画作品即使宋人见了也会心悦诚服，佩服他们作品中的天趣意境。

如今人们评论绘画作品，必然要谈到士气。所谓士气，其实是文士之气，是读书人所画的作品，能够体现出来一种文人风韵。它完全以神气生动为标准，不追求物趣，以得天趣为最高境界。现在所见到的这些文人画，落款处为"写"而不为"描"，其实是想要摆脱画院风格习气的缘故罢了。这些只能叫做寄兴，作为一时的品玩是可以的。如果认为它是好画，又怎能与前代作品相比被后世珍藏呢？像赵孟頫、王蒙、黄公望、钱选这些人的画，才是真正的士气画，而这四人的画难道是任何人都可以简单的效法吗？如果没有宋代名家的画法为基础，这些人难道可以成为当时众多画家中的佼佼者吗？通过这些

具区林屋图

元·王蒙。纸本设色。纵68.7厘米，横42.5厘米。台北故宫博物院藏。

画面描绘太湖之景色。玲珑的洞壑、层叠的山石、繁密的树林、错落的村舍和粼粼水波填满了整幅画面，饱满的构图方式在中国古代绘画作品中极为罕见。

重江叠嶂图卷

元·赵孟頫。纸本，墨笔，纵28.4厘米，横176.4厘米。台北故宫博物院藏。

图中山石的形态、皴染的方法、虬曲的蟹爪形枯枝，明显显示出李成、郭熙的山水画程式，但略带枯笔的勾皴、简逸的笔法又透着画家的新意。

例子，就可以懂得欣赏绘画作品的道理了。

画家鉴赏真伪杂说

高子说：米芾说过，好事者与鉴赏家本来就是不同的两种人。家里钱多，趋风附雅，贪名好胜，遇到文物便收藏起来，只不过是为了博得风雅的名声，故只能将其称为好事者；如果是鉴赏家，他们天资聪慧，知识广博，多才多艺，有的自己本身就能作画，有的能够深切理解画中的意境，每当得到一幅画，他们便将其视为珍宝，每天都要认真品玩，就像直接面对古人进行交谈一样。他们鉴赏佳作时，即使面前有声色歌舞，也不能转移他们的注意力，这才是真正欣赏。

不过，欣赏绘画，必须着眼全面而且要灵活，切不可偏执己见，一定要仔细地观赏古人运笔立意的精妙之处，不能漫不经心粗略的看过之后就妄加评论。品评画中的山，要讲究起伏转换；品评画中的水，要深究隐显源流；品评画中的林木，力求深邃葱郁而又深浅分明；品评画中的人物，要注意人的面部、眼神和顾盼之态是否相互照应；品评四季的景色，要能分出早晚阴晴，烟云的飘荡是否有情趣；品评花鸟，必须观察是否随风摇曳、含露欲滴、归巢觅食、翻飞鸣叫等各种形态。其他像牛马昆虫，鱼龙水族，无一不是取其神气是否生动、天趣盎然的神韵于笔墨之外的。这样去欣赏画作，才不失为真正欣赏。

如果仅凭形似来评价绘画水平的高低，那么集市上到处叫卖的画，这些画上都有人物、花草、猫狗等动物，而且有的画得也很逼真，但这又怎么能跟古人的作品相比呢？再说古人的画作，不能仅从形

松溪论画图

明·仇英。绢本设色，纵60厘米，横105厘米。吉林省博物馆藏。

画面左侧苍松巨岩，临水平坡上有二老者席地而坐，欣赏画卷，另有童仆树下汲水煮茶。人物形态准确生动，形神毕肖，意境清旷，静中见动。

似、有物趣方面来分析，还应该从运笔有没有枯涩之处，是否能体现出天趣等方面来评定，这就好比欣赏书法，好的作品一定要有藏锋才能显示出其精妙。赵孟頫在诗中写道："石如飞白木如籀，写竹还与八法通。若也有人能会此，便知书画本来同。"说的正是这个。

另外，好画不宜装裱的过于复杂，装裱复杂使原画失去神韵。好画不宜用水去洗，更不可剪去破碎了的边条，最好的办法是细细地补好。让人像宝贝一样地珍惜古画，哪里只是像珍惜金玉那样束之高阁？即使宋代离现在并不是很远，但宋代名家作的画在世上流传的已经很少，更不要说唐朝五代的画了！藏画的人，应该随时亲自查验，不要害怕辛苦麻烦，这是能否收藏古画必须具备的最重要的素质。

古画不能长期在世间流传，其原因有五各方面：

古画存放的年代久远，纸或绢已经变脆，加上经常打开收拢，稍微弯曲就会折损，破碎后也没有办法补救，此是古画失传的第一个原因。

童仆不懂收卷古代画卷的方法，只知道用两手抓住画卷起来，不考虑画边是否齐整，只是使劲收紧画轴，从而造成丝绢破裂，导致古画不能长期保存，这是失传的第二个原因。

有时，遇到屋子漏水，造成古画被水浸湿，再加上老鼠咬、猫撒尿，梅雨季节使古画发生霉变，又不善于擦抹，只知道用粗布去揩擦画面，造成画面成片破损脱落，这是失传的第三个原因。

有的人为了炫耀，喜欢把古画拿给不懂画的凡夫俗子看，这些俗人不懂欣赏古画的方法，有的直接用手托起画卷靠近去看，画面绢素随即折断；有的人挂画时疏忽大意，以致画卷跌落到地上造成断裂，再也不能补救，即使粘上衬纸也没有什么用处，这是古画失传的第四个原因。

古画有时遇上战争、火灾或水灾而毁去，或随同主人漂泊迁移，这是古画失传的第五个原因。

更有那些家境败落的后世子孙、没有

锁谏图（局部）

唐·阎立本（传），元明摹本。绢本设色，纵36.9厘米，横207.9厘米。美国弗利尔美术馆藏。
此画描绘的是十六国汉廷尉陈元达向皇帝刘聪冒死进谏的情景，画中人物关系、表情刻画得极其生动。旧传为阎立本所作，但从纸张等方面来看，应为元明摹本。

游春图

隋·展子虔。绢本，青绿设色，高43厘米，宽80.5厘米。北京故宫博物院藏。

《游春图》为展子虔所作的唯一真迹，是中国现存最早的卷轴画，也是中国存世最早的一幅真正意义上的山水画。

见识的妇人，他们不懂得珍藏古代画卷，将古画长时间堆积起来使之腐坏。还有家里的小孩特别调皮，或用笔在古代画卷上胡乱涂抹，以致油浸染画面；或在灯下展开玩耍，不注意被烛光烧损。有时还将古代画卷悬挂在外面，遇上狂风大作，使画被吹断刮裂……诸如此种情况，实在是太多了！

古代画作难于长期保存下来，就是由上述种种原因造成的。

古代的名画，很少有成对的立轴。古代品德高尚的名士作画，多半是即兴而作，带有很大的偶然性。这些画妙趣天成，被人们视作珍宝互相传看。既然是偶然而作，怎么可能有对轴呢？再说高大的房舍，精雅的书斋，哪里适合悬挂成对的立轴！即使挂上，书斋里也缺少雅致的情趣了，因此名画很少有成对的立轴。发现有成对的古代名人立轴，其实是有人将无名之辈的对轴填上名人的款，真是太可笑了。画院进呈给皇上的轴卷，都是名家之作，但都没有落款，又何必见到画牛的画就说是戴嵩之作，见到画马的画就说是韩幹之作呢？这正如《格古要论》中说的："无名氏的画，有许多上乘之作。"如果说没有落名款的就不是好画，那就错了——殊不知没有落款的古画，大多是御府画。

古时有善于画花草的，大多都不着墨，而用颜色来点染，也自有一种生气。又如粉本，即从前人使用的画稿，往往能在其不经意的地方看出天趣自成，生机勃勃，落笔成趣。这种粉本，确实有许多神妙之处，也应该视作珍宝加以珍藏。

写生珍禽图

五代·黄筌。绢本设色，纵41.5厘米，横70厘米。北京故宫博物院藏。

黄筌是五代院画的代表人物，对后世影响很大。《写生珍禽图》上面用工细的手法绘有数十种鸟虫，每种动物都描绘得十分精巧，惟妙惟肖，都具有很强的质感。

唐代画家使用的纸是硬黄短帘纸，绢则多生丝制成，丝粗而厚。也有捣熟的，有四尺宽。宋纸以鹄白澄心堂纸占多数。宋代的绢则光滑细腻得像纸一样，用手抚摸触感如玉，若是双层的绢则和平常的一样了。当时还有一种纸叫"独梭纸"，有五六尺宽。宋代的画卷流传至今，丝的特性都消失了，加上多次裱糊，一点韧性都没有了，用手指轻轻一抠，那绢丝就会像灰一样堆起来，内外一色。现在的绢素即使用药水染旧，不管用手指怎样刮削，绢丝露出依然是白色，就是用刀刮也不会变成灰堆起来。这就是古今绢素的区别，似乎现在很难作假。又比如，元代有独梭绢，和宋代的绢相似。有宓家机绢，这些绢的品质也都很好。

古代绘画的落墨着色深入到绢素内里。着色既然多，神采就大不相同，花红如日出那样鲜艳，绿色则像碧玉那样，粉色则细润如玉，黑色则点墨如漆。现在所做的赝品尽力模仿古画，各种颜色都有相似的地方，但红色却达不到古画中的红色那样鲜艳，还希望颜色浸透到绢素的内里，那更是不可能，因此显得神采索然。

又比如古人的画，愈观赏愈觉得好看。古人绘画的笔法圆熟，用意精到，以人趣效法物趣，落笔不凡，而天趣自然也就显露出来了。现代人的绘画作品，首先没有人趣，物趣也牵强附会，落笔粗糙庸俗，入眼便觉不堪赏玩，哪里还用得着模仿它们？宋人临摹唐、五代人的画卷，其神采如出一家之手笔，皇家秘府珍藏得很多。现在的人临摹古画，只是追求扩大自己的影响，常常凭个人意念信手手草率描

五牛图

　　唐·韩滉。纸本设色，纵20.8厘米，横139.8厘米。北京故宫博物院藏。

　　此画绘于白麻纸上，纸质较为粗糙。牛以较粗的墨线勾勒轮廓，赋色清淡却不失沉着，尤其对牛的眼睛、鼻子、蹄趾、毛须等部位作了着意渲染，凸显出牛强劲有力的筋骨和逼真的皮毛质感。

绘，即使有精致细腻的，也缺乏天趣，即使好的作品也极其呆板。近来，只有吴郡莫乐泉临摹的画，可称得上当代一绝。

　　明朝的绘画名家，可以和宋代、元代绘画名家相媲美的也有不少人。能画出上乘之作的，如文徵明、沈周、陈淳、唐寅、戴进、王问、钱毂、文伯仁、顾正谊、孙克弘、沈仕等，其绘画作品风采神韵都俊美闲逸，落笔脱俗，且善于书法，有的长于隶体，有的长于行书，各有天趣，甚至可以与元代的王蒙、黄公望、赵孟頫、赵雍的作品相媲美。如戴进擅长山水人物神像，深得宋人作画的精髓。他临摹宋人名画，样样都很逼真。他在生宣纸上着色，随意渲染，效法于黄公望、王蒙等人，但还稍胜黄、王一筹，正是青出于

蓝而胜于蓝。如商喜、李在、周臣、仇英等人，山水画和人物画的精妙之处，超越了宋代刘松年、范宽等人。又如边景昭、

宫乐图

　　唐·佚名，宋摹本。绢本设色，纵23.9厘米，横77.2厘米。台北故宫博物院藏。

　　此图描绘宫中仕女合乐欢宴的场景。虽为宋人摹本，但不失为一幅仕女画佳作。人物造型丰满柔媚，神情慵懒，用线细劲，描摹细腻，但稍显单薄，缺乏唐画中的沉实之质。

吕纪、林良、张秋江、沈奎、王谦、陈录、俞江村、周之冕这些人，花鸟竹石，也得益于宋代的徐禹功、黄居寀的画法。其他像谢廷循、上官伯达、金铉、金汝清、姚绶、王绂、夏昶、王田、陈大章、许尚文、吴伟、苏致中、叶澄、谢时臣、朱子郎、朱鹿门、夏葵、夏芷、石锐、倪端等人的画，都是明朝的一代妙品，士人画家也能各得其趣。而像郑文林、张复、钟礼、蒋嵩、张路、汪海云等人，都是画坛中的狂邪之人，他们的作品都是为了显露出来一点狂放的形态而已，都不值得效法。

论绘画作品的收藏

高子说：收藏画卷，要仔细察看绢素或画纸的质地。完整而没有破损的，清白得像新的一样，里面没有贴衬的，这些都是上品；表面看上去很完整，但贴粘很多，而画面的神韵尚没有失去的，这是中品；如果画面破碎零落，经一片一片重新拼凑而成，夹杂着补缀上的新绢，颜色又有补上的，即使是名画，也不上档次，这些画是下品。

完整无损的上品画卷中，其价值的高低，以山水画为最高，小的人物画则次之，花鸟竹石画再次之，走兽虫鱼的价值又低于上述诸等。装帧成册页的书画品评的方法同画卷相同。而神佛画像的价值，评定等级的方法却不相同。像宋朝、元朝和明朝当代人的画家，如果是画佛像的名家，多将人物置于山水树石背景中，有的坐着，有的在走动，有的靠着石头，有的依着树木，画法又不呆板，烟云给人以流

动湿润的感觉，神情庄重不可亵渎，这是上品。其他的，如三尊佛像并列，跟从他们的神将鬼卒面目狰狞，或者神佛登上宝

释迦出山图

南宋·梁楷。绢本设色，纵119厘米，横52厘米。日本日野原宣藏。

苍劲的树干，枯黄的枝条，坡石略加勾皴，渲染出冬季萧索的环境。佛祖面容清瘦，身着单衣，衣带在寒风中飘举，赤足站于枯树旁，手举胸前，双眸微微下视，神情专注，愈显入山苦修悟道后意志弥坚。

座被诸神护卫。诸如这类佛像画只能用来供奉享受香火，并不是传世之佳品。

又如伪造的佛像画卷，是先把绢捣熟了，再把烧香的烟灰和烧饭的烟灰混在一起加水，然后过滤，过滤出来的水加入梁上沉积的陈年灰尘煎成汁水染绢，绢色虽然变旧了，但绢面有的发黄有的淡黑，用这样的绢伪造的佛像画卷只能愚弄不识货的人们，这些人怎能知道古绢这一类东西，经长时间流传观赏，即使颜色变旧，也会令人感到异香扑鼻，这哪里是做假可以办到的呢？古绢碎裂后，裂纹的形状很像鱼嘴状，横着联结几缕丝线，绝对没有直裂的情况，而现在伪造的画卷，裂纹不是横的就是直的，那是用刀刮或用指甲划的，丝线坚韧不会断开，眼睛一看就能分辨清楚。

收藏画的方法，应用杉木板制成匣子，匣子内切不可漆上漆或糊上纸，那样反而会引起霉烂变质。藏画的匣子还应当时常接触人气，或放到透风的空阁楼上，匣子离开地面一丈多才好。每年的阴历五月到八月之前，还应将画卷一幅一幅展开观赏，以便让画卷稍微接触空气和阳光，然后重新收起放入木匣内，用纸封好，切

记不要通气，过十多天重新打开，如此再来一次，这样做可以避免古画发霉变白。或者把古画张挂出来，多则三五天轮换一次收起来，挂了久恐怕会被空气侵蚀而损坏画的质地。绢画尤其不能挂久。像前面说的杉木匣子收藏画的方法最好。而且，古画不能卷得太紧，这样会损伤绢的质地。单个条幅或短的立轴，可以做个横面开关门扇的匣子，将画平放其中，画轴顶端帖上签条，打开门扇看到签条就知道是哪一幅画，能很方便地取出来欣赏。

又如宋代人的丝绣画，画面中的山水人物、楼台花鸟等，针线非常细密，不露出边缝。用的绒线非常细，用的绣花针也像头发那样细，所以绣成的图案都很精妙，开染和设色比用笔作的画更佳。因为绒线的颜色光彩夺目，所以画面神韵丰富，生机勃勃，一眼望去宛如天然美景，逼真极了，天趣、人趣、物趣全都具备。最值得赞赏的是绣女刺绣时十指如春风般轻盈自如，一般人是远远达不到的。元人的丝绣画就远远不如宋人了，因为他们用的绒线比较粗，落针又不细密，而且人物、禽鸟等动物是用笔墨来描画眉目，不像宋人那样用绒线来绣出眉目，能使眼睛

番王礼佛图

宋·赵光辅。绢本设色，纵28.6厘米，横103.5厘米。美国克里夫兰艺术博物馆藏。

画面描绘古代周边少数民族酋长朝拜佛祖的形象。佛祖高坐莲台，诸番王作礼拜、贡献之状，服饰皆异域装束。画面气势宏大，人物安排疏密有致，表情各异，生动自然，是宋代人物画的一幅杰作。

顾盼有神，眉目传情。这就是宋代刺绣和元代刺绣的的最大差别，从眉目的表现就能分辨出来。因此，宋代人绣的山水画不可多得，元代人绣的花鸟画还可以见到一两幅。

宋代有一种手工艺丝织品叫缂丝，采用通经断纬的织法制成山水人物花鸟图案，具有犹如雕琢缕刻的效果，且富双面立体感，所以其意境浑然天成，不像机织的织成处处留下痕迹。现在的缂丝是织丝，和宋元的作品迥然不同。宋代缂丝花鸟山水图案，也像宋代刺绣一样有很多精致巧妙的。我觉得刻丝虽然远远比不上刺绣，不过像大幅的舞裀（即舞蹈时所用的垫褥，类似现在的地毯），也别有一番富贵的景象。元代缂丝远远不如宋代。大凡

刺绣梅竹鹦鹉图

宋　白绢本册页，纵27.8厘米，横28.4厘米。辽宁省博物馆藏。

画面绣梅花、竹叶数枝，梅花枝头落一鹦鹉，姿态绰约。

事物总是一代不如一代，哪里仅缂丝是如此啊！

人们能够潜心于绘画，在窗明几净的室内描绘景物，有时观察到秀丽的景色，便在心中孕育出自然的景象，把这些美景表现于笔端，作品自然就具有天趣了。折了一枝名花，观察它的生趣，那花的姿态非常柔美，叶梗婉转曲折，或对着太阳舒展笑靥，或随着轻风飘曳，或像饱含烟霞雨雾，或刚刚绽放，或已成残红，将千姿百态体现在彩色的画面上，不知不觉中便学有所成了，就可以扬名了。如果不将天然活泼的景物作为描绘的对象，只时临摹其他人的作品，那么天趣、人趣、物趣三趣一趣也得不到，最终还是平庸之作。古时品德高尚的士人，像李公麟、范宽、李成、苏轼、米家父子等，他们的绘画无不达到神妙的境界。因此爱好风雅的君子，要对绘画作品进行收藏鉴赏，不可以不学习一些相应的知识。

刺绣瑶台跨鹤图

宋　白绢本册页，纵26.4厘米，横27.4厘米。辽宁省博物馆藏。

纨扇形，界画楼台，以金彩夹绣。人物眉目毕瞻，云山竹树气象万千。自宋迄今已七八百年，金线剥蚀，颜色渐漕，光彩似得已不如昔时。

缂丝宋徽宗御笔花卉图

　　宋　册页，纵25.5厘米，横25.6厘米。辽宁省博物馆藏。

　　牙色地本，缂设色木槿花一枝。有徽宗御押字，上钤"御书"壶芦玺，盖系摹缂宣和御笔。

缂丝山茶图

　　宋·朱克柔。册页，纵25.5厘米，横25.5厘米。辽宁省博物馆藏。

　　蓝地本，缂设色水红山茶花一枝，澹逸古雅。旁缀粉蝶，展翅轻盈，栩栩欲活。枝头枯叶，有虫啮痕，尤为精绝。

缂丝牡丹图

　　宋·朱克柔。册页，纵23厘米，横23.8厘米。辽宁省博物馆藏。

　　蓝地本，缂设色姚黄牡丹一枝，重楼粉蕊，浅叶淡茎，神韵天成。婀娜作态，而妙思绮合，几不辨缂画痕迹。

刺绣海棠双鸟图

　　宋　白绫本册页，纵27.8厘米，横26.4厘米。辽宁省博物馆藏。

　　画面绣西府海棠一枝，一鸟飞来，一鸟立于枝上，神态生动。

古籍善本的收藏与鉴赏

论藏书

高子说：用丰富的藏书来积累广博的知识，是大丈夫一生中最重要的事情。

关于藏书，现实社会中有两种情况：家庭贫寒的人，没有钱藏书；家庭富裕的人，生性又不喜欢看书。因此，古代有很多人因为家境贫寒而买不起书，就每天到书肆或者向邻家借书来阅读的例子，而家境富裕又喜好读书的人就不多见了。即使有家庭富裕而又爱好书的人，他们也不喜欢阅读，买到认为好的书籍就用华丽的丝绸认真装饰好，然后将其放在奢华的书斋里，全是为了装饰门面。有时书上的灰尘积了一寸多厚，一年到头也不见主人翻过一页，他们的藏书多么清闲安逸啊！唉——如果真是这样，总比不喜欢读书的人要好一点。

喜欢藏书的人，不论书籍装帧的好坏，只想搜寻奇书善本，以了解古人言论中的真理，以开阔自己的胸襟，增加自己的见闻，以至于的对知识梦寐以求，不在乎距离的远近，到处拜师求学，从经史子集到三教九流的作品，从诗文传记到稗野杂著，以及佛道经典，无不兼收并蓄。因此常年沉溺于书海之中，每当碰到不一般的书籍，不管书价高低，只要得到才心满意足，这种人的爱好真够专一了。

喜爱读书且有条件藏书的人，收集的图书如汗牛充栋，不辞辛苦将所有的藏书分门别类，时常翻看书籍放在几案上，从早到晚沉浸在书中品味思索，仿佛与圣贤面对面交谈，自古以来的事物尽现眼前，真是赏心悦目，还有什么样的快乐能超过这种乐趣呢？古人说"开卷有益"，的确不是欺骗我们啊！反观那些不学无术的人，实在是可耻！

古籍善本鉴赏

宋元两代木刻版印刷的书籍，字体雕刻得一丝不苟，核校仔细而无错讹，字体大小肥瘦非常适宜，印刷得清楚醒目。况且这些书中很多都是奇书，后人没有重刻出版，现在已经非常少见了。所有的古书

北齐校书图（局部）

北齐·杨子华，宋摹本。纵29.3厘米，横122.7厘米。美国波士顿博物馆藏。

画面描绘的是北齐天保七年（556）文宣帝高洋命樊逊和文士高干和等人刊定国家收藏的《五经》诸史的情景。

中，关于佛学和医学两类书籍数量最多，但医学方面的书出现一字差误，就会造成很严重的后果。因此，古书以宋代刻印的版本为最好。海内名家以评定书籍的名次来确定书价的高低。如《三坟》《五典》《六经》《离骚》《国风》《史记》《汉书》《文选》等书的价格最贵，《诗集》及诸子百家言论的书价格为第二等，文集、道家、佛家的书籍价格又次一等。

宋代印刷的书，纸质坚韧，刻字精细，印出来的字画就像用手写在上面一样清楚。字格用单边，间隔均匀，很少有看不清楚的字。由于印刷时用墨稀薄，即使字迹沾水浸湿，干燥后也不会留下被水浸染的痕迹，翻开书就有一股墨香，散发出特殊的香味。

元代刻版仿照宋代刻板也是单边，但字体丑陋，笔画粗细不分，比宋刻本边条宽出一线，而且印刷用的纸质松软，刻工

生硬，用墨污浊，其间有很多看不清楚的字，打开书没有一点墨香味。还有一种用官署废旧的文卷残纸的背面印成的书，就更令人生厌了。

宋版书籍用纸，以活衬竹纸的质量最好，但存留下来的很少，极不易得到。蚕茧纸、鸽羽白纸、藤纸等，虽然精美，但流传下来的也不多。但宋版书中也有缺陷，比如糊褙，宋版书就不够好。我曾见过宋代印刷的大版《汉书》，不仅书内纸张坚韧洁白，而且每册都用数张澄心堂纸作副页，现在归吴郡某人收藏，的确是很难得的宋版书。还有的书是宋代刻的书版传到元代后再印刷，有的经元代补足缺失，人们便称此类书为宋刻元版；流传到明代初年，有的又经明代补足缺失，人们当成是元代刻版。然而元代刻补足宋版，其差异不易辨识。但在明初补足的元版，

元刻《叠山先生批点文章轨范》

元刻本。半页10行，行22字，白口，左右双边，双鱼尾。版框纵18.2厘米，横11.3厘米。
宋谢枋得选注。全书选录汉、晋、唐、宋之文共69篇。卷一至卷二为"放胆文"，卷三至卷七为"小心文"，每篇文章均批注圈点。

明刻《十七史详节》

宋吕祖谦辑，明刻本。半页13行，行36字，白口，四周双边，双鱼尾。版框纵18.5厘米，横11.7厘米。明正德十一年（1516年）刘宏毅慎独斋刻本。此书是宋代吕祖谦读史书时删节备检之本。

其中有单边与双边的差异，而且字体雕刻得差别很大，一眼就可以辨认出来。但明代初年慎独斋（建阳书林著名刊刻家刘弘毅主持）刻印的书籍，也很精美。

近年来制作假宋版书的人，技艺很高，简直有点神秘莫测。他们模仿宋版书新刻成雕版，特地印在微微发黄而厚实的竹纸上，或用四川出产的蚕茧纸、糊扇方帘绵纸、孩儿白鹿纸，将其卷成筒，用木槌轻轻敲打，称之为"刮"；再用墨水浸泡，除去臭味后印制成书。

有的在新刻版的重要地方故意弄出一两处残缺；有的让书变霉三五页，弄破烂后重新补足；有的改刻卷首的一两篇序文的年号；有的将今人注释刻者的姓名隐去留下空，另刻一方小印，将宋人姓氏填进小印中；有的将刻板用砂石磨损一角，造成一两处缺痕；有的在笔画磨去一点，像伤残旧痕一般；有的将新刻板放在生了蛀虫的米柜中，让蛀虫蛀蚀成孔。还有的用铁丝烧红后捶打书籍，故意制成孔眼，几经周折，件件都做得与新书不同，再用纸作衬，用绫锦作书皮，手感重实，光滑美观，卖书的人先贬低这样的书，目的是用来迷惑买书的人。也有的人结成团伙，叫人先说这书是老朋友某某的祖传之物……千方百计骗人，没人能看清，而且这种书大多混杂在名家名著里，收藏的人应当具有各种古籍善本知识，认真辨识。

文房清供清赏

在全世界文人的书斋，也就是书房中，中国文人所拥有而被誉为"文房四宝"的笔、墨、纸、砚，可说是最独特而富有文物价值的异珍了。此外，还有笔架、笔床、砚山、水注、镇纸、笔洗等文房用具，也是中国文人独有的。它们不仅有着悠久的历史，有着它们本身的艺术气质，而且重要的，还在于它们身上闪耀着中华民族光辉文化的异彩，显现出中华民族精神和物质的双重文明。

至于放置案头的欣赏价值，晴窗一桌，妙笔陈而佳纸列，墨池泛而奇墨香，如再逢上好友二三，清茶一瓯，把玩闲谈，此乐何极！

论笔

毛笔的选用

高子说：蒙恬创制笔时，用柘木作笔管，用鹿毛作笔柱，用羊毛包在笔柱的外面。当时所说的笔毫，并不是现在的竹笔管上面装的兔毫。制笔的方法应是，将粗硬的毛放在前面，细柔的毛放在后面，再将麻丝掺杂在其中，然后捆束起来安进笔管，用漆粘牢固，然后用海藻润泽。用墨汁将笔沾湿后试写，如果横竖笔画写出后墨线都是直的，勾的笔画有钩，方笔圆笔也合乎规矩，终日握笔书写笔也不坏，那就叫做好笔。

柳公权曾有帖说："近蒙寄笔，深慰远情。但出锋太短，伤于劲硬。所要优柔，出锋须长，择毫须细，取管不在大，副切须齐。副齐则波掣有凭，管小则运动省力，毛细则点画无失，锋长则洪润自由。"毛笔的神妙之处，应该说也就是如此了。所以柳公权对笔的评定有一句偈语说："圆如锥，捺如凿。只得入，不得却。"这是说捆扎笔头一定要紧，不能让一根毫毛露出来，否则就不能用。又说："心柱硬，覆毛薄，尖似锥，齐似凿。"

战国毛笔

战国　长21.2厘米。中国国家博物馆藏。

1954年湖南长沙市左家公山楚墓出土，出土时装在竹筒中。笔毫为兔毫，将笔杆一端劈为数股，夹住兔毫，再用丝线缠紧，并髹漆使之牢固。

这几句话的意思是说笔头中心部分的毫毛要坚硬,覆盖在四周的毛要柔薄。当笔毫聚合时,锋颖尖锐,端如针状。齐,是指修削整齐,笔毫发开后,将端部挤扁,则可见内外笔是长短一律,排列平齐,无长短参差现象。汉代书法家张芝(字伯英)所制作的毛笔就是这样,所以写出来的字具有种种不同的神韵和气质,扬雄(字子云)对这种笔非常赞赏。

好笔在于毫

汉朝末年,有一种装笔的匣子,用黄金雕刻而成,用和田玉来装饰,用珍珠来点缀,再用浅色翠玉来制成花纹图案装饰。匣中的毛笔,不是用具有犀角那样纹理的女贞木制成,就是用象牙来做笔管;不是用珍贵的狐毛作笔头和毫柱,就是用秋天的兔毫来作笔毫。从此可以看出,古人珍视毛笔已经到了情深意重的程度。

南朝时,有位老妇善于制作毛笔,她用婴儿的胎毛作笔心;唐开元年间,有位名叫铁头的笔匠,能将笔管制得像玉石一样晶莹润泽。可惜这些工艺现在都已经失传了。王羲之的《笔经》里说,各地出产的动物毫毛,只有中山兔毫毛肥硕而长。可以先取人的细发稍数十根,再掺杂青羊毛和细兔毛,将其裁剪齐平,再用麻纸包裹住根部,清理干净。然后再选取上等中山兔毫毛,薄薄地包在笔柱上面,不让笔柱显露出来。这些都是古人关于制作毛笔最有见地的言论。

现在人们制笔,最重视笔毫。东郡人采用青羊毛制笔毫,将野鸡尾毛盖在笔柱上,五颜六色,非常好看。用长毛狐狸的毛、老虎毛、鼠须、羊毛、麝毛、羊须、胎毛造笔的,都比不上兔毫的品质。香狸

芦杆毛笔

南宋 尺寸不详。常州博物馆藏。

这件毛笔保存比较完整,笔杆、笔套用芦杆制作,笔头用细丝捻成,相当罕见,笔头接入笔管的一端用丝带包裹,便于更换。

狼毫毛笔

宋 尺寸不详。常州博物馆藏。

这件毛笔保存几近完美。笔管笔套为芦杆制作,狼毫笔头,接入笔管的一端用丝织物包裹。

毫比兔毫则略差一筹。兔毫又以高山深谷里的野兔毫为最好。秋天的兔毫应取用粗健的，冬天的兔毫应取用坚硬的，春夏两季的兔毫就不能用来制笔了。

笔毫以尖、齐、圆、健为四德。笔毫坚韧，笔锋就尖锐。使用的兔毫多则略显紫色，且排列平齐，无长短参差现象。用麻丝帖衬得法，那么笔毫聚拢时就显得丰满圆润。纯粹用兔毫而不用麻丝，只是加一些香狸毛，比例得当，笔毫不仅耐用且劲健有力，久用而不变形。除此之外，再没有更好的制笔方法了。现在人们制的笔，兔毫很少，而香狸毛、麻丝却加得特别多，所以笔不耐用。这不是材料不好，只是因为工匠不舍得多用兔毫而已。

我曾经认为杭州人原来制作的笋尖笔样式很好，后来因为湖州人制笔所扎捆的笔头是细腰葫芦样式，杭州人也就效法湖州人制成细腰葫芦样，真太遗憾了。这种笔刚开始使用时似乎笔画较细，宜作小楷，时间稍长毫腰散开，便成了画画的水笔，不能用来写字了。不过，杭州笔不如湖州笔的品质好，湖州笔又以张天锡制作的最好，可惜近些年来他的制笔方法已经失传了。画笔则向来以杭州张文贵造的为第一，但张文贵制笔的秘法从来不轻易完整地传授给别人，现在便分成了三类，好坏没有统一标准。一代绝技没有人研究学习，想起来也太可惜了。扬州的中管鼠心画笔，用来落墨白描，好极了。做的水笔也很好。

雕漆紫檀木管提笔

明嘉靖　笔管长25厘米，笔斗长2.5厘米。北京故宫博物院藏。

笔管饰红、酱色雕漆，笔锋为貂毫竹笋式。此笔反映了明嘉靖年间雕漆的风格。

玳瑁管紫毫笔

明　长24.3厘米。北京故宫博物院藏。

笔管以玳瑁甲制成，管与帽顶端均镶嵌鎏金铜扣。制作工细，圆周不见接痕。笔锋为紫毫葫芦式，富有弹力，宜书写小楷。

黑漆描花管毛笔
明　全长22.6厘米。西泠印社拍卖有限公司2009年拍卖，成交价2.016万元人民币。
笔杆木胎底髹黑漆，其上以金漆描饰卷花纹。笔端楷书云字款"大明宣德年制"。

桃竹图象牙管毛笔
明　长22.4厘米。西泠印社拍卖有限公司2009年拍卖，成交价2.016万元人民币。
笔杆上铭文："无上妙品，倪元璐。"倪元璐官至户、礼两部尚书，工山水，精书法，诗文为世所重。

笔管材料

古代的帝王，用金、银、玉制成笔管用来记录臣下的功勋，由此可见他们对笔重视的程度。从前，有用象牙、琥珀、玻璃、镂金、浓绿漆管、棕竹、花梨、紫檀等制作笔管的，也是因为毛笔太值得珍重了。当然，要说使用起来方便，还是选取壁较薄的竹子制作笔管，才能将笔的妙用发挥得淋漓尽致，又何必推崇其他材料制作笔管呢？

笔的收藏

冬天，用纸或丝帛把笔包裹起来以避寒冷，这样做会使笔变得不好使用，这样的方法不足取。毛笔冬天若是不用，每年的十月到第二年的二月收起来最好。若是好笔，书写之后应立即放入笔洗当中洗涤掉滞存在笔上的残墨，这样就能使笔毫保持坚韧而不脆，且经久耐用。但洗完后必须马上盖上笔套，以避免挫伤笔锋。收笔时将黄连煎汤调轻粉蘸笔头，笔干了之后

戗金填彩管笔

明　长26.8厘米。西泠印社拍卖有限公司2009年拍卖，成交价7.28万元人民币。

笔管黑漆为底，其上浅刻戗金茶花及蝴蝶、绶带鸟，红绿填彩，有铭文"大明万历年制"。笔及笔帽顶端嵌以螺钿。

竹雕云龙管貂毫笔

明万历　长9.1厘米。北京故宫博物院藏。

竹制笔管雕留青双龙戏珠纹，中部镌刻阳文隶书"文林便用"4字，笔锋为貂毫葫芦式。顶端镶嵌螺钿口圈，顶下长方格内刻阴文填蓝楷书"万历年制"4字款。

檀木云龙雕管笔

　　明　长16.1厘米，北京故宫博物院藏。

　　此笔以五爪龙纹为饰，显示是御用品。笔管上部楷书"大明万历年制"。

青花卷草纹笔

　　明宣德　长14.2厘米。苏富比（香港）有限公司2004年拍卖，成交价198.42万元人民币。

　　宣德本朝釉质凝厚，青花深沉，晕散自然。笔杆之上依次绘有菱形、蕉叶、卷草、回纹图案，杆头书6字楷书款。

竹刻花鸟纹毛笔

　　明万历　长23厘米，中国嘉德国际拍卖有限公司2006年拍卖，成交价99万元人民币。

　　笔管与笔帽剔地儿浅雕花鸟纹，纹饰布局繁密而疏落有致。笔管尾端直书"大明万历年制"6字楷书款。

紫檀龙纹笔

明万历 长21.5厘米。北京保利国际拍卖有限公司2008年拍卖，成交价89.6万元人民币。
笔管通体浅浮雕两条五爪云龙，笔管下端饰海水江崖纹，上方阴刻"大明万历年制"6字楷书款。

才收笔，这样做，笔就不会被虫蛀。若是长时间不用，收藏的方法是用川椒、黄柏煎汤，磨松烟染笔后再收藏起来，也能保持很久不被虫蛀。

古人很重视笔，用坏了便将其埋葬起来。唐代岭南节度使赵光逢在汉江边洗脚时，见到一块方砖形的碑石，砖上题有诗："秃友退锋郎，功成鬓发伤。冢头封马鬣，不敢负恩光。"诗后题字"独孤贞节立"。那块砖上已长有苔藓，这就是爱笔者葬笔的地方。

论墨

名墨鉴赏

高子说：古人对墨很重视，如徐铉有

一块墨叫"月团"，价值三万金。唐玄宗有一块墨叫"龙香"，研磨出来的墨汁能够神奇的变幻色彩。五代李廷珪制作的龙纹墨、双脊墨，千古叫绝。

汉朝时，朝廷每月赏给尚书令一块渝麋大墨。范丞相有一块墨，墨面上题字为"五剑堂造"，底部题字是"天关第一煤"。宋徽宗命人以苏合油搜烟为墨，至金章宗时购买，一两墨价值黄金一斤，想仿制但仿制不成。宋代成都人景焕，只制作了五十方墨，墨上印文为"香璧"，另有阴文篆书"副墨"。五代时，有一位姓朱的得到了柴珣制作的小墨。韩熙载请歙州人朱逢到书馆旁烧烟制墨，名其作坊为"化松堂"，名其墨为"云中子""麝香月""龙煤"。易水（今河北易县）人张遇制作了易水贡墨。张梦得（字怀民）

丸墨

汉 高4.5厘米，底径2.8厘米。甘肃博物馆藏。

武威市磨嘴子汉墓出土，略近圆柱体，顶部渐收分为圆弧，底平，有磨用过的痕迹。墨色乌黑透亮，是现存最早的块状合成墨，为汉墨中所罕见。

文府墨

唐 尺寸不详。安徽黄山博物馆藏。

长方形松烟墨，颜色乌黑，正面阳刻"文府"二字，并填蓝彩。背面存一阳刻繁体"制"字，填蓝彩。此墨出土于南宋墓，是已知安徽省现存最早的古墨之一。

新罗杨家上墨

唐 尺寸不详，日本奈良正仓院藏。

正仓院位于日本奈良市东大寺内，原本是用来保管古代寺院财宝的仓库。这里收藏了几锭中国唐墨。

九华朱觐墨

宋 长21厘米，宽3.4厘米，厚0.7厘米。合肥市文物管理处藏。

墨为松烟制成。墨正面中间有阳文楷书"九华朱觐墨"5字；背面中部的枣核形线框内有凤开花纹，线框两端处各有一圆形印纹，印文圈内有阳文楷书"香"字。

歙州黄山张谷男处厚墨

宋　长25厘米，宽5厘米，厚1.4厘米。合肥市文物管理处藏。

张处厚系张谷之子，宋代造墨名家。此墨为松烟墨，墨正面中部有细线双道栏框，框两端呈圆弧形，框内残留阳文篆书铭文。

松塔形墨

东汉　高6.2厘米，直径3厘米，中国国家博物馆藏。

此墨黑腻如漆，烟细胶清，手感轻而致密，虽埋藏地下一千八百余年，仍未龟裂，其完整好似刚刚脱模。

送给苏东坡一方墨，名叫"青烟煤"。其他的宋代名墨，还有供堂墨、渊云墨、兑州陈朗墨等。元代有潘云谷墨、松丸墨、狡猊墨、松烟墨、九子墨、鱼吐墨、

天雨墨、阳山石墨、化堑墨，浮提国金壶墨、雷公墨等。另外，仲将之墨、一点如漆等品类，也都是古代的名墨。

现代制作的受人推崇的墨，以罗小华制作的墨为第一，他制作的墨的确很好。我曾见过的明朝初期查文通、龙忠迪制作的碧天龙气墨、水晶宫墨，新安人方正制作的牛舌墨等。用石青粉填字，墨的外表涂了一层赤金，这种方法是苏眉阳（明代徽州休宁人）幼年时创造的，而他又师承李遗，效法卧蚕小墨的制法。嘉靖、万历年间有邵格之制作的墨，还有方于鲁制作的寥天一墨、九玄三极墨、国宝墨、非烟墨等，也都是精品。

从前，翰史汪中山最初制作的墨，其质地的精美是不亚于罗小华制作的墨。其中的精品，他用豆瓣楠木制成包装匣子，里面用红漆签上印款，将墨题名为太极、两仪、三猿、四象、五雀、六马、七鹏、八仙、九鸾、十鹿等，总的来说都是用鸟兽来命名的。还有玄香太守等墨。所制作的小长墨有四种，第一种名叫虬文，第二种名叫卧蚕，第三种名叫亚字，第四种名叫玉阶。还有客卿小圆墨四种，分别叫太

罗小华半桃核式墨

明嘉靖 长4.7厘米，宽3.1厘米，厚1.1厘米厘米。北京故宫博物院藏。

墨为半剖的桃核形。沿剖开的桃核内边缘，一侧有阳文隶书"庚子年甲申月丁酉日记"，另一侧为阳文篆书"西王母赐汉武桃宣和殿"，核心有行书"小华"二字款。

一池春绿墨

明 直径8厘米，厚1.3厘米。北京故宫博物院藏。

"一池春绿"墨是罗小华墨品中流传有绪的珍品。图文设计颇具匠心，形制精美。其字体流畅，挥洒自如，遒劲有力。

方于鲁制凤九雏墨

明 尺寸不详。北京故宫博物院藏。

凤九雏墨是方于鲁所制的礼品墨。此墨为传世品。呈圆形，体扁，一面饰凤挟九雏纹样，另一面有楷书"凤九雏"字样。纹饰及题铭均漱金。

方于鲁文彩双鸳鸯墨

明 直径9.6厘米，厚1.6厘米。北京故宫博物院藏。

此墨为方于鲁传世彩墨，墨模雕刻精致，墨质坚莹，是方于鲁墨品中的典型之作。

文犀照水墨

明 直径12.7厘米，厚1.6厘米。北京故宫博物院藏。

此墨为明代方于鲁制作，墨质坚黑，为明代名墨。

经之墨

明 直径12厘米。北京故宫博物院藏。

汪中山制。形似瓦当，两面中央为凹入的圆盘，一面饰一四爪龙，另一面则以篆书阳刻"经之墨"三字。边缘部分饰螭龙纹，并有"嘉靖"楷书年款。

九锡玄香墨

明　尺寸不详。日本川端龙子纪念馆藏。

罗小华制。以桐烟制墨，墨品极佳。有人认为"若我朝定当以罗小华鹿角胶为第一"。

极、八卦、圆壁、琼楼。另有松滋候小方墨四种：第一种名叫亚字，第二种名叫维文，第三种名叫九云，第四种名叫螭环。此外还有墨挺、墨柱等墨。从前我曾将其中的几种墨试用过，质地柔软而墨色黑紫，就像九玄三极墨之类，但其品质似乎还在罗小华制作的墨之上，真是神妙的佳品。

现在的人所能见到的汪中山墨，大多数是次品，式样虽然和名墨相同，但墨的质地却不好。如经常见到的二十八宿圆墨，更是下品，所以名墨的名气就湮没不传了。到后来，墨上的印签还同以前一样，但墨的质地已每况愈下。在这里，我特别为汪中山墨进行详尽的解释。

我当典客（南宋以后掌管郊庙祭祀和朝觐赞礼事物的官员）时，高丽国的使者赠送给我一方墨，墨上面有梅花状的印纹，墨的颜色又黑又浓厚。按我的观点，墨的精妙之处，在于质地轻软且墨色青黑，闻着应没有刺鼻的香味，研磨时应该不发出声音。如果是新砚新水，不可用力磨墨，也不能磨快了，因为磨快了就会发热，一发热就要产生泡沫。磨墨时，要旋转着细细地磨，且不要长时间停着不动，长时间不动尘埃会污染墨，墨里的胶便会使其像泥一样凝结起来。墨用过后要清洗，砚池中的墨汁积储得不宜太满。新墨制成后要存放一段时间，墨胶凝结均匀才好用。

墨的使用方法，没有超出我上面所说的。如果要论研究墨质地的精美，形状的巧妙，那么方于鲁写的《墨谱》，是讲得最全面的了，讲得非常神奇。

有人说墨只要适合使用可以了，何必去讲究它的种种奇妙之处呢？唉——这并不只是为了追求墨的种种奇妙之处。品质精妙的墨，不仅现在使用起来有诸多好处，而且收藏起来对后代好处更多。文章书画不仅要凭借好墨才能流传到现在，而且还要凭借好墨流传到后世。比如晋唐的书法，宋元的绘画，已经流传了几百年，墨色依然如漆，书画的精气神韵全要依赖好墨才能保存下来。如果是下等的墨，用墨浓了，掺的水就会使墨扩散，洇污画面；用墨淡了，装裱后字画的神气便黯然失色，要不了几年墨迹就会褪去了。以此看来，研究墨的种种精妙之处绝对不是出于好奇，只有懂得这个道理的人才可以与他谈论墨的妙用了。所以李廷珪作诗道："赠尔乌玉块，清泉砚须洁；避暑悬葛囊，临风度梅月。"他把墨视为宝贝的态

双龙国宝墨

　　明　尺寸不详。北京故宫博物院藏。

　　此墨为传世品，呈椭圆形，一面中央有阴文楷书"国宝"二字，并模印二龙上下环绕。另一面中央为阴文楷书"大明永乐年造"6字年款，四周饰以如意式堆云纹。

叶向荣风云际会墨

　　明万历　长10.6厘米，宽3.8厘米，厚1.3厘米。北京故宫博物院藏。

　　正面雕龙、虎相遇图，背面题阴文楷书"风云际会"四字，下有阳文楷书"徽（州）婺（源）叶向荣监制"款。

程君房蟠螭纹圆墨

　　明　直径8.8厘米，厚1.6厘米。北京故宫博物院藏。

　　此墨系典型的明代墨品。其以深刀阴雕墨模，刀法简洁流畅，纹饰精美生动，所雕螭体粗健浑圆而不臃肿。

江正玄玉墨

　　明嘉靖　直径8.1厘米，厚0.9厘米。北京故宫博物院藏。

　　墨饼两面均凸起边框，墨面雕刻一条螭龙升降于云水间，墨背题阳文篆书"玄玉"，墨侧题"嘉靖庚子晴川江正制"。

黄长吉玉兰形墨

明万历 高6.8厘米，长径2.3厘米，短径1.1厘米。北京故宫博物院藏。

墨圆雕作玉兰花苞形，造型逼真。一枚花瓣上镌"长吉"篆文小印。

叶茂实制墨

南宋 尺寸不详。江苏博物馆藏。

1977年，在江苏武进县一座南宋墓的考古发掘中，出土了半块残墨，经专家考证，该墨为叶茂实所制，油烟墨，墨样朴实雅观，是这一时期的代表作品。

度由此可知。

再补充一点，将墨埋藏在石灰中，即使遇上梅雨季节也不会发霉，这也是一种收藏墨的方法。

制墨名家

古代制墨名家有数百人，现介绍其中的代表人物：

李惕：唐代制墨名家，是后世制墨名家李超、李廷珪之祖。

祖敏：唐代制墨家，以鹿角胶煎膏后凝烟成墨。

李超：五代南唐制墨名家。原名奚超，唐末与其子从易水南迁到歙州。用捣松和胶造墨，深受李后主之赏识，赐李

翰林风月墨

南唐·李廷珪 29.8×7.8×0.9厘米，台北故宫博物院藏。

正面有泥金草书"翰林风月"四字。这方古墨装在一个缎袋里，袋两面乾隆臣董诰满录楷体《御制李廷　古墨歌》与《御制墨云室记》。

千岁墨金墨

　　宋　长14厘米，宽3厘米，厚0.5厘米。扬州博物馆藏。

　　牛舌形，残重20克。正面中间饰阳文鱼形，其内竖排"千岁墨金"1行4字，字为篆书阳文，其下有篆文钤印一方长方形印戳。

东山贡墨

　　宋　长14.9厘米，宽3.9厘米，厚1厘米。扬州博物馆藏。

　　墨锭为牛舌形，重四十克。正面阳文楷书"东山贡墨"4字，字四周有双线方框，背面素纹。此墨为模铸松烟墨，字表面采用了泥金工艺。

　　姓，被封为墨务官，以他制的墨为宫廷佳品赐给近臣。

　　李廷珪：李超之子，南唐制墨名家，是"徽墨"的奠基人。

　　潘谷：宋代制墨名家，安徽歙州人，制墨精良。

　　晁说之：宋代制墨名家，编《墨经》三卷，主要论述产松之地、烟煤制造之方法，以及古代著名的墨工等。

　　戴彦衡：宋代制墨名家，他认为制墨取烟以黄山松最佳。

　　叶茂实：宋代制墨家，制墨时在胶内加秦皮、木贼草、当归等。

　　程君房：字幼博。明代制墨家，安徽歙县人。制墨以"玄元灵气"为代表，墨用桐油与漆烟合用。著有《程氏墨苑》。

　　方于鲁：字建元。明代制墨家，安徽歙县人。传世的有天符国瑞、青麟髓、木兰、文彩双鸳鸯等髹彩墨，更是创举。著有《方氏墨谱》。

　　方瑞生：明代制墨家，其墨绝妙，造型工巧。著有《方瑞生墨海》。

　　邵格之：明代制墨家。安徽休宁人，是休宁派的创始人，也是集锦墨的创始

程君房云来宫阙墨

　　明　长13.9厘米，宽5.2厘米，厚1.3厘米。北京故宫博物院藏。

　　此墨松烟制，色黝无彩。其造型规整厚大，饰纹呈浮雕状，刀法爽利且层次分明。程君房墨品多呈现此风格，此亦为明墨之主要特征之一。

依然研北此龙宾墨

　　明　长12.5厘米，宽7.8厘米，厚1.5厘米。上海道明拍卖有限公司2008年拍卖，成交价13.44万元人民币。

　　程君房制，瓦形，四周起廓，正面模印松山亭台、老者赏香图，刻画细腻，意趣生动。背面四周顺廓势，模印变形夔龙纹，描金，上方描青"依然研北此龙宾"7字。

赤水珠墨

明　直径7.2厘米。上海嘉泰拍卖有限公司2007年拍卖，成交价4.51万元人民币。

明代制墨名家程君房制。墨呈十二弧圆型，边饰凸塑海涛纹，间模连续回纹，中心以海水为地，饰海中六宝，中心"赤水珠"，钤"君房"篆书印。

天府永藏墨

明　长15.8厘米，宽8.4厘米，厚1.3厘米。北京保利国际拍卖有限公司2009年拍卖，成交价3.36万元人民币。

"天府永藏"采用朱文叠篆，组字方正莹劲，直角硬折，曲转多姿，背镂一龙，一侧篆书"程君房监制"。

游成美墨

　　明　长9.5厘米，上海工美拍卖有限公司2009年拍卖，成交价3.92万元人民币。
　　方于鲁制。长方形，两面各镌一对宝瓶，上刻"游成美墨，方于鲁珍藏"。侧面阳刻"天启贰年造"五字。

龙九子砚式墨

　　明万历　直径12.5厘米，辽宁中正拍卖有限公司2007年拍卖，成交价5.72万元人民币。
　　程君房制。墨色泽古旧，取圆型古砚制式，模印龙九子腾跃图，纹饰精美，生动传神。背面模印龙王首及篆书"九子"二字。

百子图墨

　　明　直径11.9厘米，北京保利国际拍卖有限公司2009年拍卖，成交价5.6万元人民币。

　　方于鲁制。墨圆形，边缘带棱。墨模制"百子图"纹样，童子嬉戏玩耍，神情动作各异，绘刻极精工。

经之墨

　　明　直径10.5厘米。北京保利国际拍卖有限公司2009年拍卖，成交价31.36万元人民币。

　　墨呈瓦当式，两面中央为凹入的圆盘，厚重古朴。下端磨过。一面饰四爪团龙纹，一面中间以篆书阳刻"经之墨"，四周浮雕螭龙纹边饰，侧有"嘉靖"二字楷书款。

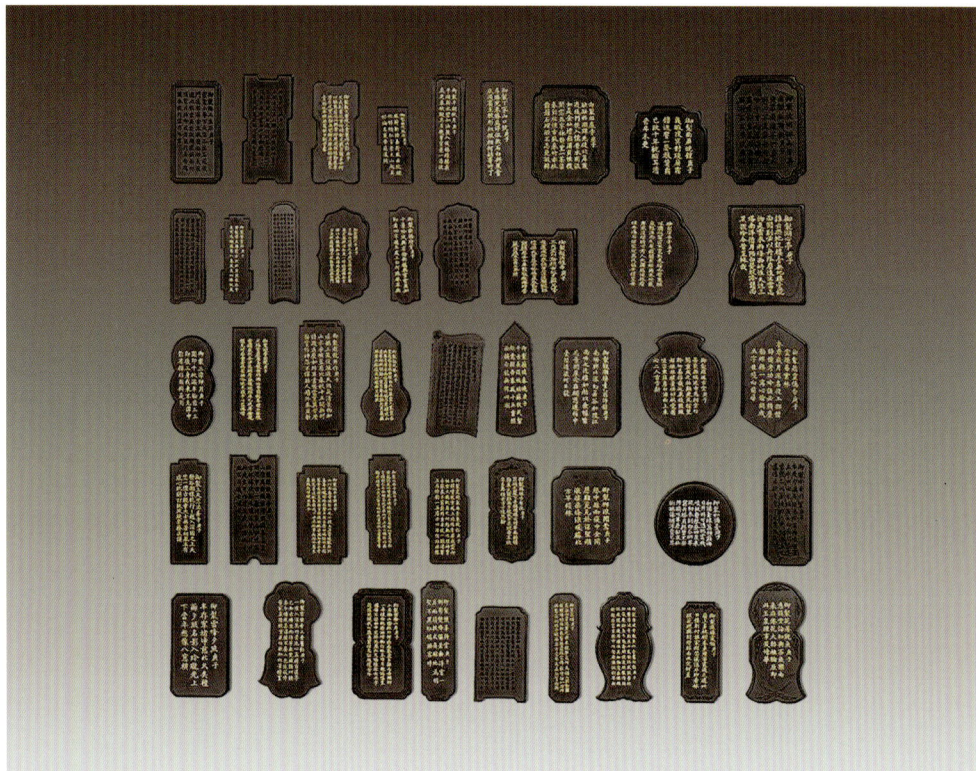

西湖四十五景墨（45锭）

　　明　尺寸不一。中贸圣佳国际拍卖有限公2009年拍卖，成交价11.2万元人民币。

　　汪节庵制。通体漆衣，形状各异，图案各不相同，雕刻之精极为少见，至今保存完好。

摊书阁墨

　　明　直径9厘米，北京保利国际拍卖有限公司2009年拍卖，成交价8.96万元人民币。

　　吴万化制。圆形，窄边缘隆起，一面为篆体"摊书阁"，字体修长俊秀。另一面模印高士出游图。

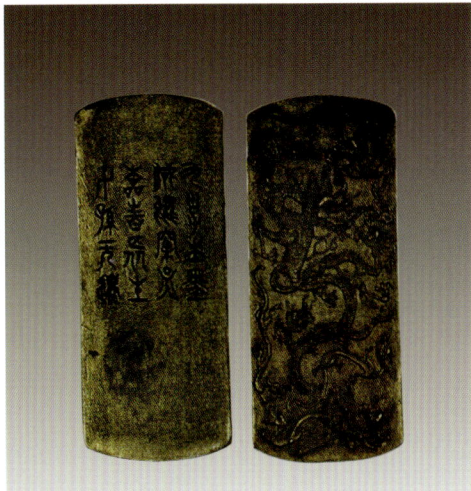

龙九子墨

　　明　尺寸不详。北京故宫博物院藏。

　　吴去尘制。形如牌状，四边不出沿。一边有龙生九子纹饰，一边有仿金文刻铭。墨质紧密，墨色深沉。

人。存世有文玩、世宝、蟠螭等墨。

　　罗小华：明代制墨名家。采用桐油、煤烟制墨，所制成的墨有"坚如石，纹如犀、黑如漆，一螺值万钱"的美誉，当时人们重资争购。

四大墨谱

　　指明万历年间的《方氏墨谱》《程氏墨苑》《方瑞生墨海》和《潘氏墨谱》四部墨谱。

　　《方氏墨谱》：六卷，方于鲁辑，丁云鹏、吴廷羽、俞仲康绘图，黄德时、黄德懋等镌刻，共收录方于鲁所造名墨图案和造型三百八十五式，分国宝、国华、博古、法宝、洪宝、博物六类。

　　《程氏墨苑》：程君房辑，丁云鹏绘图，黄鏻、黄应泰、黄应道镌刻，共收录程君房所造名墨图案五百二十式，有彩色图版，分玄工、舆地、人官、物华、儒藏、锱黄六类，附"人文爵里"。

　　《方瑞生墨海》：十二卷，方瑞生辑，郑重、魏之璜绘图，黄伯符镌刻，共收古墨造型一百四十八式，方瑞生造墨图案二百三十四式。

　　《潘氏墨谱》：二卷，宋李孝美辑，明万历年间歙县潘膺祉如韦馆刊。此谱主要讲制墨工艺过程，插图八幅，另有李廷珪墨图案造型三十二式。

附朱墨法

　　制作朱墨的方法是：用好朱砂一两三钱，红朱二两，再用秦皮水煮胶，用清水浸泡七日七夜，倒去浮在墨胶上面的清水，放到太阳光下渐渐晒到干湿适度为止。然后用墨印制成型，放在砚里细细地磨，用起来效果很好。还有一种方法是在其中加入藤黄、花朱或白芨研磨。

　　明代成化、嘉靖年间的朱砂墨，品质好极了。

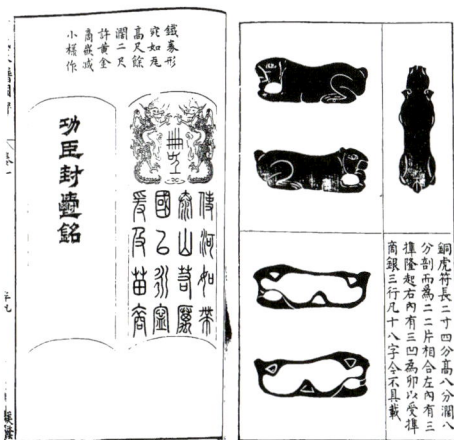

方氏墨谱

　　明万历　方于鲁撰《方氏墨谱》六卷。北京纳高国际拍卖有限公司2010年拍卖，成交价88.48万元人民币。

　　明万历方氏美荫堂白绵纸刻本，1函8册。

朱砂墨

明　最长11.8厘米，最宽7厘米，最厚1.5厘米。浙江萧然拍卖有限公司2010年拍卖，成交价16.8万元人民币。

成桃核形，明代制墨名家罗小华制。

论纸

高子说：汉代之前没有纸，当时人们书写使用的是竹简或木牍。竹简也叫汗青，其制作方法是，先用小火炙烤竹片，让竹片里的水分流出来，然后去掉青皮，这样才能书写。到了东汉时期，蔡伦改进了造纸术，造福后代。开始，是把旧渔网捣烂用来造纸，这样的纸叫做网纸；把破布捣烂用来造纸，这样的纸叫麻纸；把树皮捣烂用来造纸，这样的纸叫榖纸（榖即楮树，也就是枸树，树皮是中国古代造纸原料。"楮"古时亦作纸的代称）。

四川出产有凝光纸、云蓝笺、花叶纸、十色薛涛笺，这些合称叫蜀笺。

此外，还有侧理纸、松花纸、流沙纸、彩霞金粉龙凤纸、绫纹纸、短帘白纸、硬黄纸、布纸、缥红纸、青赤绿桃花笺、藤角纸、缥红麻纸、桑根纸、六合笺、鱼子笺、苔纸等。唐德宗建中年间，造有女儿青纸、卵纸。宋代有澄心堂纸、蜡黄藏经纸、白经笺、碧云春树笺，还有

龙凤印边三色内纸，有印金团花并各色金花笺纸，有藤白纸、砑光小本纸。南唐李后主时期制作的会府纸，长两丈，宽一丈，厚得像几层绸子。北宋陶谷家中藏有几幅鄱阳白纸，每幅很长，像一匹白绢。

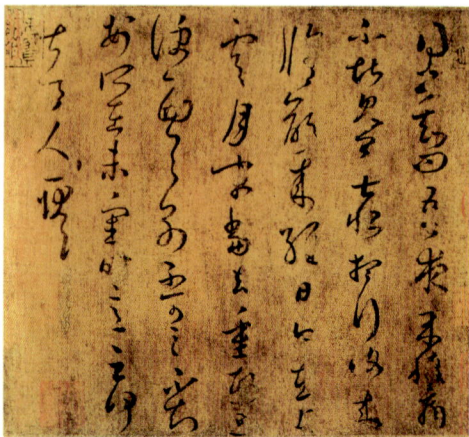

上虞帖

晋　王羲之，唐摹本。草书，硬黄纸，纵23.5厘米，横26厘米，上海博物馆藏。

硬黄纸本。在唐代，对晋王羲之等名家作品进行了双钩临摹，用的多是硬黄纸。

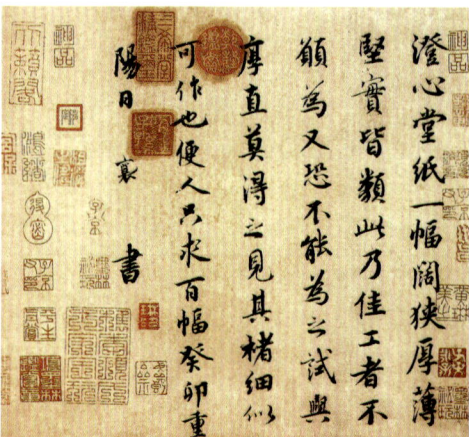

澄心堂纸帖

北宋·蔡襄　纵24.7厘米，横27.1厘米，台北故宫博物院藏。

蔡襄写此信札，所用正是澄心堂纸，目的是为了委托他人代为制作或是搜寻纸中名品——澄心堂纸，很可能就是蔡襄用来作为澄心堂纸的样本。

还有西山观音帘纸、鹄白纸、蚕茧纸、竹纸、大笺纸。元代有黄麻纸、铅山纸、常山纸、英山纸、临川小笺纸、上虞纸等。又如子邑纸（又叫左伯纸。左伯，字子邑，东汉人，制成细腻光洁又有韧性的新型纸。子邑纸与张芝笔、韦诞墨当时被称为文房三大名品），美丽精妙，闪闪发光，这些都是世人所称道的。

现在制作的楚中粉笺、松江粉笺，是纸中品级最低的，一发霉便烂了，陶谷所说的"化化笺"就是这类纸了。这种纸只可用作上厕所的手纸，这就是化化笺的作用之一。另外，店铺里把它用来包米面、中药、水果之类的东西，这是化化笺的另一个作用。总之，这种纸不能用来书写。

现在皇宫中使用的细密洒金五色粉笺、五色大帘纸、洒金笺，还有一种等白笺，又硬又厚如同板子，两面都砑光，像羊脂玉那样洁白。另有印金花五色笺纸。宫中还使用一种瓷青纸，像绸缎一样光滑

黄色写经纸

元　纵40厘米，横62厘米。北京故宫博物院藏。

纸张原料为麻类植物，品质硬实柔韧。纸张经黄檗汁浸泡，呈现淡黄色，具有防蛀作用。表面涂有黄蜡，既能够防潮，又呈现出特有的光泽。

坚韧，非常珍贵，大多用来抄写泥金佛经。有一种蓝色的瓷青纸，质地要薄，品质并不是很好。高昌国生产的金花笺，有五色的，可以用来作描金山水画。高丽国出产有绵茧纸，颜色白得像缎子，坚韧得像布帛，用它来写字，发墨的效果惹人喜爱。还出产一种等皮纸，用来做帘子、做雨帽、做书夹，坚实厚重得像是用油涂抹而成，中国不生产这种纸，但也可算是珍品了。

现在可以用作书写的纸，当推吴中出产的无纹洒金笺纸最好。松江府近年出产的谭笺，不用粉上光，用荆川帘纸一层一层地粘起裱厚，然后砑光，再用蜡打上各色花鸟，坚实润滑得可与宋代的纸媲美。又如新安新近制作的仿宋藏经笺纸，品质也很好。吴中近来也在仿宋藏经笺纸，但不像宋笺那样抄成经文后还是那样坚韧，有丝织品一样的性质，流传几百年后还能揭开来使用。现在仿制的宋纸，纸质始终很脆，保存时间稍久就会发霉，裱糊之处便松脱了。

现在流行使用的花边格子白鹿笺，用来写信、题诗很方便，我就有几十种样式。不过，用绿子水和槐黄水煎出来的颜色印花边格子的白鹿纸，就更雅致了。若用蓝色和红色来印格子，都不好。又如蜡砑光五色笺，也以白色、松花色、月下白色、罗纹笺为好，其余颜色的都不上档次而能供人赏玩。两个人体重很重，碾压出来的纸质地和光泽都很精美，又不会损坏下边支撑的板子。如果是用水打湿一张纸来浸润十张纸碾压而成，质量就不好了。不过，用白蜡砑光的纸最受墨，用蜜蜡砑光的纸遇到墨就散成珠团，墨色便描写不

蜡印故事笺

明 纵31.5厘米，横130厘米。北京故宫博物院藏。

选用上等坚韧、细帘纹的树皮为材料，制作精细，表面少量施粉。纸上矸印"葛巾漉酒图"人物画暗花纹，可以在侧面或者透过灯光看到花纹。

竹纸

明 纵42.1厘米，横56.7厘米。北京故宫博物院藏。

纸质柔软，单薄，呈现半透明状。由于年代久远，纸张多处有泛黄的迹象。明代，随着制纸技术的进步，竹子用作造纸原料成本低廉，竹纸开始位居纸业制造和使用的主导地位。

上去，真是令人遗憾。以上所记载的，供大家参考。

造葵笺法

每年的五六月间，早上把蜀葵的叶子连带露水一起摘下来，捣烂后取出汁水。

把又硬又厚的孩儿白鹿纸裁成大小合适的纸笺。

向葵汁内加少量的细云母粉和少量的明矾，将其调和均匀盛入大盆内，将纸放进去拖染均匀后再挂起晾干，有的可以矸上各种花形，有的就直接用光素的纸，那颜色绿得可人，很有蜀葵在野的意趣。

染宋笺色法

取黄柏一斤，将其捣碎，用水四升浸泡一伏天，然后熬到只剩二升为止，备用。

橡斗子一升，照上述方法煎水后备用。

再用五钱胭脂，颜色深的才好，用热水四碗浸榨出红色。

以上三样东西分别都变成浓汁后，分别用大盆子盛上。把又硬又厚的观音帘纸，先在黄柏汁里来回拖动一次，再在橡斗汁里来回拖动一次，最后在胭脂汁里拖动一次，并认真观察颜色的深浅以进行加减。最后，一张一张地晾干，便可使用了。

把纸刷一次，挂着晾干。再将明矾泡在热水里，再把纸刷一次，挂起来晾干。

用这种纸作画，俨然像生纸一样。如果藏放二三个月后使用，效果更妙。拆下旧裱画卷的绵纸作画，效果也很好。如果有这种纸，应珍藏起来。

造捶白纸法

方法是：采集黄葵花的根若干，将其捶捣，提取出汁水。再盛一大碗水，把一二汤匙黄葵花根汁放进水里搅拌均匀。用这方法可使纸不粘连且又润滑。如果根汁用多了，反而会粘结，这样也是不好的。

取十幅纸，在最上面的一幅刷上根汁使纸润湿，如法再加干纸十幅，累积放到百幅也无妨碍。若纸较厚，就七八张一叠隔开，多放几张也没有妨碍。最后用厚石板压在最上面的纸上，经过一夜后揭开，纸也就浸透了。如果还有点湿，便将其晾干；如果不湿，便平铺在石板上，再用纸槌敲打一千多下。揭开将其完全晾干，再叠压一晚上，然后用纸槌敲打一千多次，

御制淳化轩刻画宣纸

清 纵65厘米，横130厘米，北京故宫博物院藏。

此纸唯内务府制作，民间不见流传。纸为三层托裱而成。其中一层纸刻出龙的图案，再用两层宣纸将其夹托起来，迎光视之，夹层间的龙纹便透现出来。

染纸作画不用胶法

用胶矾染成的纸，在上面画出的画没有文雅之气，但如果不这样就不能着色。染的法是：将皂角捣碎，放在清水里浸泡一天，再将其放到砂锅里煮一炷香的时间，将皂角渣滤净后调均匀，用这种汁水

宣德描金云龙纹粉纸

明宣德 纵31厘米，横72厘米。北京故宫博物院藏。

宣德贡笺为当时的名纸，分五色粉笺、金色五花笺、金色大帘纸、磁青纸等，原本为宫廷专用，后流入民间，作装潢用纸。

使纸发出光泽而与蜡笺差不多那样才好。

我常常用这个方法来制纸，只是操作起来非常辛苦。

造金银印花笺法

用云母粉，同苍术、生姜、灯草煮一天，用布包起揉搓，再用丝绢包起来揉搓，愈揉愈细，以揉到最细为好。粉汁收起来，将几层绵纸放在灰缸上，把粉汁倒在绵纸上浸干。

取五色笺，将各色花板平放，再用白芨调粉，刷到印花板上，再将纸反扣在板上拓印。要一张一张地拓，不可重叠，这是为了使花色更清楚地显示出来，这样制作成的花笺就像刷上了一层银粉。如果用姜黄煎汁，同白芨水调粉刷板拓印，制作成的花笺就像刷上了一层金粉。这两种方法制出的纸都富有雅趣。

造松花笺法

取槐花半升，炒到焦黄，再用冷水三碗煎成汁液。取银母粉一两，明矾砚五钱，将其磨细，先放入盆内。然后将槐花汁煎熬，用绢过滤，才放入盆中搅拌均匀，拖纸的颜色以稍淡些的为好。文房中除这种笺纸外，其他的都没必要准备。

论砚

古代名砚

端砚

高子说：砚为文房四宝中最重要的器具，古人把端溪出产的端砚视为第一等。

端溪的砚石产地有新矿与旧矿之分。旧矿出产的砚石颜色青黑，色泽温润如

七十三柱眼抄手端石砚

宋　长25.5厘米，北京中拍国际拍卖有限公司2005年拍卖，估价68万—85万元人民币。
该砚背部利用端石特有的柱眼，雕成73根柱形，砚的形式为抄手砚。

蝉形青花端砚

北宋 长19.6厘米,安徽省六安市文物管理所藏。

青花是端溪砚石中较名贵的一种花纹,素来有"青花,石之细纹也","鉴别端石,以青花为最佳"的说法。

端石雕蟾纹长方砚

宋 长19.8厘米,宽12厘米,高6.5厘米。北京故宫博物院藏。

砚石石质较粗,长方形,略有剥蚀,砚堂呈椭圆形,砚额雕刻弯月形砚池,上部又雕出云形和叶形双水池,砚面左下角雕饰蟾蜍吞吐云气。侧面分别雕饰海马、鱼、象、牛等动物。

玉,上面长有石眼,石眼有五六道深绿色的光圈,而中央部分微微泛黄,黄色中又有黑点,黑点的形状很像鸲鹆(即八哥)的眼睛,所以就拿鸲鹆来给带石眼的砚来命名。石眼又分为三种:光圈多晶莹透明的,叫做"活眼";石眼朦胧光圈模糊不流畅的,叫做"泪眼";虽然具有眼的形状,但内外焦黄没有光圈的,叫做"死眼"。因此有"死眼不如泪眼,泪眼不如活眼"的说法。人们把石眼长在砚池上的叫做"高眼",这是最好的;把石眼长在砚池下部的叫做"低眼",属于第二等。端溪旧矿坑只有北岩出产的砚石有眼,其余矿坑出产的砚石有的有眼,有的无眼。带眼的砚石中,有的有七眼,有的有三眼,有的有五眼,数量不等,像天上的星星那样无规则排列。有的砚石上面有十几个眼,上下错落生长在砚石上面。

端砚上面有的有小米大小的白点,但只

有贮水后才会隐隐现出,敲击它没有声音,磨墨时也没有声音,这是下岩出产的砚石,现在已很少见到了,如果有便是稀世珍宝。

上岩、中岩出产的砚石,都是灰中带紫像猪肝的颜色,总是只有一个石眼,光圈少而形状大,像公鸡的眼睛,敲击它和它磨墨都有声音,质地也较粗糙,这就是现在常见的端石。欧阳修认为端石中的子石最好,因为子石包裹在大石当中,是石料的精髓,发墨光润,贮水后水也不易损耗,是最可贵的。古时有一种用来进贡给朝廷的端砚,没有石眼,但其质地细腻,磨出的墨黑而有光泽,这一定是下岩中的石料。我想可能是宋代官府索要的贡砚太多,没有功夫去打磨出石眼的缘故吧。需要指出的是,砚的好坏贵在能否发墨,并不在于有没有石眼。没有石眼的砚,只要不被庸俗之人据有玩赏,对于鉴赏家来说并没有什么妨碍。

端石高空悬月抄手砚

明 长19.1厘米，宽11.2厘米，高6.9厘米。北京故宫博物院藏。

旧坑端石，长方形抄手式，池上圆形石眼宛如高空悬月，妙趣天成。砚首侧壁镌刻乾隆御铭并"比德"篆书小印。砚背面密布大小石柱眼，巧作成76柱。砚底上首镌刻"眉山苏轼"方印。

歙砚

歙石出产于龙尾溪的，石质坚硬且容易发墨，所以前人大多用它制砚，其中以金星石为最贵重，石质纹理略粗，用手抚摸感觉索索有声而锋芒尖锐的最好。歙溪出产的罗纹石，有网状纹理，细润得像玉石；刷丝石，其纹理像头发那样细密；金银间刷丝石，纹理也很细密；眉子石，纹理像鳞甲的波纹。这些是旧矿坑出产的四种砚石，颜色都是青黑的。新矿坑出产的罗纹石上的纹理像萝卜的纹理，刷丝石每两条纹理相距一二分，眉子石上面的娥眉有的长达一二寸。金星砚有的出自新矿坑，有的出自旧矿坑，石头颜色虽是淡青色，但质地都很粗糙。银星砚无数出自新矿坑还是旧矿坑，也是这样。所以歙石制作的砚，有龙尾、金星、娥眉角、浪松纹等名称。

王丘六足莲花奉双凤池歙砚

唐 长35.9厘米。北京中拍国际拍卖有限公司2005年拍卖，成交价126.72万元人民币。

此砚为箕形砚的一种，六足，"王丘"款。箕形砚因其又似风字，所以又称"风字砚"。

龙尾歙砚

明 长22.3厘米，宽14.8厘米。首都博物馆藏。

砚成长方形，体大面宽，砚堂色青且纹理丰富，变幻不定。砚边高出，左右、上端边沿略宽，且浅雕勾连云纹，刀工洗练，为明代典型风格。砚背面有明代戏曲家汪伯玉题"旧歙石砚铭并叙"。

沅州石砚

有一种石头出产于湖广沅州（今南省怀化芷江），深黑色，也有小石眼，能够制作砚台，命名为"黑端"。沅州人把它开采出后打磨成犀牛、鱼、龟、荷叶、八角等式样的砚台。

黎溪石砚

黎溪石表面呈淡青色，里面深紫中带红色，质地很细润，使用得越久越发光亮。深紫带红里，又有黄色的脉纹相间其中，所以俗称"紫袍金带"。有伪造这种砚的，是用药水深深染色而制成，留有痕迹。

洮河石砚

洮河出产的一种绿石，颜色绿中带蓝，细润如玉，制成的砚发墨和端溪下岩石制成的砚相比也不逊色。这石料出自陕西，因埋藏于河床深处，所以很难采得。现在称为洮砚的，其实都是黎石的表皮制成的，那是长沙山谷中出产的石头，只是光亮而不发墨。

兰亭修禊图洮河绿石砚

宋 长24.3厘米，宽14.8厘米，高6.8厘米。安徽省博物馆藏。

正面刻"兰亭修禊图"，背面刻王羲之《兰亭集序》，四周刻"曲水流觞图"。顶端有四言诗一首，末署"王涣之"款。其余三面也有四言、五言诗，无款。

洮河石兰亭砚

明 长29.3厘米。宽17.8厘米，高7.3厘米。西泠印社拍卖有限公司2009年拍卖，成交价6.72万元人民币。

此兰亭砚古朴浑厚，端庄凝重，表面斑驳，岁月痕迹明显。砚面及砚背作鹅群，典出羲之爱鹅，砚侧浅浮雕兰亭修禊图，茂林修竹，群贤毕至，吟诗作画，畅叙幽情。

金星石砚

广东万州悬崖上产的金星石，颜色黑得像漆一般，光滑润泽如同玉石，用水浸润，金星之状便自然现出，水干了便没有金星的痕迹了，且发墨很好，用久了也不会减退，其品位在歙砚之上，只有端溪下岩石制作的砚可与它媲美。

衢石砚

浙江的衢石砚，黑色的也很好，但发墨不够好。

其他砚

其他如黑角砚、红丝现、黄玉砚、褐色砚、紫金现、鹊金墨玉石砚，都产自山东。水晶砚，发墨和歙砚一样。蔡州产的白石砚、浮盖山的仙石砚、丹石砚，唐

冯异龙背飞虎青石砚

　　东汉　高17.5厘米，直径29.6厘米，2005年拍卖估价880万—1000万元人民币。

　　三足圆形盖砚，砚盖雕饰为两条互相缠绕的透雕巨龙和一只立雕飞虎，砚底雕有一幅"大树将军歇马图"，砚盖周边有"建武二年"等篆刻铭文。

青花釉里红瓷砚

　　元　长26.5厘米，宽17厘米，高5厘米，北京中嘉国际拍卖有限公司2008年拍卖，成交价110万元人民币。

　　以苏泥勃青料和釉里红绘画纹饰。双砚池一龙一凤生动活泼，造型独特，端庄大方，绘图飘逸自然，保存完好无损。

杜如晦仕女形红丝石砚

　　唐　高10厘米，直径24.5厘米。北京中拍国际拍卖有限公司2005年拍卖估价880万—1000万元人民币。

　　总体杏黄色，局部暗红，略显黄丝纹。砚底正中阳刻篆书"唐"字，周围篆书铭文"贞观元年，杜如晦砚，房玄龄书"。

白瓷辟雍砚

唐 高7.2厘米，直径14.8厘米。中国国家博物馆藏。

辟雍砚始于东汉后期，宋以后不多见。唐代辟雍砚的特点是砚面高凸，砚足的数目明显增加。辟雍砚是砚史上独具特色的一个品类。

州的唐石砚、宿州的宿石砚、吉州的紫石砚、淄州的黄金砚、金雀石砚，青州的石末砚、熟铁砚、紫金石砚，可以用发墨不好。青石砚、蕴玉石砚、戎石砚、绛石砚、淮石砚、宁石砚、宣石砚、吉石砚、夔石砚，像漆一样黑而且发墨。明石砚、万州磁洞石砚、相州铜雀瓦砚、未央宫瓦头砚、柳州柳石砚，出自龙壁。成州的成石砚，出自栗亭。泸砚、潍砚，南剑州的鲁水砚、宿州的乐石现、赣州的澄泥砚、登州的驼基岛石砚、归州的大陀石砚、江西宁府的陶现（形状像铜雀）、高丽砚（砚上凿有花纹）、梁公现、银现、铜砚、砖砚、漆砚、蚌砚、瓷砚，这些砚的出处不可能完全记载出来了。

名砚品鉴

众多的砚石中，龙尾砚发墨最好，砚池里的墨积存很久也不会干涸。端溪砚无论好坏都能发墨，其中又有受水后干燥湿润的区别。罗纹砚的质地超过了龙尾砚。铜雀砚沉入水中十年，仍然保持原来很细腻的质地，容易发墨而不容易干涸，且不损伤坏毛笔。其他的就值不得谈论了。

唐代的澄泥砚，品质数第一，可惜流传下来的太少了，现在的人很难得到。古代的著名澄泥砚，如陈省躬的仙翁砚、陶谷的两池圆砚（砚名璧友）、鲁公的雪方池砚、周彬友人的金十玉海砚、徐阐之的小金成砚、宣城的四环鼓砚、李后主的生水砚（砚里有黄石子，石子在就有水，石子不在砚就会干涸）。孙之翰有呵水砚，一呵气就有水流出来；丁谓有水砚一方，里面放满墨水，墨水在炎热的夏天也不会干涸；刘义里的造丸砚；丁宝臣的绿石砚，也就是绿豆端，也称玉堂新制，送给了王安石，所以王安石为此而写有"玉堂新制世争传，况是蛮溪绿石镌"的诗句。苏轼的砚上刻有"千夫挽绠，百夫运斤，篝火下锤，以出斯珍"的铭文，这是说的端溪下岩石制成的端石砚，在宋代就如此难于采得，何况现在又过了几百年了，怎么能够轻易得到呢？

我所见过的砚台有上百方，且都是名砚，不可能逐一详细地全记录下来。现在只列举其中最宝贵的谈一谈：如端溪天成七星砚、玉兔朝元砚、子石砚、三角子石砚、天成风字玉砚、碧玉圭砚、古瓦莺砚、天然龙尾石砚、八棱澄泥砚、石渠阁瓦砚、德寿殿犀纹石砚、豆斑石砚、洮河绿石砚、灵璧山石砚、龙尾石筒瓦砚、未央宫砖头砚、绿端石砚、兴和砖砚、银丝石砚、天潢砚、山字子石砚等，这些都是

苏轼鹅式澄泥砚

宋 长12.7厘米，宽8.8厘米。北京故宫博物院藏。

传为北宋苏轼遗物。鹅回首曲颈将嘴插入尾部羽毛内，整个身体作墨池，既便于贮墨，又便于搦笔。砚的背面刻阴识隶书砚名"鹅戏"，旁又阴识隶书"东坡居士轼"。

荷鱼朱砂澄泥砚

明 长24厘米，高2.2厘米。天津市艺术博物馆藏。

砚雕成鲤鱼侧卧于荷叶上，鱼身为砚堂，鱼鳍、叶边翻卷成砚缘，尾、鳍之间的凹槽作为砚池，构思巧妙。砚面朱红，四周及背面为黑色。

砚中为数极少而又十分精妙的，画出它们的形态，和海内的鉴赏家共同赏玩。

唉——像西晋的范乔那样把砚存放在竹箱里留给子孙作为遗产的，历史上能够有几个人呢？能看轻金玉而珍视砚石的，又有几个人呢？况且好砚不得其主的，不知道又有多少了。其中沉于深渊、掩埋在泥土里、毁于兵火、败于颠覆、受困于人间暗算、被困于书呆子身边的，又何止千百件呢？真是令人痛惜！

奇砚图二十方

下面附录的珍贵砚台图，都是我在十多年间走南闯北所见到的，或珍藏在世代贵显的名门世家，或珍藏在著名文士之手，或流落在市场店铺里，被我花大价钱购买到手，这些都是普通的鉴藏家轻易不能见到的，只看图式未必认为都是珍奇的砚台。这些砚台即使其中有一两件平常人还能够得到，也绝非是平常的物品。因此，我经常欣赏这些珍贵的砚台质地的坚硬细腻，雕工的高超圆滑，砚石的美妙颜色和神奇光彩，敲击时声音的清脆悦耳，砚体的厚重敦实，收藏得完整无缺，传世年代的久远，这哪里是世俗人所说的砚台

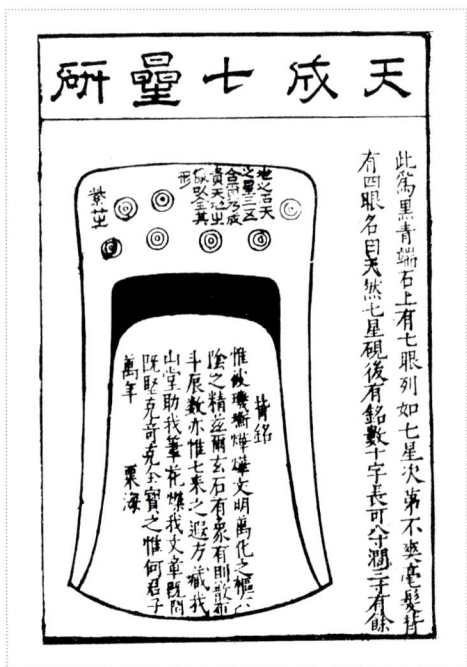

天成七星砚

墨青端石，上有七眼，排列如北斗七星，位置一点不差。背有四眼。此砚名叫天成七星砚，后有铭文数十字。长八寸，宽三寸有余。

研元朝兔玉

此为细罗纹刷丝歙砚，圆径六寸，高一寸五分，形似真五代以前物也。砚名曰玉兔朝元研，建中靖国元年改制。张九成又三行云：子子孙孙来古用之。祥伴墨兮增光，出煨烬兮不败，伊苏民兮其昌……

玉兔朝元砚

细罗纹刷丝歙砚，圆径六寸，高一寸五分，正面有葱色兔子和明月两个图案，精美得好像画出来的一样，并不是凭借凹凸效果显现出来的形状，真是五代以前的宝物。此砚名叫玉兔朝元砚。边刻"建中靖国元年改制"，下刻篆书："一拳石兮呈祥，俾翰墨兮增光。出煨烬兮不败，伊苏民兮其昌。张九成识。"又有两行字："子子孙孙，永古用之。"

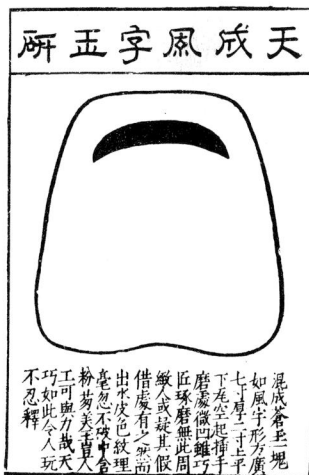

研玉字風成天

混成苍玉一块，方广七寸，厚二寸，上平下瓦状空起，伸手摸微凹。真巧琢磨，无此精细。或疑其为人工，出水皮色纹理丝毫不断，中有粉葱美玉，巧如此令人玩不忍释。

天成风字玉砚

混成苍玉一块，方广七寸，厚二寸，上平下瓦状空起，伸手触摸微凹。就算是巧匠琢磨，也没有这么精致细腻。因此有人怀疑是人造的，但出水纹理丝毫不断，中间还有粉葱美玉，哪里是人工能够做到的？大自然的神工鬼斧，令人爱不释手。

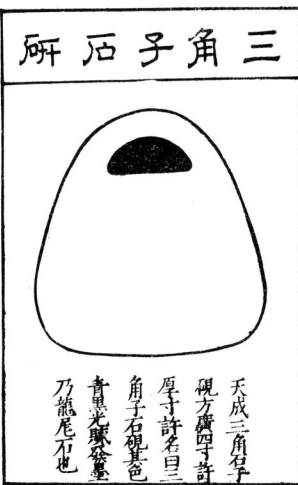

研石子角三

天成三角子石砚，方广四寸许，厚寸许，名曰三角子石砚。其色青黑，光滑发墨，乃龙尾石也。

三角子石砚

天成三角子石砚，方广四寸左右，厚一寸，名叫三角子石砚。其色青黑，光滑细腻，发墨，是龙尾石制成。

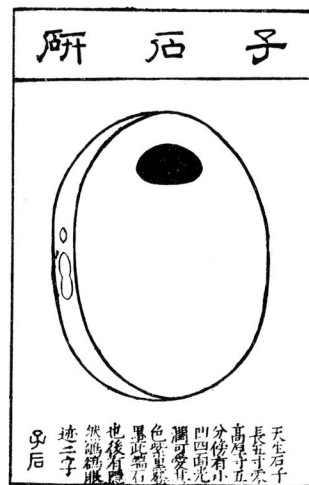

研石子

天生子石，长五寸，厚寸五分。旁有小凹，四面莹润可爱。其色紫黑发墨，端石也。背后隐然有鸲鹆眼，另有"子石"二字。

子石砚

天生子石，长五寸，厚一寸五分。旁有小凹，四面莹润可爱。其色紫黑，发墨，这是端石。背面隐隐约约有鸲鹆眼，另有"子石"二字。

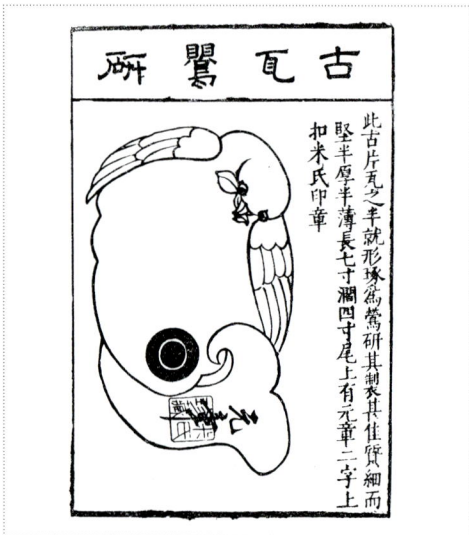

碧玉圭砚

　　碧玉圭形砚，长七寸多，厚一寸，四面满布土锈色黄沁，背面半截露出菜绿色，为绝品碧玉。砚池光滑莹润。这是秦汉时的旧物。

古瓦莺砚

　　这是半片古瓦，根据形状琢为莺砚，做工非常好。瓦的质地细腻且坚硬，半厚半薄，长七寸，宽四寸，尾部有"元章"二字，加刻"米氏珍藏"。

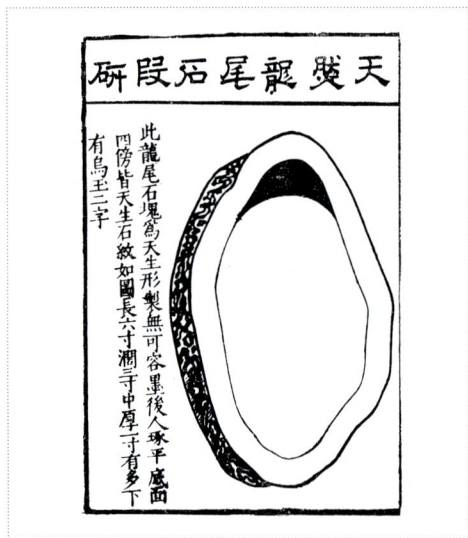

天然龙尾石砚

　　此龙尾石块为天然形状，本来不能容墨，后来底部被人琢平。地面和四周都有天然石纹。长六寸，宽三寸多，底部有"乌玉"二字。

八棱澄泥砚

　　这是唐代制作的澄泥砚，用河里淘净的泥土烧制而成，品砚的人认为此砚为砚中第一。其质地细腻好像石头一样，坚硬得如玉石一般，直径九寸，厚二寸。底部有篆书："明理宜迹，平水图璧。建武庚子。"共十二个字。砚池四周用海水波浪纹装饰，水面有跃出鲤鱼和奔马，刻法精妙，刀痕隐然，真是稀世宝物。

石渠阁瓦砚

此砚背面篆书"石渠阁瓦"四字，砚面有铭文。其质地坚硬，敲击起来声音晴朗，就像玉一样。长一尺，宽六寸，厚一寸。后面旁边有写有"嘉靖五年改制"，下有小印。

德寿殿犀纹石砚

此砚天然生成，砚面纹饰非常像犀牛的皮肤，丝毫没有加工的痕迹，而且很平整。中部开瓶式砚池，用来贮水磨墨。背面刻"德寿殿"，下面有御押。

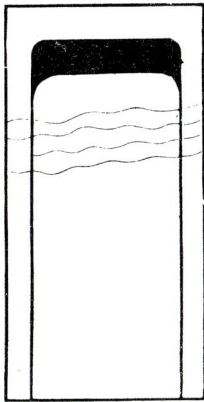

天潢砚

古砚歙石中段横截，白色如玉，俨若天潢，四面皆然。高三寸左右，长九寸，宽五寸，下面有空处，可伸进手。

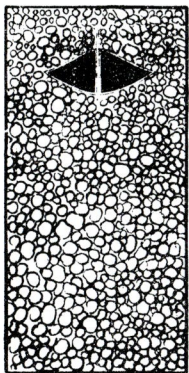

豆斑石砚

歙州石斑石制成，厚一寸左右，长七寸，宽三寸。颜色稍微呈现黄绿色，表面布满大小不一的豆斑，每个豆斑都有好几层光晕，晕圈有绿色和黄沉香色，光滑细腻，非常可爱。

研石綠洮

此洮河綠石硯也光細如玉無少差異惟不及玉之堅耳色如新綠蔥翠可愛以之方碧碧沉而深以之方来萊淡而不艷其研中實也

研瓦筒石尾龍

此龍尾石研琢如筒瓦之形而上銘刻如圖下有萬卷樓三篆字長六寸濶三寸高寸有多石色青墨堅

龍尾之英
歙之精
壽斯文
房寶堅貞

萬卷樓

洮河绿石砚

洮河绿石砚，光滑细腻，颜色和绿色玉没有什么差别，只是没有玉坚硬。颜色呈新绿色，鲜嫩可爱。用它和碧玉相比，碧玉的颜色要深；用它和草相比，草淡而不艳。真是砚中之宝。

龙尾石筒瓦砚

此砚为龙尾石制成，雕刻成筒瓦状，砚池上方铭文："龙尾之英歙之精，寿斯文房宝坚贞。"背面有"万卷楼"三个字。长六寸，宽三寸，厚二寸多，石质坚硬如玉，颜色为青墨色。

研石山壁靈

此靈壁石山面平如畫形可以受墨傍扞比甚微文長七寸許高寸上尖中肥下窄置之几上甚穩

研頭磚宮央未

此未央磚頭研也色黃黑形如腎長陸寸濶四寸厚一寸扣之聲清而堅上有海天初月四字

建安十五年

長條陽字

灵璧山石砚

灵璧山石，面平如画，中间可以受墨。砚池周围和砚背、侧面天生皱纹，长七寸左右，宽三寸，上尖中宽下窄，放在桌面上很稳当。

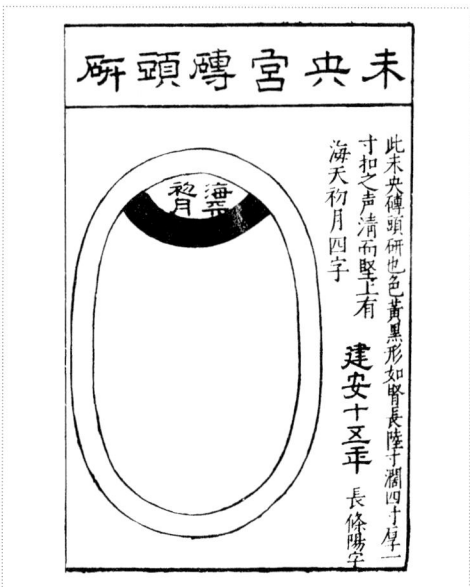

未央宫砖头砚

这是未央宫的砖制成的砚台，黄黑色，形状像腰子，长六寸、宽四寸，厚一寸，敲击它会发出清脆的声音，质地坚硬池上方有"海天初月"四字。

綠端石硯

绿端石砚，有周幼海的铭文，还有篆书"绿玉"二字。长七寸，宽五寸，厚二寸，温润如玉，敲击会发出金石般的声音。

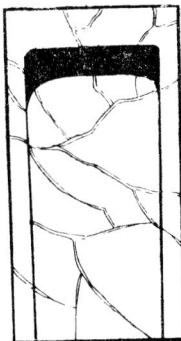

银丝石砚

银丝石砚，长五寸，宽二寸半，厚一寸，颜色漆黑，上面有银丝纹，像画出来的一般，纵横交错，花纹很可爱温润如玉，哈气成水，一定是歙石中的龙尾石制成。《砚谱》中没有收录。

啊！天下一定有见过这些砚台的人，见到的人一定会认为我的品评不会相差很远。

我虽然称不上见识广博，但所见到的这些砚台绝对是佳品。我担心这些砚台随着时间的推移被人们忘记而湮没，便将其用图录的形式记载下来。自愧笨手拙笔，不能淋漓尽致地描绘出这些各具特点的砚台。但若是让我胡乱吹捧，我也不擅长。

高似孙砚笺诸式

凤池砚、玉堂砚、玉台砚、蓬莱砚、圭砚、辟雍砚、房相砚、郎官砚、风字砚、鼎砚、人面砚、曲水砚、八棱砚、四直砚、院砚、蓬叶砚、马蹄砚、凤池砚、圆池砚、天砚、玉环砚、舍人砚、水池

兴和砖砚

南北朝时西魏的砖制成的砚，质地细腻坚硬，敲击会发出金石般的声音。长九寸，宽四寸，厚二寸。黄色，色淡如沉香。背面篆书："大魏兴和年造。"另一个地方刻有张开翅膀的异兽形象，只画出半个身子，可能是因为原来的砖很大，制砚时只用了一半。

李颢款风字形陶砚

唐　长20.5厘米，宽13.8厘米，高4.6厘米，北京故宫博物院藏。

陶土细腻，砚表光滑，砚体薄而轻。砚面池堂一体，砚首高翘，内凹呈凤池。陶砚两侧出峰，如刀削成。砚底土色凝重，刀削梯形双足，双足间阴刻"李颢"二字楷书。

砚、大师砚、蟾砚、东坡砚、都堂砚、内相砚、葫芦砚、錾砚、只履砚、双履砚、月池砚、方池砚、笏砚、斧形砚、瓢砚、壁砚、琴砚、鹰扬砚、莺砚、山字砚、太极砚、箕砚、汉壶砚、凤嗉砚、松段砚、山石砚。

涤砚藏砚法

好砚，不能让砚池里的水掉，每天都要将砚池里换上清水，以便保养砚石的润湿。而且，砚池不能一天不洗涤。如果用了两三天不洗，砚池里水的墨色就会变差，色泽就会减退。

洗涤砚池时，不要磨去里面的墨锈，因为这是古砚的特证。洗涤用皂角汁和清水最好，开水是不能用来洗砚池的。把中药半夏切成平面去擦砚，能很容易除去沉积的墨垢。用丝瓜瓤洗涤砚池，总不如将莲房壳用水泡软用来洗砚好，既能除掉陈垢，又不会伤损砚池。不能用毡片或旧纸揩抹砚台，因为毡毛和纸屑搅混墨色。最忌讳的是用滚水磨墨，用茶水磨墨也是不可以的。新墨刚用，胶性和棱角还没有圆润，不能用力使劲磨墨，那样会伤了砚池。

到了冬天，应先将好砚收藏起来，用粗现代用，这样可以抵御寒冷冻坏砚台。寒冷时候用火烤化砚池里结的冰时，应当用四脚蒸炉，把砚放在炉火架上，让小火慢慢烤化，使用砚炉也可以。青州的熟铁砚，用这种办法最适宜。春夏两个季节，梅雨多，空气比较潮湿，如果墨汁在砚池里积存久了，墨里的胶就会泛起，使运笔不流畅，还会损坏砚池的质地和光泽，必须经常洗涤。应该用比缎子更薄的丝织品做成口袋，遮蔽尘垢。把一方砚单独放在一个竹制匣子里，切记不可将一方砚直接放在另一方砚上，以致损伤砚台。

上等好砚最为难得，现在崇尚的所谓好砚，未必都是佳品。因为大多数人都注重听到的而轻视亲眼所见的，这样只可以

烹茶洗砚图

清·钱慧安　纸本设色，纵62.1厘米，横59.2厘米。上海博物馆藏。

两株虬曲的松树下，水榭傍石而建，一中年男子倚栏而坐。榭内琴桌上置有茶具、书函，一侍童在水边涤砚，数条金鱼正游向砚前；另一侍童拿着蒲扇，对小炉扇风烹茶。

愚弄外行人。那些所谓的珍贵的砚台，难道都是真正的珍宝吗？要认真观察鉴别。

论文房器具

高子说：文房器具不是玩物，玩物是不能和文房器具相提并论的。

古人说："拥有品质精良的笔和砚，是人生的一大乐事。"

这里，我把所见过的文房器具评赏如下。

文具匣

文具匣的样式很多，有三格的，也有四格的。把文具放在文具匣提架内收藏，不是为了美观，所以文具匣不必用镶嵌、雕刻的方法装饰以追求奇特，用花梨木制作就很不错了。也无需用竹丝环绕、镶嵌来装饰文具匣口部，那样浪费工时又没有

好处，反而使文具匣坏得更快。但蒋回回制作的日本式文具匣，采用铅条镶口，感觉非常好。

砚盒

一方古砚，用豆瓣楠木、紫檀木制成盒子盛放，或用花梨木制作也可以。砚不在于大，大小适度最好，以便放到砚盒中。还要准备一个盛放研磨朱砂的砚匣盒。《砚谱》有双履式的砚台，便于用红、黑两种颜色的墨书写。

砚台以端砚、歙砚为好。有人用白色端石制成研磨朱砂的砚，好看但不经久耐用，颜色不容易洗净，还是准备一方旧砚为好。

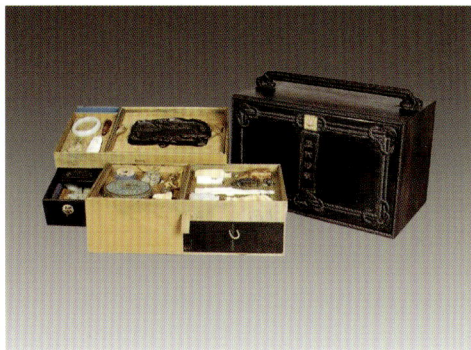

紫檀文具盒

明嘉靖　长39.8厘米，宽24厘米，高28厘米。中国嘉德国际拍卖有限公司2008年拍卖，成交价25.76万元人民币。

盒面刻古玉璧纹，内屉匣上镌有"嘉靖款青转枝莲洒圆八件"，惜原物已佚。现在内装龙泉窑小炉、粉彩象形水盂、豇豆红釉小瓶、双耳小铜炉、掐丝珐琅印盒、紫檀雕云气纹小壶等文房用具25件。

笔格

笔格就是笔架，有用玉石做成山状、仙人睡卧姿态的，有用珊瑚做成的，有用玛瑙做的，也有用水晶做成的，还有用犀牛角刻制而成的。不仅仅有旧时造的，新

造的也很多。

有一种宣铜掺金制成的双螭缠绕的笔架，非常精美。我见过哥窑烧制的五山笔架和三山笔架，样式都很古朴，色泽温润。还见过定窑烧制的白色卧花娃娃笔架，晶莹雪白，做工精巧。

古代用玉制作的母子六猫笔架，有七寸长，以横卧的母猫为笔架底座，以六只小猫起伏玩耍的形状作为放笔的格子，这种笔架真是神奇之极，难得一见。其他形式的笔架，有古铜十二峰笔架，有铜制飞龙笔架等。我见过友人藏有一座用老树树根制成的笔架，七寸长，利用树根的天然形状制成，随形就势，屈曲盘绕，宛如飞龙腾空，鳞角爪牙齐全，被抚摸盘弄得光滑如玉，真是天然生就的神奇笔架。我的书斋里有一座石头笔架，像龙一般盘曲，天然形成，没有经过人工雕琢，也是一件神奇物品，可以放三支笔。

笔床

笔床的样式，市面上流传的数量不多。我有一个古代鎏金笔床，六寸长，二寸二分高，二寸多宽，样子像一个架子，上面可以放四支笔。采用这个样子，用紫檀木、乌木制成笔床也很好。

笔屏

宋代人制作的笔屏，有方玉花板形的，有圆玉花板形的，画面图案大都仿效山石、树木、禽鸟和人物等，每一件都精妙到了极点。这些原来都是古人制作的玉带板、玉灯板，到宋代闲置无用，就配上座子镶成笔屏用来插笔，竟然非常合适。

大的方形笔屏长约四寸，高三寸。我的书斋里就有一幅这样的笔屏，是用闲置无用的玉带板制成的，非常精美。有些是用旧大理石制成的笔屏，天然形成的图案有山高月小，有月上东山，还有万山春霭，这些都是我亲眼所见，一点没有人工的痕迹，全都是不超过一尺的四方形，真是天生的珍奇之物。把它当宝贝，用来制成笔屏，似乎也是物尽其用了。

青花灵芝阿拉伯文五峰笔架

　　明正德　长21.9厘米。佳士得（香港）有限公司2010年拍卖，成交价393.88万元人民币。
　　呈五峰式，通体青花纹饰，绘缠枝灵芝纹，中峰下棱行开光内书阿拉伯文，意"笔搁"。底双方框内书"大明正德年制"楷书款。

紫檀笔床

　　清乾隆　长11厘米。北京保利国际拍卖有限公司2009年拍卖，成交价6.16万元人民币。

　　整块金星紫檀料整挖而成，造型规矩大方，顶面为纵向四棱打洼，打磨精细，简洁优美。

连科及第水注

　　明　长17.5厘米，宽11.3厘米，高10.3厘米。北京翰海拍卖有限公司2010年拍卖，成交价700万元人民币。

　　整器造型为一叶脉舒张的大荷叶，并缠绕衬以盛开的莲花、嫩叶，与一茎稻穗为饰，莲叶上并栖伏一螃蟹，螯拈一禾。"柯庭藏"款。

水注

　　水注的形状和材质很多。

　　有用玉制作成圆壶、方壶形状的，花纹非常精巧。我曾见过吴郡陆子冈制作的白玉辟邪水注，神兽辟邪的内部被挖空，里面可以盛水，壶表面镶嵌着青绿色石片，模仿古代铜器样式，光滑可爱。有一种玉石制成的蟾蜍水注，是仿照米芾宝晋斋旧藏水注的老样式做的。

　　古铜的有青绿天鸡壶水注，上面有镶嵌金银片的神兽，奇妙得很。有半身鸂鶒杓水注，有鎏金雁壶水注，壶上的鸂鶒和大雁栩栩如生，两脚立地，口中吐水。有个姓江的工匠铸造的卧牛式水注，巧借牧童骑跨牛背作注水管。

　　瓷制的水注有官、哥二窑造的方形、圆形水注，有立瓜式、卧瓜式水注，有双桃水注，有双莲蓬水注。还有在笔格内贮水，兼作笔格和水注两用的。有牧童卧牛式水注，还有四方形的水注。定窑烧制的

水注非常奇特，有枝叶缠绕的瓜形水注，有带蒂叶的茄形水注，有可当笔格的骆驼形水注，有蟾蜍形水注，有底下有一个孔的青瓷天鸡壶水注。

　　宣德年间烧制的水注有五彩桃形水注、石榴形水注、双瓜形水注等，色彩斑斓，形象生动。还有鸳鸯形水注，有鹅形水注，做工都非常精致，都可以列入上品。

笔洗

　　铜制的笔洗有鎏金小洗，有青绿小盂，有小釜，有小卮，有小匜。这五种小器物原本各有各的用途，并不是专门当笔洗用的，现在才开始将它们当作笔洗来用。

　　玉制的笔洗有钵盂洗、长方洗、玉环洗等，有的器身光素没有纹饰，有的则有花纹图案，做工都非常精巧，样式仿古。

　　瓷制的笔洗有官窑、哥窑烧制的圆洗、葵花洗、盘口圆肚洗，有四卷荷叶洗、卷口蔗段洗、绦环洗、长方洗等，种类很多，但只有粉青釉开片清晰疏朗的才最贵

重。宋代龙泉窑烧制有双鱼洗、菊瓣洗、钵盂洗、百折洗；定窑烧制有三箍圆桶洗、梅花洗，有中盏当洗、边盘作笔砚的，有绦环洗、方池洗、柳斗圆洗、圆口瓜棱洗、菊瓣洗等，定窑烧制的笔洗品种最多。

宣德年间烧制有鱼藻洗、葵瓣洗、盘口洗、鼓形青釉剔白螭龙纹洗等。

现在的人多将洗当做是杯子，哪里知

钧窑鼓式三足洗

宋 高6.4厘米，口径20.6厘米。美国旧金山亚洲艺术博物馆藏。

洗作鼓式，亦称鼓式洗。洗内施天蓝色釉，外为玫瑰紫色釉。其玫瑰紫釉色及蚯蚓走泥纹为钧窑器之特征，是为传世官钧窑瓷器的代表作品。

青花龙纹洗

明永乐 直径18.3厘米。佳士得（香港）有限公司2004年拍卖，成交价4380.98万元人民币。

笔洗造型优雅别致，青花纹饰活泼鲜丽。全器均以五爪龙纹作主题纹饰，使整体看来更生动多姿。

道卷口且厚、腹部扁浅的是笔洗，杯子怎么会有这种样式呢？除此以外，还有新制作的商银鎏金铜洗，各窑厂模仿钧窑烧制的紫、绿二色洗和水中丞，样式很多，也很好看，但全都不能列入上品。

水中丞

水中丞也叫水丞。铜制的水中丞有古青铜小尊罍，敞口、圆腹、细脚，高约三寸。尊罍原来是随葬物品，今天人们才将它作水中丞用。

我有一个古玉水中丞，有一半被尸血浸染而成血沁，圆口瓮腹，下有三只脚，像拳头般大小，特别精美，不知道古人是作什么用的。现在陆子冈用玉雕琢的水中丞，地子碾制成锦地，有兽面纹，纹饰与古代尊罍相似，这也是好东西。

瓷制的水中丞有官、哥二窑所烧制的瓮腹圆形的，有小口钵盂式的，有瓜棱肚的。青瓷水中丞，有菊瓣瓮腹圆脚的。定窑烧制有印花图案样子像高瓶瓶，但口部

青白玉福螭如意水丞

明 高14厘米。佳士得（香港）有限公司2007年拍卖，成交价63.41万元人民币。

青白玉，有绺。椭圆形口，方唇，丰肩，敛腹，如意形足。外壁镂雕三条螭龙盘绕器身。

开敞可以装水，还有圆肚敛口三只脚的。古龙泉窑烧制有瓮腹、全身有细花纹的。宣德年间烧制有仿铜釉洒金小瓮，样式非常精美。近来有钧州窑新烧制的水中丞，全是模仿上述各式样式，可惜并不适用。

砚山

砚山最初由米芾创制，用南唐遗留下来的宝石雕凿而成，图形记载于《辍耕录》上，后人纷纷依图仿造，现在也不知道真正的宝石砚山是不是还保存在世上。

所有能够制作砚山的石头，以灵璧石和英石为最好，其他石头纹络又粗又大，根本没有小块且形态曲折、奇峰突兀如森然高耸的峰峦似的。我曾见过宋代人制作的灵璧石砚山，峰顶局部很像元代著名画家黄公望的皴法山水画。砚山中部有一个铜钱大小的水池，深约半寸，池下面的山脚有一股流动的水，白色石头堆积起伏，像波浪一般。这座砚山丝毫没有人工加工的痕迹，天然形成，确实是件珍宝。我还见过一件将乐石砚山，长八寸左右，高二寸，四周用碎石粒包围，一座座小山连绵起伏，错落有致，这更为难得。

其他像英石砚山，近年来也发现有好的。砚山四面天然生成，没用人工斧凿，孔洞、花纹都不错，但缺少重峦起伏的小山峰。水池深邃，远看像一眼泉水。还有北京西山出产的一种黑石，形状和英石非常相似，山势高耸险峻，表面的褶皱比英石还要多，有很多都可以用来作砚山。只是石质松脆，经不得碰撞。民间多用它假冒英石。

专门制作赝品砚山以假乱真的人，有的把旧砖块雕刻镂空，按照宝晋斋所藏砚山的样式，用尖锥凿出天然纹片，然

灵璧石砚山图

山色灰青，峰峦四起，深远重选。中间有一水池，像小钱那么大，深约半寸，是天然生成。左旁有一小池，高二寸八分，长六寸，厚约二寸。下边刻有"元章"二字。山脚下一带水波，自然巧妙，群山好像浸泡在水中，水绕山脚，白色黄色相映成趣，四面全都如此。

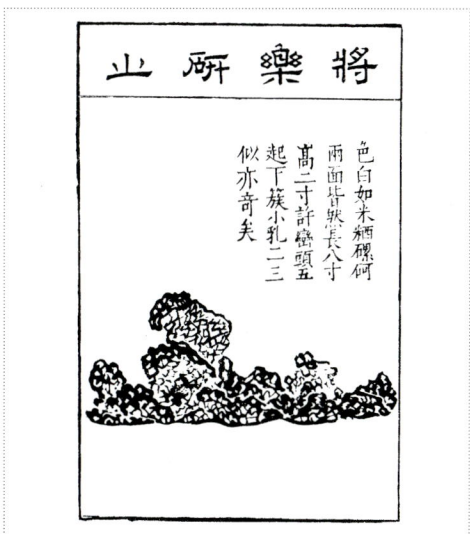

将乐砚山图

白色砚山，像细碎的米粒堆积而成石块，起伏重选，两面都如此。长八寸，高约二寸。五个小山头连接不断，下边聚集有两个小孔，仿佛非常稀奇。

后将其放入芡实水中浸泡，煮成黑色，拿出去愚弄买主，常常能卖出高价。但只要用刀刮砚山的底部，古砖的本质就会暴露出来。

还有一些专门造假的人，将新英石、肇庆石、燕石用斧凿加工，修琢成山崖洞穴，打磨得晶莹光滑，取名砚山，看起来也惹人爱。

印色池

印色池就是印盒，以瓷质的为最好，即使用玉雕琢的也比不上。所以，宋代官窑、哥窑烧制的现在都非常宝贵。我曾见过官窑和哥窑烧制的许多不同形状的印盒，方形的有十多个，四角、八角和多角形的每种仅仅只见过一两个，釉色也不够好。

我的书斋里有远古时期制作的玉雕方形印盒，内外都有土锈和血沁，不知当初是作什么用的，现在用来作文房四宝中的

黑漆嵌螺钿文会图印盒

元　高13.7厘米。佳士得（香港）有限公司2009年拍卖，成交价846.56万元人民币。

方形印盒，造型独特，四面嵌螺钿琴棋书画纹饰，雕工精细，雕栏附"周通作""栢轩立"款。

印盒，非常合适。我还见过定窑烧制的方形印盒，质地非常好，池外烧有花纹，这也是很少见的。还有一件陆子冈制作的连盖在内整个器身都刻有蟠龙纹的白玉印盒，做工之精细与古代玉器不相上下，直到现在还有很多人效法制作。

近来有新烧制的仿定窑白色带盖长方形印盒和白地青花印盒，这是古代所没有的，也很珍贵，应认真收藏。其中有长六七寸的，品质非常好。

印色

印色就是印泥。制作印泥的配方是：麻油二斤；牙皂角三个；蓖麻仁半斤，去壳取仁，捣烂；花椒四十粒，选择新鲜且成色好的；藤黄一钱，选取不落色的；明矾五分，选取发亮的；黄柏五分，用来增色；黄蜡五分；白蜡五分；胡椒三十五粒；辰砂二两；二红二两；水花朱四两。

以上药物备齐后，先将麻油同蓖麻仁一起反复煎熬，再下皂角、花椒、胡椒，熬至滴水成珠的浓度，再放入黄蜡、白蜡、明矾等物化开，然后去渣。用新艾作基料，加入辰砂、二红、水花朱，搅合均匀为止。

雅尚斋印色方

京城里，蓖麻油比菜子油价格低。将蓖麻油买回来后装入坛内封好，埋在土里两三年后挖出来，颜色白得像冰雪。要用时取出几斤，放在太阳下反复暴晒至熟，再加入黄蜡一钱，白矾末一钱，白芨末二钱，金箔沙细五十片，装入瓶中备用。

取原矿豆瓣朱砂研磨到极细，用水漂洗三五次，除去黄色漂浮物及最后剩下的砂脚，只用中间的细砂，装入粗碗中，倒入烧酒，用微火煮一炷香的时间，任其色变。酒

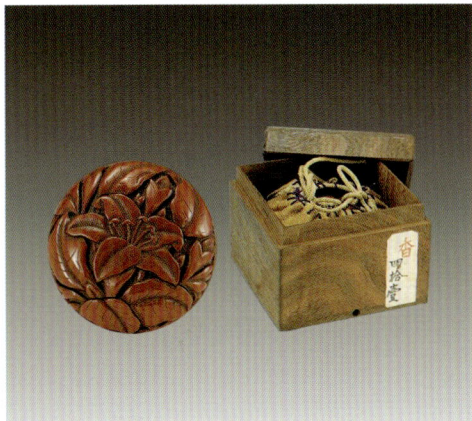

剔红花卉印盒

明　直径6.3厘米。北京翰海拍卖有限公司2008年拍卖，成交价17.92万元人民币。

剔红花叶印盒，施漆肥厚，刀法洗练，通体剔刻花叶，生动有力，给人以饱满肥厚之感，叶瓣交错，形象逼真，更显优雅气质。

父己卣

商　通高21.8厘米。台北故宫博物院藏。

子母口，缩颈，鼓腹，圈足，颈侧出双耳，耳内穿提梁，提梁两端为兽首，钮呈花苞状。盖内有铭。

干后取出，将朱砂再研磨成面状，再用前面经过加工的蓖麻油拌和，拌入艾叶装入匣内，时间越久越红，不会变黑。取用晒熟的蓖麻油，可以经久不干。制作基料要用真正的新艾，将其反复搓揉百次以后，反复熬煮，务必去掉杂质，一点不能留。一直煮到如棉絮状才能用。这无比奇妙的秘法，特别奉献出来与鉴赏家共享。

糊斗

糊斗用青铜制作的最好，便于洗涤。古代有一种青铜小提梁卣，拳头般大小，上面有一根系在提梁上的绳子，还有盖子，盛放浆糊可以免去鼠窃之忧。

古代还有一种铜圆瓮，瓮腹保酒杯样式，下有一个方形座，且瓮体厚重。不知古人作什么用，今天用它来作糊斗正合适。

建窑烧制一种外黑内白的长罐，定窑烧制有一种蒜头形圆腹长罐，都可用来作糊斗。我还曾经见过哥窑烧制的斛状方斗，中间有一横梁，也可作糊斗用。还见过古代青铜三箍长桶，底下有三只脚，高约二寸，非常适宜装浆糊。

镇纸

有一个全身布满青绿锈色古代青铜蛤蟆镇纸，下面虚设一铜座，共有一斤多重。另有带铜座的蹲虎，是用塑模翻砂铸造的。这些都是上古器物，并且见到的都是成双成对的，用来压纸非常好。另有古代青铜制作的坐卧娃娃，作镇纸也好。还有古代铜制蹲螭镇纸、卧龙镇纸、鎏金辟邪镇纸、卧马镇纸等。有一件大铜虎镇纸，全身青绿，重两三斤，可用来压书。

古代有玉猪，古人用它支撑在殉葬者的肋骨两侧，因此每次见到的都是两条。还有白玉猫狗、白玉卧螭、白玉大型坐卧娃娃、玉兔、玉牛、玉马、玉鹿、玉羊、玉蟾蜍，日月玛瑙石鼓、柏枝玛瑙蹲虎、水晶石鼓、酒黄水晶卧牛、波斯国捧瓶等，这些器物的制作工艺都精致美妙，全

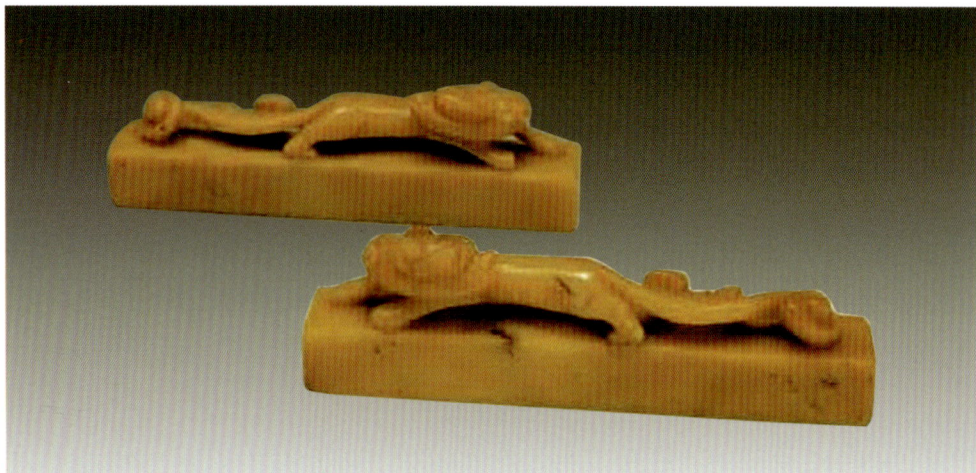

寿山石高浮雕蟠螭纹镇纸（一对）

明　长12.5厘米。2004春季艺术品拍卖会2004年拍卖，成交价104.5万元人民币。

寿山石质，镇尺作地，高浮雕螭虎盘踞其上，螭虎四肢有力，高额、卷耳、如意纹鼻，腰腹有浅刀刻肋，分花大尾，回首怒目，势静而意动。

错金银铜镇

西汉　高5厘米，底座直径8厘米。崇源国际拍卖（澳门）有限公司2007年拍卖，成交价28.75万元人民币。

兽作蜷曲蟠卧状，首尾相衔，周身错以金银。现在发现的汉代铜镇造型除少量人物外，大都为动物。不过，这种镇是用来压席子。

都出自宋代。

另外，还有哥窑烧制的蟠螭镇纸、青釉瓷狮鼓镇纸，以及定窑产的白色娃娃镇纸、狻猊镇纸等。我从北京地区得到两件玉蟾蜍，蟾蜍背上的斑点像洒上去的墨

点，如同玳瑁，没有黄色晕圈，真像蛤蟆的脊背。肚下纯白色。其样式古朴典雅，栩栩如生，用来作镇纸，抚摸把玩都非常令人喜爱。又曾见两只红绿玛瑙制作的大螃蟹，可以称得上神奇绝顶。有白玉玛瑙制作的辟邪镇纸，长三四寸，也是镇纸佳品。

压尺

压尺有玉做的，我见过长二尺、厚六分、宽一寸五分的玉压尺。有人说直径一尺的玉璧就是宝，然而还有直径二三尺的玉璧，这两种玉璧被同时发现。还有二尺长的玉如意，三尺六寸长的玉剑，这些也都是独一无二的妙品。

压尺的种类很多，有用玉碾成的双螭尺，有用紫檀、乌木制作的压尺，尺上采用古代样式的蹲螭、玉带抱月、玉走兽制成的鼻子。另有日本人制作的鋄金银玉压尺，这是我国古代没有的。这种尺的形状与平常的尺相同，上端用金

青花缠枝花卉纹镇尺

　　元　长21.5厘米。云南典藏拍卖集团有限公司2008年拍卖，成交价58万元人民币。

　　胎质细腻，致密坚硬，进口青料呈色靛青，色分浓淡，图不勾勒，实笔填涂，积料处有蓝褐色斑点，斑点处下凹。

　　镶上双桃、银叶为尺鼻，尺表面用金银镶上花纹，均是用极细的条状或环状制成图案，做工精细，令人拍案叫绝。尺子上有一孔贯通，内藏轴盒，里边有刀锥、镊刀、指锉、牙签、挑牙、刮齿的器具以及挖耳、剪刀，而合起来就是一条尺子。这种样式不知是何时发明的，也不知道是怎么设计出来的，真可以说是一切巧妙的方式尽收藏于尺中了，也只有日本人才能制造这等奇珍。我拿这个样式叫潘铜匠仿造，做出来的尺子也很奇妙，这是因潘氏得到了日本人的真传的缘故。说起压尺，精美的还没有超过这一种的。

　　日本人还制作有金银石嵌秘阁、界尺、图匣、文具等物，但都不雅观。

　　有一种竹嵌压尺，四边是竹子，里边用黄杨木、乌木、紫檀木、象牙随意牵连，工艺虽精，但不耐用，时间长了一定要坏。

紫檀嵌玉书卷式文具盒

　　明清　长28.5厘米，宽21.5厘米，高32.7厘米。北京保利国际拍卖有限公司2010年拍卖，估价80万—120万元人民币。

　　紫檀木为材，嵌以玉石等物，自上而下分层雕饰，颇具逸趣。整器造型简洁，稳重大方，纹饰精美，寓意吉祥，富含文化气息。

图书匣

宋代的剔红书匣有三格的，也有两格的，还有带盖罩的。现在制作的书匣有剔红、剔黑两种，也有两格的，只是方形匣子占多数。还有填漆的，有用紫檀木雕刻镶嵌玉石的，有用古玉板、灯板镶匣面的。

有能装四个子盒、六个子盒、九个子盒的日本书匣，每个子盒内藏有汉代玉章一方，或者藏银章一枚，抽屉里用来藏宝石、琥珀、官窑青瓷、古人图书，用作相互传观赏玩的佳品。

如果做一般书匣用，就用豆瓣楠制成的书匣最好。有新安人制作的堆漆描花钿嵌图书匣子，制作精美，令人喜爱。但近来市场上出售的匣子非常难看。又如黑漆描花方匣，其他书匣的花纹几乎不能与此相比，这种书匣很适合日常使用。

秘阁

秘阁原本是宋代图书馆的名称，在这里指书写时用来枕臂的器具，俗名又叫"臂搁""笔搁"，还叫"臂阁"。

秘阁的具体作用是书写时，用它来支撑臂腕而不致为桌面所掣肘。

秘阁有用古代长样式玉瓗制成的，这种数量很多。还有用紫檀木雕花制成的，也常见到。近来有用玉制成的秘阁，上面雕有螭纹、卧蚕纹、梅花等图案，长六七寸；还有用竹雕人物制成的，也不错。日本人的黑漆秘阁形状很像玉圭，上圆下方，宽二寸多，腹部稍空，以免沾上墨迹，长七寸，上面绘有泥金花纹，质地像纸一样轻，这是秘阁中的上品。

贝光

贝光是一种极为稀见的文房用具。最初当是以贝壳所制，用来砑光纸张，故称之为"贝光"。

贝光大多用贝壳、螺壳制成，形状也雅致，只是把手稍大些，不好使用。我得到一件古代玉制品，中间像一枚大钱，圆泡隆起半寸多，旁边有三个耳朵可穿绳索，不知是件什么东西，我用来作贝光，很雅致。我还看见有人用红玛瑙制成一桃形器物，略为扁一点，桃下光滑可以砑光纸张，上边有桃叶枝干，这也是为砑光纸张制作的。用水晶、玉石也可以制成这种样式的贝光。

裁刀

除姚氏制作的裁纸刀以外，其他人制

竹留青野渡横舟图臂搁

明晚期·张希黄　长23厘米，宽5.5厘米。中国嘉德国际拍卖有限公司2006年拍卖，成交价165万元人民币。

张希黄以刻竹擅名于世，尤长于留青阳文法，工细绝伦，曲尽画理。山水楼阁类唐代画家李昭道的画作；偶作小景，又似宋代画家赵令穰的画作，点缀人物生动有致。

作的裁刀没有哪一种符合规格。

我有一把古刀笔，手握处用青丝裹着，上部尖细，下部成圆环状，仅有一尺长。古人用来刮去竹子表面的青皮制成书简，而现在把它归入文具一类，似乎很恰当。近来有崇明产的裁纸刀面市，这种裁纸刀也不错。

书灯

书房使用的灯有古代铜制骆驼灯、羊灯、龟灯，诸葛亮军中行灯、凤龟灯等，还有圆灯盘。定窑烧制有三层台式灯架，宣德窑烧制有两层台式灯架，都值得在书斋中选用。

青铜雁足灯

秦汉　高47.3厘米。佳士得（纽约）有限公司2008年拍卖，成交价150.76万元人民币。

灯盘为凹槽圆形，直口，浅槽，平底，内有三锥形烛柱，盘底一侧为雁足形柄，雁足三趾向前，一趾在后，立于梯形底座之上。

我曾见过一座青绿色铜锈的荷花状的书灯，灯架托着花朵放在灯座上，是想仿古人金莲烛台的样式，用这种书灯也不落俗套。古代有一种制品叫"烛奴"，就是现在铸造的波斯式烛台，似乎不值得赞赏。

笔觇

笔觇就是笔添。笔觇有用玉碾为一片叶子形状制成的。古代有一种水晶制的浅碟，也可当作笔觇。惟有定窑生产的扁担小碟最多，适合作笔觇使用。

墨匣

墨匣用紫檀木、乌木、豆瓣楠为材料制成，大多用古人的雕花玉带板镶嵌。也有人用长形的玉螭虎、玉人物来镶嵌墨匣，这种墨匣最普遍。另有一种雕红黑漆墨匣，也很不错。

蜡斗

古人用蜡斗来烤蜡以封信函。蜡斗用铜制成，有不少佳品，都是宋、元两代的器物。现在虽然用浆糊封信件，也该收集古代蜡斗凑足文房用具的品种数量。

笔船

笔船是盛放毛笔的文房用具。多作长方形，口沿外撇，圈足，内设笔搁。

有用紫檀木、乌木细致镶嵌竹蔑的笔船，很精致。用象牙、玉做的笔船也很好。这是同尺、矩并用且不能缺少的文具。

琴剑

琴是书斋中常见的古雅的乐器，不能一天不面对古琴。要想使书房里显得古朴高雅，必须要有古琴。若是没有古琴，就是新琴也应该挂一张在墙上。无论会弹与不会弹，都应有一张。

哥窑叶形笔砚

明　长15厘米，宽8厘米。大唐西市—诚挚拍卖有限责任公司2010年拍卖，成交价11.2万元人民币。仿宋哥窑，釉面润泽，发色纯正，布满开片纹。

五彩龙凤纹笔船

明万历　长31.2厘米。佳士得（香港）有限公司2010年拍卖，成交价620.92万元人民币。

通体五彩纹饰，内设笔搁。底心笔搁上方绘一跃龙，下绘一对龙凤腾跃于祥云瑞霭之间，底部间绘江崖海水，内、外壁绘龙凤戏珠彩云纹。器底双长方框内青花书"大明万历年制"楷书直款。

陶渊明说："但得琴中趣，何劳弦上音。"我们这些人爱琴，并不是为了炫耀自己多才多艺，知识广博，而贵在知琴中之乐趣，得其真谛。弹奏《亚圣操》《怀古吟》，表示怀念先贤；弹奏《古交行》《雪宙夜话》，表示思念自己尊崇的朋友；弹奏《漪兰阳春》这支曲子，能表达舒畅和悦的心情；弹奏《风入松》《御风行》这两支曲子，可招来凉风，消除烦热；弹奏《潇湘水云》《雁过衡阳》，可以引发天高云淡的秋思；弹奏《梅花三弄》《白雪操》，可以使人神思飞扬于神仙之境；弹奏《樵歌》《渔歌》，可以抒发欣赏山光水色的闲情逸致；弹奏《谷口弓》《扣角歌》，可以激发人们欣赏烟水云霞的雅趣。弹奏诗赋类作品，如《归去来辞》《赤壁赋》，也可以抒发情怀，寄托兴致。月朗星疏的夜晚，操琴弹奏上一二支古曲，这也是修身养性的妙法，怎会是只因琴声悦耳才想抚琴啊！

从古到今，制作各种器物的方法，大

多数都流传了下来。唯有铸剑的技术，典籍中没有记载，所以当今没有技艺高超的铸剑工匠，少有名剑出世。因为造剑技术没有流传下来，又因为刀用起来比剑方便，因此如今的人只知道佩刀，而不喜欢佩剑。

我们这些读书人佩刀佩剑，虽然不能抵御强暴，但也可以用来壮胆。即使得不到古剑，但现在在云南造的宾剑，可以把它悬挂在书斋，使其好像发出干将莫邪那样的剑气化成紫电白虹，剑气直冲霄汉，令荧荧闪动的夜光强过慧星的光芒，使彗星不敢发出凶焰而为害人间，难道这算得上是迂腐吗？

香几

书斋中的香几有高的和矮的两种样式。高的香几有二尺八寸高，几面用大理石、岐阳石、玛瑙石镶成，或者用豆瓣楠镶嵌。有的几面呈长方形，有的成八角形，有的呈正方形。几面上的图案，有的绘梅花，有的绘葵花，有的绘慈菇。还有圆形香几，几面有的上漆，有的用水磨。

用各种木材制作的香几，用来放蒲石、古玉用来观赏，或单独摆放美石，或放上香橼木盘，或摆放花瓶用来插花，有的只放上一个炉子焚香。这里讲的是高香几。

书桌旁摆放的小香几，只有日本造的

听琴图

北宋·赵佶 绢本设色，纵147.2厘米，横51.3厘米。北京故宫博物院藏。

操琴者黄冠缁服，作道士打扮，居中危坐石墩上拨弄琴弦。听者右边一人俯首侧坐，一手反支石墩，一手持扇按膝，神情完全陶醉在曲调中；左边一人拱手端坐，抬头仰望，似视非视，好像被这美妙的琴声挑动神思；站立的童子双手交叉抱胸，正在用心细听。

黑漆嵌螺钿荷叶式六足香几

　　明　高94厘米，面长58.5厘米，面宽39.5厘米。佳士得（香港）有限公司2009年拍卖。成交价793.76万元人民币。

　　香几装饰繁复，造型优美，实为难得少见的珍品。

最好。其样式是用一块板子作几面，长两尺，宽一尺二，高三寸多，几面上金银片镶嵌花鸟图案，花鸟四面簇拥着树木和石头。几面两边，装有两条镀金小横档。下面制成四个牙形，安有四只脚，牙口錾金，用铜丝阳线镶嵌，提起来感觉非常轻，放在书斋中摆放香炉、香勺、香瓶、香盒，或者放一两本书，或者摆放清秀雅致的玩具，非常合适。

　　现在吴郡制造有红色小香几，比日本香几小一点，样子像香案。另外还有用紫檀嵌花的香几，有模仿日本样式的香几，有用石头镶嵌的香几。有的像日本香几那么大，有小的刚满一尺长。还有五六寸长的香几，用来放乌思藏錾金佛像和佛龛之类，或者摆放古铜器、官窑或哥窑生产的超小型烧香的炉子和瓶子，或者摆放两三寸高的天然美妙的山石小盆，以供玩赏，

花篮图

　　宋·李嵩　绢本设色，纵19.1厘米，横26.5厘米。北京故宫博物院藏。

　　此图重设色，描绘盛开在精美的花篮中的鲜花。全图画风工整艳丽，为工笔重彩画中的佳作。

使人赏心悦目。

书斋清供花草六种入格

春天，选择定窑、哥窑、古龙泉窑、钧窑烧制的鼓盆，放入泥沙加水种植兰草，盆中再放一块奇石。

夏天，选用这四个窑烧制的方形或圆形大盆，种两株夜合花，花开约四五朵时，用红几案把花盆架起来。盆中种两三株黄色萱草，也值得观赏。

秋天，选取黄、蜜二色菊花，用钧窑大盆或景德镇窑白花园盆种上，或者用小古窑盆种一株三五寸高的菊花，旁边放一小石头，然后摆放到几案上。

冬季，选用这四个窑的方形或圆形盆种植短叶水仙花，其花以单瓣花为好。还适合种植美人蕉，盆中再放上几颗小石子，种一棵灵芝草加以陪衬，这一定要用长方形旧盆种花才相称。

这六种花草清标雅质，枝叶稀疏清爽，亭亭玉立，很像高雅的隐士和君子。把它们放在几案上，淡雅的花、彩色的花都惹人喜爱。对着他们品尝天池茶，吟咏彰显自己性情的古诗，比观看其他世俗的东西心情舒畅多了。

出以上列举的花草外，其他种类的花草没有值得作为书房陈设供人欣赏的。

听阮图

宋·李嵩。绢本设色，纵177.5厘米，横104.5厘米。台北故宫博物院藏。

园中古树奇石，士人持拂盘腿坐于榻上，聆听拨阮演乐并赏古玩。旁有仪态娇美仕女，焚香、拈花、持扇随侍。榻前方形香几有束腰、直腿，下为如意足、托泥，造型与床榻成组，用以承放香炉。

香具清赏

古代，香的用途广泛。超脱世外的高人隐士们在谈论修身养性的道理时，燃上一炉香可以清心悦神；夜深人静感到索然无味时，燃上一炉香可以畅怀舒胸；晴朗的日子里推窗临帖，挥尘闲咏，篝灯夜读，燃上一炉香可以驱除睡意；美人偎依在身侧，密语谈私，牵着手拥炉而座，燃上一炉香熏心暖意，就是古人所说的助情。最惬意的是畅饮之后用以醒客，皓月当空，美景良宵，一片寂静，登上高楼吟咏，远处苍山几堆，近处香炉仍热，香气环绕，既赏心悦目，又可祛邪辟秽。随着香雾所至，无所不适。

香苑传奇

高子说：古代有名的香，每一种都有奇异之处。

比如：蝉蚕香是交趾国的贡物，在唐代被宫中称为"瑞龙脑"；茵犀香是西域人进献的贡品，汉武帝用它烧汤预防恶疮；石叶香是三国魏时题腹国的贡品，形似云母，可用来预防瘟疫；百濯香是三国时吴主孙亮四个妃子专用的薰衣香，用水洗百次香气也不消失；凤髓香是唐穆宗收藏的香，是真岛国出产的高等礼品香；紫述香，《述异记》说它又叫"麝香草"；都夷香，《洞冥记》说它香如枣核，吃了不会饿；荼芜香产自波弋国，此香浸入地下，土石都有香气。此外还有辟邪香、瑞麟香、金凤香，这三种香都是其他国家进献的贡品，公主乘辇车出行，把这三种香装在玉香囊中，满路都香了起来。

月氏香是月氏国进献的贡品，像鸟蛋，点燃后可以避百里之内的瘟疫，香气几个月都不消散；振灵香，《十洲记》说窟州有一种叶子像枫叶的树，香气能传几百里；返魂香、五名香、马精香、返生香、却死香等，埋在地下的死尸闻到其香气也能复活；千亩香，《述异记》说此香是用树木之名来命名的；馥齐香产自波斯国，入药可医治百病；龟甲香，《述异记》说这种香就是好的桂香；兜末香，《本草拾遗》说汉武帝时，西王母降世，烧的就是这种香；沉光香，《洞具记》说是涂魂国进献的贡品，燃烧它会发光；沉榆香是黄帝封禅时烧的香；蘅芜香是李夫人献给汉武帝的；百蕴香是赵飞燕在远条馆求神保佑自己生个儿时，点燃用来降神的香；川麟香，南唐元宗的爱妃称它为"袖里香"；辟寒香，点燃它可以驱寒；龙文香是汉武帝时外国进献的；千步香是南郡的贡品；熏肌香，熏人肌肤后百病不生；九和香，《三洞珠囊》说是玉女举着玉炉烧的香；九真香、青水香、沉水香，都是赵合德献给姐姐赵飞燕的香；罽宾国香是杨牧在席间烧的香，像楼台的样子；拘物头花香是拘物头国进献的，香气可传数里远；升霄灵香是唐时赐给紫尼的香，一点燃香烟就会升起很高；祗精香产自涂魂国，烧这种香，鬼怪都会害怕；飞气香，《三洞》说这种香是道士烧的；金磾香是金日磾造的香，熏衣服可以祛除狐臭；五枝香，烧这种香十天，香气可上九重天；千和香是蛾眉山孙真人烧的香；兜楼婆香，《楞严经》说在洗浴处烧这种香，炭火很猛烈；多伽罗香、多摩罗香，《释氏会安》说这两种香就是根香和茵香；大象藏香是因双龙相斗而产生的，只烧一丸，就会产生很强的光，发出的气味像甘露一样；牛头旃檀香，《华严经》说这种香从泥污中分离而出，用来涂身体；羯布罗香，《西域记》说分泌这种香的树像松树，香的颜色像冰雪一样洁白；须曼那华香、阇提华香、青赤莲香、华树香、果树香、拘鞞陀罗树香、曼陀罗香、殊沙华香都出自《法华经》；明庭香、明天发日香都出自胥陀寒国；迷迭香出自西域，燃此香可祛邪气；必栗香，《内典》说燃这种香，可除去一切恶气；木蜜香，烧此香可除恶气；藕车香，《本草》说烧此香可除去蛀虫，除臭气；刀圭第一香是唐昭宗赐给崔胤的，一烧此香，终日香气缭绕；乾鑵香产自江西山中；曲水香，香盘的印文似曲水；鹰嘴香是南阳的生意经纪人送给船主的香，烧此香可防止瘟疫；乳头香，唐代曹务光在赵州执政，用盆烧此香，说"财易得，佛难求"；助情香，传说唐明皇的宠妃嘴里含此香一粒，春情勃发，精神振奋，毫无倦意；夜酣香，隋杨

帝在扬州城里修建了"迷楼"，里面养着成千上万的美女供其玩乐，玩乐时就烧这种香；水盘香出自船上，香上刻有山水佛像；都梁香，《荆州记》说产自都梁山的水中；雀头香，就是襄阳人所说的莎草根；龙鳞香就是薄的馥香，它的香气特别浓郁；白眼香，可同其他香一块用；平等香，和尚在集市出售此香，不管买主贵贱贫富，都是一个价，所以叫平等香；山水香，王旭在山中供奉道士，每月为他烧香，叫做山水香；三匀香，用三种东西熬制而成，烧此香有富贵气，香气也清纯奇妙；伴月香，徐铉在有月亮的夜里露天烧此香，故有此香名。

"三松"款竹雕竹林七贤香筒

明末清初 高21.5厘米。中国嘉德国际拍卖有限公司2007年拍卖，成交价89.6万元人民币。

此件香筒满雕绿竹潇潇、长松翠柏、岩壑奇姿、烟霞缥缈的仙境奇景，不禁令人向往神游，又于不经意之山石处刻有"三松"款。

这些都是史书上有记载的香，有的产自境外，有的产自皇宫内院，其配方和用料，现在都没法知道了。在这里，我对人们现在推崇的香加以品评。

妙高香、生香、檀香、降真香、京线香，是香中的幽闲者；兰香、速香、沉香，是香中的恬雅者；越邻香、甜香、黑龙桂香，是香中的温润者；黄香饼、芙蓉香、龙涎饼、聚仙香，是香中的佳丽；玉华香、龙楼香、撒馥兰香，是香中的蕴藉者；伽楠香、唵叭香、波律香，是香中的高尚者。

被称作幽闲的香，是超脱于万物之外而隐居的高士坐着传授伦理时烧的香，可以使人心思清静，精神愉快；被称作恬雅的香，每到四更时分，残月挂在天边，兴味索然，此时烧起这种香，可以使人心情舒畅而长高声吟诵；被称作温润的香，每当天气晴朗在窗下拓印碑帖时，或手持拂尘吟诵时，或挑灯夜读时，燃起这种香，就会把睡魔驱走，称它为古伴月也可以；被称作佳丽的香，当有美女相陪，手拉手悄悄说着私房话，把这种香放到香炉上去烧，香烟熏得五脏六腑仿佛都暖洋洋的，说这种香有助于渲染情调；被称为蕴藉的香，每当雨天闲坐，或坐禅静修，或午睡刚醒，或案前读书，来一杯淡茶，炉中刚点着这种香，香气浓郁，撩拨人心，更适合宴席上喝醉的人醒酒；被称为高尚的香，在皓月当空的夜晚，手指拨动着白色的琴弦，在空楼上长啸，时而放眼遥望苍山，此时，这种香在香炉里还没有烧完，香雾时隐时现，缭绕帘子，可以祛除邪气和污秽。

伽楠香料

清　长14厘米，重230克。北京保利国际拍卖有限公司2010年拍卖，成交价3360元。

伽楠香亦称奇楠香、奇南香、琪南香或伽南香，质软而性糯，为沉香中较为珍贵之一种。

黄暖阁、黑暖阁、官香、纱帽香等，都适合在佛炉中焚烧；聚仙香、百花香、苍术香、河南黑芸香等，只能在卧床边烧。有人问我："这些香，同样都用来烧，为什么烧法大多不一样呢？"我告诉这位朋友："因为各种香焚烧时所达到的幽深情趣各不相同，或熏或燎，焚烧时怎么能不加分别呢？香气中隐含的高下优劣的意境，岂是您能懂的？对各种香要深入了解，了解它们不同的妙处，只要闻一闻就能辨出优劣来。如果您和我的想法一样，对香的妙用自然就会懂得。"他一笑，表示理解了。

焚香七要

香炉

官窑、哥窑、定窑产的香炉，岂能在平常使用？香炉中有宣铜炉、潘铜炉，样式有鼎炉、彝炉、乳炉等，像茶杯那样大小，整天都可以用。

香盒

用蔗段式锡胎剔红香盒可以用来盛放黄色、黑色的香饼。规范制式的瓷香盒，要选定窑或景德镇窑烧制的，用来装芙蓉香、万春香、甜香等。有三个子盒或五个子盒的日本香盒，可用来装沉香、速香、兰香、伽楠香等。除此之外，其他香盒也可以盛放香。不过，如果郊游时焚香，只有日本式香盒最好。

炉灰

先取纸钱灰一斗，加二升石灰，再用水拌和成团，放入灶中烧红，然后取出来研磨成细末，再盛放到香炉中用来插香，香烧到炉灰里也不会熄灭。切记不要用乱七八糟的火和品质不好的炭来烧制炉灰，

因为不好的炭和乱七八糟的火烧制的炉灰死气沉沉而没有灵气，香插到里面焚烧不完就会熄灭。有追求新奇的人，用茄子蒂烧成炉灰用来插香，这太不应该了。

香炭墼

把鸡骨粗细的木炭碾成末，加入葵叶或葵花，再加少许糯米粥汤调拌均匀，然后用大铁锤和小铁锤砸击成饼状，饼的质地越坚硬越好，这样可以烧很久。有人用红花楂代替葵花叶，或者用烂枣加石灰和木炭来制作，也很精妙。

隔火砂片

烧香是为了取味，不是为了取烟。香烟若猛烈，香味很快便会消散，香很快就会熄灭了。为了使香味浓郁幽远，经久不

阿拉伯文炉瓶盒

明正德　炉高12厘米，瓶高16.5厘米，盒高3.8厘米。西泠印社拍卖有限公司2010年拍卖，成交价112万元人民币。

此套香具，炉为桥耳、束颈、鼓腹，下承三乳足，中部如意纹开光处饰以阿拉伯文，底部篆书"正德年制"4字款。

散，就必须使用隔火。

有人用银钱、明瓦片来作隔火，都很俗气，不太高雅，并且银钱和明瓦片太热了就不能再起隔火作用。用玉作隔火虽然奇妙，但不如用京城烧制的破砂锅底制作隔火为好。其制作方法是，将破砂锅底磨成片状，厚半分，焚香时用来隔火，效果非常好。

香炭墼烧透后，放入香炉中。先把炉灰拨开，仅把香炭墼埋入一半，不能马上就用炉灰盖住炭火，要先焚烧生香，这称为"发香"，其目的是不让香炭墼在焚香时不至于很快便燃尽。香点燃后，才用香箸拨香灰把香炭墼埋起来。

先将香炭墼四面围起，上面用灰遮盖，灰厚五分，然后根据火的大小情况，在灰上加盖砂片以隔火。片上又放香，香味就慢慢散发出来了。不过，一定要用香箸在四面插几十个小眼，以通火气，使火气四处流动，炭才不熄灭。如果香味过于浓烈，就是火太大了，这时则取出隔火砂片，加上灰再焚烧。香烧完了，剩下的炭块用瓦盒装起来，再倒进火盆，还可以薰焙衣服和被子。

灵灰

炉灰需要每天烧香，才有灵效。如果连续十天都不烧香，炉灰就会潮湿。如遇梅雨季节，炉灰太潮湿，香烧不完就要熄

鎏金簋式炉
明·胡文明　高9厘米。西泠印社拍卖有限公司2009年拍卖，成交价26.88万元人民币。底款"云间胡文明制"。

灭。这时，必须先将另外的炭火放入香炉中把灰烘一两次，方才把灰放到香炭墼上，这样香在灰中才久久燃烧而不熄灭。

匙箸

香匙和香箸只有南京出产的用白铜制作的才美观实用。箸瓶要用最近吴郡制作的短颈细孔瓶，这种箸瓶当插入香箸时才不会因偏重而歪倒，所以最实用。我的书斋中，有一把古铜双耳小壶，我把它当作香瓶使用，非常合适。瓷制的箸瓶，如官窑、哥窑、定窑产的，虽然品种很多，但不适合日常使用。

日用诸品香目

伽楠香，有糖结，有金丝结。把糖结锯开，锯口上有像饴糖一样的油。点燃焚烧时，会发出微微的羊膻气。糖结内部黑白相间，黑的像墨，白的像糙米。金丝结只有黄色，表面有一绺像金丝般的线。只有糖结算得上佳品。

黑角沉香，质地致密，很重，劈开后像颜色如墨的才好，而不在于是否能沉入水中。因为好速香也能沉水。

片速香，俗名鲫鱼片，有如雉鸡羽毛上面斑纹的就好，也以质地致密、瓷实的

点金狮耳炉

明宣德　高6.3厘米。西泠印社拍卖有限公司2009年拍卖，成交价31.36万元人民币。

以点金工艺制成，双狮耳，炉身遍布点金块面。口沿之下，底足之上圈饰莲瓣纹，底款"宣德二年周义为修篁主人制"。

为佳。这种香有伪制的。

唵叭香，又名黑香，以质软、纯净、色明的为佳品，若用手指捻，能捻为丸子的最妙。只有北京才生产这种香。

铁面香生香，俗名牙香，表面呈黑蓝色的被称为铁面，纯白色不烘烤的被称为生香。生香的气味很妙，在两广地区价格也不低。

降真香，果实是紫色的才好，用茶水煮它，使其出油后才能烧。

黄檀香，果实是黄色的才好。用茶浸泡后炒黄，除去腥味。

白胶香，有明显条纹的最好。

茅山细梗苍术，出产在句容茅山，像猫粪一样的最好。

兰香，用鱼子兰蒸低速香和牙香块最好，近来出现的用末香滚竹棍再蒸的最差。

安息香，京城有几种，俗名全部为安息香，其中最好的，要算刘、崔两家制作的越隣香、聚仙香、沉速香三种，百花香就差了。

龙桂香，有黄、黑两个品种，黑的价高。只有皇宫内的最好，刘、崔两家制的也可以。

甜香，只有宣德年间造的，气味纯清幽远，十分惹人喜欢。燕京集市上卖的甜香，坛子像漆一样黑，白底上有烧造的年月，每坛装香二三斤，有锡罩盖着坛子。一斤一坛的才是真品，现在已经没有了。近年命名的几种香，都是加上香料拌和，不过是将甜香改头换面，另外变个色、取个名罢了。

芙蓉香，刘、崔两家制的最妙。

万春香，是皇宫内的藏香。

剔红茶花香盒

明　直径12.1厘米。佳士得（香港）有限公司2009年拍卖，成交价28.6万元人民币。

在所有材质的香盒中，剔红香盒别具一格。

龙楼香，也是皇宫内的藏香。

玉华香，是雅尚斋制的。

黄暖阁、黑暖阁，都以刘崔两家制的为好。

黄香饼，是王镇居东院时造的，其中以色深黑无花纹的最好。伪造品为黄色，质量十分低劣。

黑香饼，京城刘、崔两家所造的二钱一个、一两一个的最好，前门外李家印造的各色黑香饼，花纹精巧的也妙。

河南黑芸香，一束较短，城中王府的最佳。

京线香，前门外李家二分一束、一分一束的都很好。

香都总匣

爱焚香的人不能一天没有香。书斋里应当备有手提小匣子，将它制成三格式，用锁锁着，用钥匙开启，内藏各种香。还要有瓷盒、瓷罐、铜盒、漆匣、木匣等，随时用来装香，分别摆在总匣里相应的位置，以便随时选用。这些东西一定要有能够密封的口子，不让香气泄漏才好。总管司香的人在收取香时一定要小心谨慎。想焚香时，随时可放到炉中去烧，让人心情舒畅。

香方

高子说：我收录的香方，只选取适用的部分。现在京城里的人喜欢的香方，又被鉴赏家称赞为奇品，我也收录下来了。制作香的诀窍，贵在选料纯精。焚烧这样的香，香气远溢而余味无穷。能识别香味的人，就自然明白我所选的香方是令人满意的。

玉华香方

沉香四两，速香四两（黑色者），檀香四两，乳香二两，木香一两，丁香一两，郎台六钱，唵叭香三两，麝香三钱，冰片三钱，广排草三两（以交趾出产的为妙），苏合油五两，大黄五钱，官桂五钱，黄烟（即金颜香）二两，广陵香一两（用叶）。

把上列香料研为粉末，加进合油调和均匀，再加炼好的蜜拌和成湿泥状，最后装进瓷瓶，用锡盖加蜡密封瓶口，焚烧时一次取二分。

聚仙香

黄檀香一斤，排草十二两，沉香、速香各六两，丁香四两乳香四两，郎台三两（研末），黄烟六两（研末），合油八

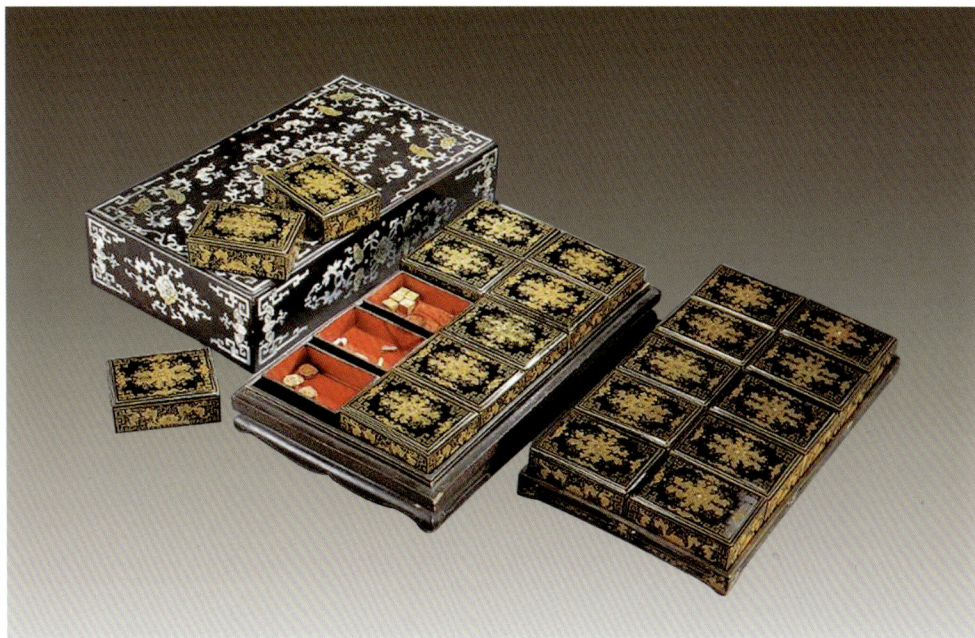

黑漆螺钿描金香盒及原配香料

清　盒长37厘米。北京保利国际拍卖有限公司2009年拍卖，成交价13.44万元人民币。

盒内设四角长方木托，内盛10个小方盒，样式规整，形制相同，盒内作红地，其中尚各存原配香料数颗。

两，麝香二两，橄榄油一斤，白芨面十二两，蜜一斤。

以上成分研成细末作香骨，先合上竹芯子成型，作为香的第一层，趁料湿再滚一层。

檀香二斤，排草八两，沉香、速香各半斤。

将以上三料研为末，滚成第二层，香就制成了，用纱筛后将湿香晾干。

京城里自制香，每一万枝香工价二钱。一万根竹枝，价一钱二分。香袋紫龙力纸，每一百张价五钱。

沉速香方

沉香、速香五斤，檀香一斤，黄烟四两，乳香二两，唵叭香三两，麝香五钱，合油六两，白发面八两，蜜一斤八两，和成滚制即成。

黄香饼方

沉香、速香六两，檀香三两，丁香一两，木香一两，黄烟二两，郎台一两，唵叭香三两，苏合油二两，麝香三钱，冰片一钱，白芨面八两。

将以上成分拌和成药剂，用印模制成饼状。

印香方

黄熟香五斤，速香一斤，香附子、黑香、藿香、零陵香、檀香、白芷各一两，柏香二斤，芳香一两，甘松八两，乳香一两，沉香二两，丁香一两，馥香四两，生香四两，焰硝五分。

以上各种原料一块研为末，放到香印模中，模印成形后就可以焚烧了。

万春香方

沉香四两，檀香六两，结香、藿香、零陵香、甘松各四两，茅香四两，丁香一

两，甲香五钱，麝香、冰片各一钱。

以上各料用炼蜜拌为湿膏，装进瓷瓶密封，用时晾干就可以烧了。

撒秘兰香方

沉香三两五钱，冰片二钱四分，檀香一钱，龙涎香五分，排草须二钱，唵叭香五分，撒秘兰香一钱，麝香五分，合油一钱，甘麻油二分，榆面六钱，蔷薇露四两。

用印模制成饼，烧起来很好。

芙蓉香方

沉香一两五钱，檀香一两二钱，片速三钱，冰脑三钱，合油五钱，生结香一钱，排草五钱，芸香一钱，甘麻油五分，唵叭香五分，丁香二分，郎台二分，藿香二分，零陵香二分，乳香一分三，三柰一分，撒秘兰一分，橄榄油一分，榆面八钱，硝一钱。

拌和后用印模成饼，亦可以散烧。

龙楼香方

沉香一两二钱，檀香一两三钱，片速五钱，排草二两，唵叭香二分，片脑二钱五分，金银香二分，丁香一钱，三柰二钱四分，宫桂三分，郎台三分，芸香三分，甘麻油五分，橄榄油五分，甘松五分，藿香五分，撒秘兰五分，零陵香一钱，樟脑一钱，降香二分，白豆蔻二分，大黄一钱，乳香三分，硝一钱，榆面一两二钱。

用印模制成饼烧。散烧去掉榆面用蜜拌和。

黑香饼方

用四十两料。

加炭末一斤，蜜四斤，苏合油六两，麝香一两，白芷半斤，橄榄油四斤，唵叭四两。

先把蜜炼熟，加橄榄油把炼蜜化开，再加淹叭，然后加进一半料；将白芷打成糊状，加进炭末，再加进一半料。之后加进苏合、麝香，揉均匀后用印模制成饼。

炒香

最近，有人用苏合油拌沉、速二香，用火稍稍炙一下，收起来，趁热撒上冰片末，放进瓶中收集起来用，人们称之为规范制法。

这种香的香气比一般香稍微浓一点，但反而失掉了沉、速二香的天然雅味，恐怕熟悉香的内行不会选用这种制香法。

金猊玉兔香方

用杉木烧六两炭，配四两栗炭，然后捣成末，加一钱炒硝，用米糊调和后揉搓成剂。

先用木料雕刻成狻猊、兔子形的印模，要雕得惟妙惟肖且呈圆形，印法与墨印相同，物像大小，随意选用。

在兽口处开一小斜孔，兽的姿势要头向上昂，尾部低垂，这是诀窍。然后把一半炭剂装入印模，中间做成一个凹形，放进一段香剂，再加炭剂按紧，用铁线针作

钻，从兽口小孔插进去，直到靠近尾部，最后把它晒干。

狻猊，用官粉涂遍全身，上边用黑墨盖住。兔子，用非常细的云母粉调成胶涂遍全身，然后用墨盖上。两个动物外面颜色都是黑的，内部分为黄、白二色。每用一枚药剂，就将兽尾在灯火上点着，然后放到香炉中，兽口就会吐出香烟来。

金猊焚烧时先从尾部开始变成黄色，香料烧完后其形状便像金质的装饰品。金色的狻猊蹲在香炉中，经过几个月依然完好如初。但如果用手一触，便立即变成灰粉而消失了。而玉兔表面呈银色，也可供观赏。虽然不是大雅之物，也值得久久品玩。

填充在里面的香料的好坏，任人选用。有人根据前面说的香方选料，加榆面拌和作剂，搓成小指头般粗细的一段，长约八九分，根据兽腹大小情况而定，只要让香不露出炭外就好。

焚香的其他方法还有金蟾吐焰、紫云捧圣、仙立云中等，使用起来不大灵验。

古琴清赏

在古老的东方，在漫长的历史长河中，"琴、棋、书、画"历来被视为文人雅士修身养性的必由之径。古琴因其清、和、淡、雅的音乐品格，寄寓了文人凌风傲骨、超凡脱俗的处世心态。

天音古曲，向来都是文人墨客的标榜之一。当演奏从技能变成一种文化蕴含的标志的时候，古琴的角色也从演奏乐器发展成一种标志着儒雅风范的文化收藏，一种文人墨客闲情雅致的精神象征了。

操琴秘法

高子说："琴"就是禁止的意思，琴音能使人去掉邪念，思想纯正达到空灵的境界。《礼记》中说："君子无故，不去琴瑟。"可见孔府的瑟，也堪称绝响，实在是太珍贵了。

古人弹琴，风起云涌，仙鹤闻声而来，好像和神灵已经沟通，风调雨顺，物阜民丰，这是因为弹琴时感情与外物产生了共鸣，天地间一片祥和之气。可是现在，只有古琴流传了下来，具有高尚情操的古圣先贤已经逝去，操琴时那种感情也没有了。欧阳修说"器存而意不存"，就是这个意思啊！

物体振动相呼应和而鸣响，称为"声"；声音有一定的次序和节奏，称为"韵"；韵律能表现一定的意义，称为"音"。所以，琴音体现的哀乐、邪正、刚柔、喜怒，完全出自操琴人的思想。因

此，国家的安定与混乱、家庭的兴盛与衰败、道德的弘扬与沦丧衰、民俗的纯朴与败坏，通过聆听琴音就可以预先知道，这难道是其他乐器表现得出来的吗？懂琴的人，以高雅的琴音为纯正。操琴按弦时，手指分工一定要分明，弹奏时要刚柔相济，手法娴熟，气度从容，这样才能奏出高山流水般优美的乐曲，从手指下产生松风夜月服悠闲的情趣，这就是君子高尚情操的表现。那些心中无德、腹内无墨的小人，岂能与圣贤之人相提并论！

世俗之人喜欢听一般乐器演奏的音乐，对琴音却不感兴趣，这是因为他们只喜欢靡靡之音。一般乐器有宫、商、角、徵、羽、变宫、变徵七个声调，其中两个变调变宫、变徵，与宫调、徵调联用，所以声音悠长而悦耳。古琴只用宫、商、角、徵、羽五个调子，变化很少，而且少与其他调子联用，所以琴音虽然古雅、纯正，却不适用于世俗之人。

不过，弹琴只有"三声"是关键，即

伯牙鼓琴图

元·王振鹏　绢本墨笔，纵31.4厘米，横92厘米。北京故宫博物院藏。

相传春秋时期晋国的琴师伯牙，琴声高妙，唯钟子期知音。子期死，知音难觅，伯牙遂破琴绝弦，终身不复鼓琴。

散声、按声、泛声。泛声，要根据琴徽选音，不借助于压弦，这样才能得到自然的乐音，可模仿天籁之音，是清纯的乐音；散声，依据乐律与地相应和，并依此调整音调的顺序，这是模仿大地的声音，属于浑浊的乐音；按声，或抑或扬全在于人，人的清音浊音兼而有之，所以按声是人的声音，是清音浊音兼备的乐音。现在弹琴的人，不深究琴音所表达的意境，不向高明的琴师求教，不讲究谱法，不熟悉指法，琴音的曲折、指法的轻重缓急失度，起伏没有规律。只知道弦响之声，而缺乏意蕴深厚的琴音；只知道机械地运用指法而不知把感情贯注于指端弹奏，这哪里是正确的操琴方法啊！

有人操琴时，只追求弹奏的花样、速度的急骤，并自夸技艺精湛而不遵循一定的法度准绳，弹奏出的琴音欢畅悠扬美妙，又多用类似箜篌所发出的散声，还巧用按声，琴音类似筝、阮发出的乐声，从而大大地失去了古琴庄重高雅的特征，这实在也太可笑了。殊不知，散声、按声相互交替弹奏，中间再配以清丽的泛声，这才是掌握了弹琴的正确方法。现在，民间的俗人弹奏古琴，琴音变化无常，将淳朴之音变得花哨巧妙，以求与人不同，但不知道效法古人，这就好比只要抱着琵琶就是乐师，这难道符合古代圣贤修身养性的道理吗？大概太天真了吧！

濯足图

元·钱选（存疑）　绢本设色，直径21厘米。

高士溪边洗足，童子持琴，可见古琴对文士的重要。题识"钱选"，钤印"舜举"。

臞仙琴坛十友

冰弦，玉轸，轸函，玉足，绒剁，琴荐，锦囊，琴床，琴匣，替指。

替指用白鹤羽翎制作，用火烙鹤翎制成。

五音十二律应弦合调立成

黄钟

弦：一二三四五六七

律：黄太姑林南　黄清　太清

音：宫商角徵羽　少宫　少商

以上调弦按徽，用五音调法，慢三就是慢角调。所谓黄清，就是黄钟的轻清音，如同少宫、少商的意思。后面的例子也是这样。

大吕

弦：一二三四五六七

律：太夹仲夷无　太清　夹清

音：宫商角徵羽　少宫　少商

以上调弦按徽与黄钟相同。

太簇

弦：一二三四五六七

律：太姑蕤南应　太清　姑清

音：宫商角徵羽　少宫　少商

以上调弦按徽同黄钟。

夹钟

弦：一二三四五六七

律：黄夹仲林无　黄清　夹清

音：宫商角徵羽　少宫　少商

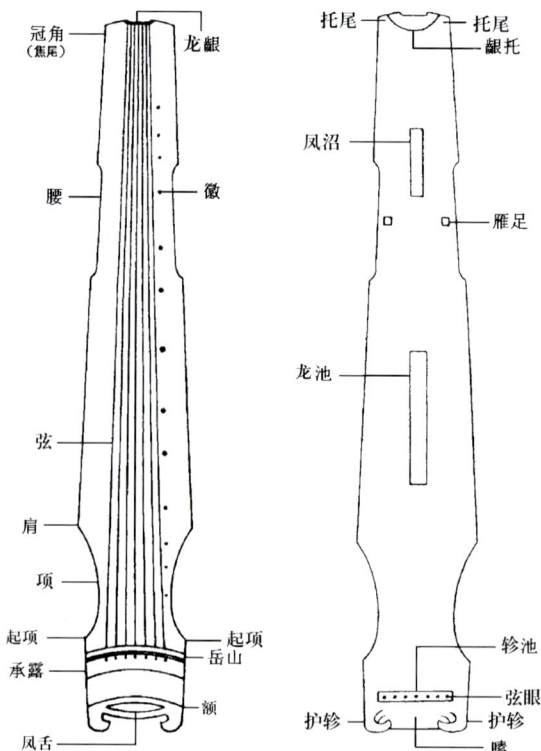

古琴各部分名称

上弦用十徽应四，紧七应散二，紧五用十徽应七，紧三用十徽应五，即现在的清商调。

姑洗

弦：一二三四五六七

律：大姑蕤夷应　太清　姑清

音：羽宫商角徵　少羽　少宫

上调弦按徵同夹钟。

仲吕

弦：一二三四五六七

律：黄太仲林南　黄清　太清

音：徵羽宫角商　少徵　少角

上调弦按徵即现在的五音调法。

蕤宾

弦：一二三四五六七

律：太夹蕤夷无　太清　夹清

音：徵羽宫商角　少徵　少羽

上调弦按徵同仲吕。

林钟

弦：一二三四五六七

律：太姑林南应　太清　姑清

音：徵羽宫商角　少徵　少羽

上调弦按徵同仲吕。

夷则

弦：一二三四五六七

律：黄夹仲夷无　黄清　太清

音：角徵羽宫商　少角　少徵

上用夹钟弦紧四，用十应二，即现在的慢宫调。

南吕

弦：一二三四五六七

律：太姑蕤南应　太清　姑清

音：角徵羽宫商　少角　少徵

上调弦按徵同夷则。

无射

弦：一二三四五六七

律：黄太仲林无　黄清　太清

音：商角徵羽宫　少商　少角

上用仲吕弦加紧五，用十二徽应七，即现在的蕤宾调。蕤宾自有正律，把无射当蕤宾，是俗名。

应仲

弦：一二三四五六七

律：太夹蕤夷应　太清　夷清

音：商角徵羽宫　少商　少角

上调弦按徵同无射。

律有八十四调。琴该正调六十，变音二十四。由此看来应按弦取声，不可以立即调弦。

九霄环佩琴

唐　长124.5厘米。北京故宫博物院藏。

此琴面桐杉底，龙池上方刻篆书"九霄环佩"4字。此外，还有黄庭坚和苏轼的题跋和腹款，为后人的伪刻。

古琴新琴辨

高子说：琴的各种样式中，只有仲尼式和列子式两种式样才是古琴的标准制式，其他样式都是后世创制的新样式。

凡是鉴别古琴，首先要看古琴表面漆的质量。古琴长期保存在世上，漆的明亮光泽消失褪尽，宛然黑玉的颜色一样，用手触摸它，坚硬滑润如同坚冰。古琴漆面有裂纹，裂纹似梅花的为上品，似牛毛的为中品，似蛇腹的为下品。蛇腹纹容易伪造，伪造的方法是先用小火将琴烤热，趁热用冰雪覆盖在琴上，漆面随即破裂成花纹，活像蛇腹的纹络，每条纹络长约一

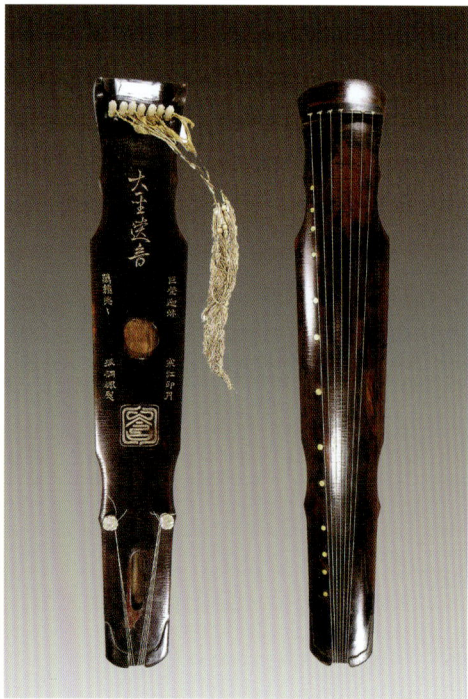

大圣遗音琴

　　唐　长122厘米。北京故宫博物院藏。
　　此琴琴面为桐木，岳、尾为紫檀，制作细润精致，堪为中唐时期的典型作品。

寸。或用鸡蛋清和灰涂抹琴身，然后放在甑子里蒸，蒸透后取出悬挂在当风并且太阳能照射到的地方，干燥后也可以生成裂纹，只是稍稍细一点。

还有伪造牛毛裂纹的，先用钢针数根在琴上划上浅浅的线，再用毛发摩擦光滑。然而，只要是伪造的裂纹，如果用手摸它，就会明显感到有裂痕。而古琴上真正的裂纹看似有裂纹，但用手抚摸又感觉不到。

鉴定古琴，其次是看合缝。真正的古琴，琴身上看不到缝隙，也不松散。琴面的裂纹超过琴肩，这是漆灰琴。假如上面下面都有裂纹，两侧的漆色发光，是开而复合重新漆补过的，这是料灰琴。诸如此类，是三言两句说不完的。

鉴定古琴，还要看琴的材料。用桐木作面板、梓木作底板的琴为上品，面板、底板全用桐木制作的琴为中品，桐木作面板、杉木作底板的为次品。琴用桐木作阳面，梓木作阴面，木用阴阳是取其互相配合以达到和谐。古人制琴有时面板、底板全用桐木，也是取桐木的阳面作面板，阴面作底板，分别用其两面来分阴和阳。这是担心梓木的木质刚硬，就不用它作底板，而把向阳生长的桐木放入水中，桐木向阳的一面向上，背阴的一面向下——阳面上浮阴面下沉，从来都是这样。用向上的阳面作面板，用向下的阴面作底板，这也是遵循阴阳相配的道理。所以用向阳的木料制作的琴，早晨琴声低沉浊重而傍晚清脆响亮，晴天琴声低沉粗重而雨天清脆响亮；用背阴的木料制作的琴，早晨琴声清脆响亮而傍晚低沉浊重，晴天琴声清脆响亮而雨天低沉粗重。

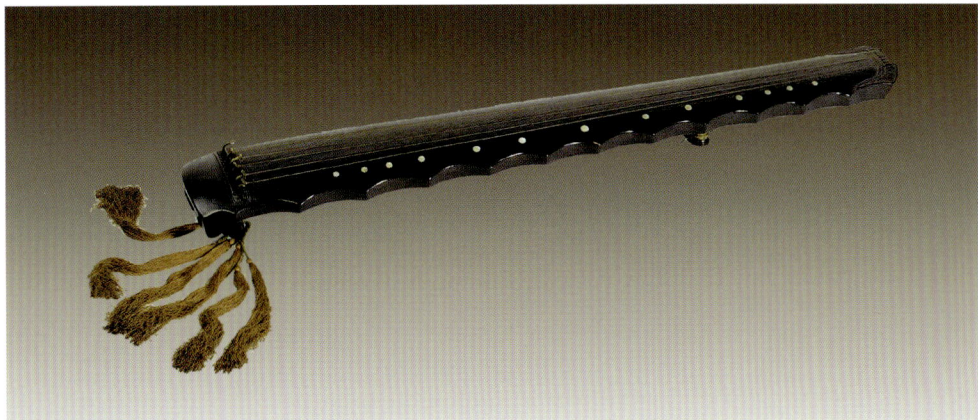

残雷琴

清　长120厘米。北京故宫博物院藏。

此琴为落霞式，即不分项腰，其头尾较狭，中间较阔，由头到肩作内收十二连弧。

鉴定古琴，还要注意古琴是否有九德：

第一是奇，即古琴要轻、松、脆、滑。"轻"是说制琴的木料要轻；"松"是说琴音要有穿透力；"脆"是说琴音清美，由此可断定是否是老桐木制作的；"滑"是说琴音要圆润，声音圆润一定是用靠近水边的材料制成的。

第二是古，古琴表面看来质朴淡雅，但能发出清脆的金石声韵。

第三是透，古琴年代虽然久远，但胶漆没有剥落，琴音清亮高远而不呜咽梗塞。

第四是静，古琴发出的声音纯正而没有噪音。

第五是润，指古琴发出的声音不枯燥，声韵绵长不断。

第六是圆，指古琴发出的声音圆润，不嘶哑散乱。

第七是清，指古琴发出的声音如风中的铃声。

第八是匀，是指古琴的七弦没有三实四虚之病。

第九是芳，是指古琴弹的时间越长发出的声音越好，长久弹奏也没有疲乏的声音。

这就是古琴的九德。除此之外，还必须左手按弦弦不虚浮，右手弹弦弦不与手指相抗，声音清亮又不空乏，声音厚重又不洪大，面板没有击痕且不松散，琴身无垂挂变形，抚手可弹，落指就能发出声音。这是最好的琴，即使售价高昂，也值得收藏。

近年来，出现了铜琴、石琴，以及用紫檀木、乌木作的琴，这些全都失去了琴的旨意，尽管漂亮又有何用呢？《毛诗》中说："梧桐梓漆，爰伐琴瑟。"这是什么意思呢？又如百衲琴，也是近代所制。原因是偶然得到好的制琴材料，但苦于每块梧桐太小不能使用，于是把这些小材料裁截成小段，然后用胶、漆把它们粘合起来达到能够制琴的大小。其实，制作百衲琴并不是出于追求样式新奇。现在仿制百衲琴的人，用龟纹锦片杂以玳瑁、象牙、

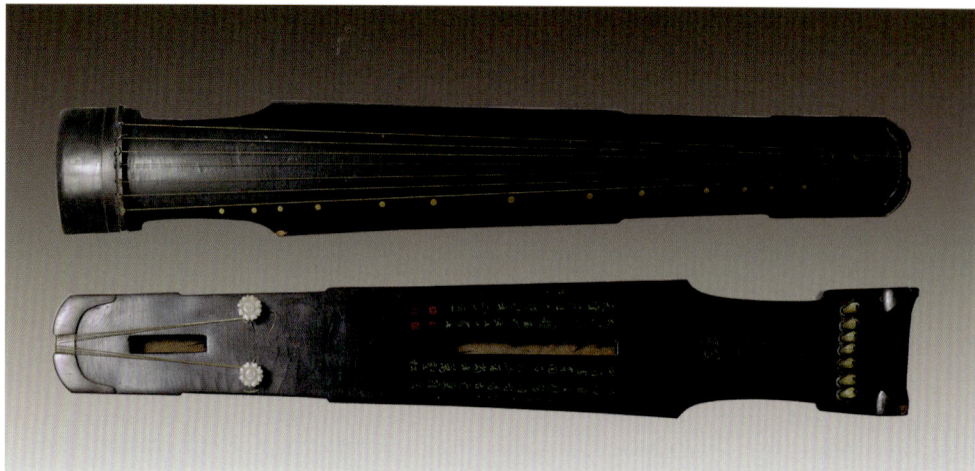

万壑松琴

　　北宋　长128.6厘米。北京故宫博物院藏。

　　此琴桐面、梓底。通体髹黑漆。琴底龙池上方刻楷体"万壑松"琴名，池左右填琴铭："九德兼全胜磬钟，古香古色更雍容。世间尽有同名器，认尔当年万壑松。"

香料、杂木，嵌进琴身制成花纹，铺满琴身，称之为"宝琴"，其实这同两广、云南出产的螺嵌琵琶有什么区别呢？真是可笑！

　　古琴的确太难得到了，因此制作了不少新琴。如明朝的高腾、朱致远、惠桐冈、祝公望等造琴专家，他们制作的琴中有精致美观可供弹奏的，没有丝毫毛病，奈何百十把当中才能见到一二把。像祝海鹤制作的琴，取材、斫法、用漆、审音，没有一样不完美，尤其漆的颜色黑中透亮，其他人制作的琴远远赶不上。他根据芭蕉叶的形状制作琴的样式，被称为"蕉叶式"，这种琴的样式就是由祝海鹤始创。我得到其中的一把蕉叶琴，珍爱得舍不得放下，整天操弄，声音清亮，抚手有音，现在制作的琴没有哪一种可以超过它的美妙声音，它和古琴几乎没有差别。这种琴现在的价格就很高，真正是祝海鹤制作的蕉叶琴就更难得了。

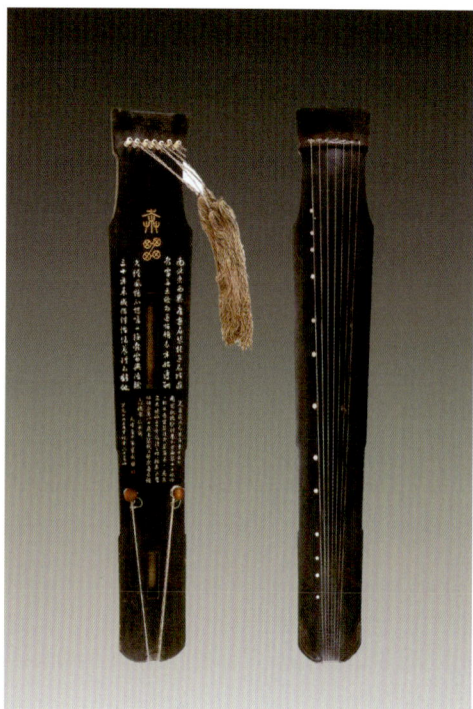

奔雷琴

　　明　通长127.6厘米。北京故宫博物院藏。

　　仲尼式。黑漆，小蛇腹断纹。背面龙池上方刻篆书"奔雷"，两侧刻有藏者题款。

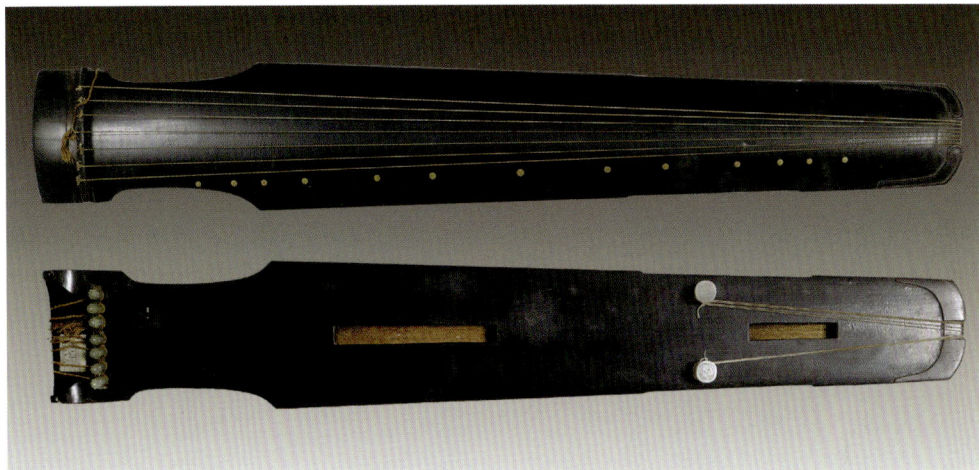

仲尼式琴

元　长119.4厘米。北京故宫博物院藏。

朱致远款。朱致远，生于元，卒于明，著名制琴师，所制古琴琴体宽博，漆灰俱精，琴音苍拙劲透，时人皆珍以宝，价比金玉。

琴谱取正

好的琴师，既能传授琴技也能传授琴谱。但写琴谱的方法，琴师中也有传授错误的，如有的少了一画，指法就会偏离很远，以讹传讹，时间长了就不易纠正，琴调也就失真了。

传授琴技没有谱就不能传。如果琴谱不正确，反而失去了传的意义。近世有人认为宁王朱权（明太祖朱元璋之第十七子，晚号臞仙，又号涵虚子、丹丘先生）的《臞仙神奇秘谱》最好，但必须是最初刻印的版本。这是宁王朱权让工匠认真校订后，点画没有错误才刊刻的，这才是最

中和百衲琴

明　长120.6厘米。西泠印社拍卖有限公司2010年拍卖，成交价201.6万元人民币。

此琴以数十块六角形桐木合组制为面板，底板为梓木，螺钿徽，象牙轸及燕足，岳山、承露、冠角、龙龈、龈托等皆紫檀木所制。轸池下方刻行书琴名"中和"二字。龙池下方有铭文。面、底皆为栗壳色漆，通身有蛇腹及流水断纹。

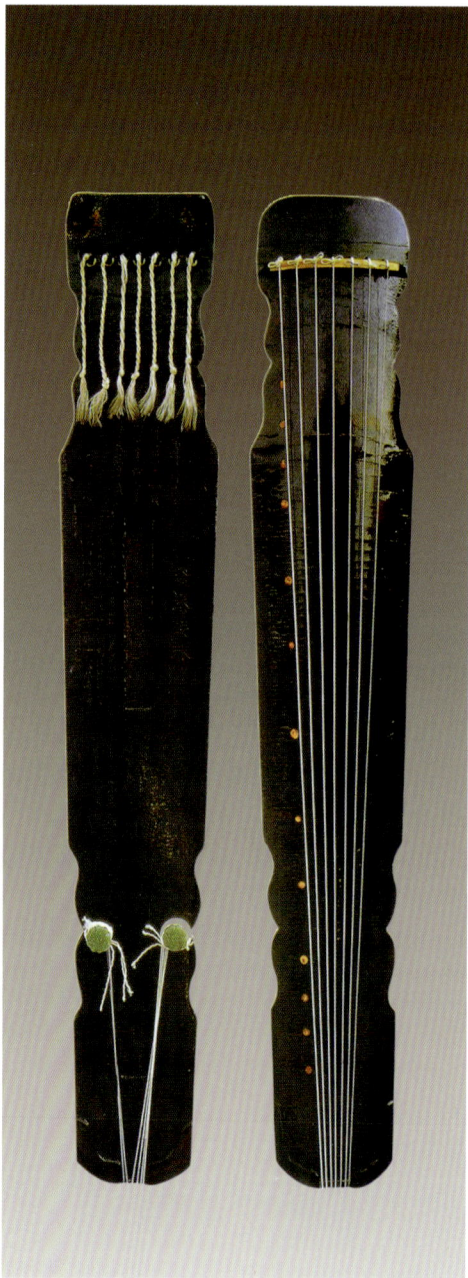

中和琴

明·朱权　长119厘米。私人收藏。

此琴为明代宁王朱权制，被称为"明代第一琴"。琴面涂大漆，大漆下为朱砂红漆，再下为纯金研磨制成底漆漆灰，其上散布细密的小流水断纹间有梅花断。

好的曲谱。如果是翻印本，就不值得观看了。又如《风宣玄品》琴谱，情况也是这样。除此之外，刻印琴谱的有数十家，几乎每部琴谱都有错误。

我从北京得到一部名门望族传下来的琴谱，抄录精细，调法都很全，我想把它翻刻出来，但这个愿望却一直没有实现。如果想要一本勾剔字法都齐备的曲谱，并且各种弹奏技巧都形象生动，宁王朱权主持刻印的《太古遗音》一书最是精彩独到，怎奈书坊中仅有翻印本，不能轻易得到真本，使人遗憾。

宁王朱权留心音律，无时无刻不在研究、搜寻湮没的曲谱，像有词曲的《太和正音谱》，按照音律来订正声腔，通晓声律的人谁能找出它的错讹呢？因此应当尊之为琴谱中的精品，没有任何琴谱能和它相提并论。

琴窗杂记

鼓琴的琴台，用古代郭公砖砌造，这种砖砖面上有象眼花纹、方胜花纹。其中，河南郑州出产的最好，可用它来制作琴台。琴台长度应当超过琴一尺许，高二尺八寸，宽可放置三把琴，用硬漆涂刷。在这种琴台上面弹琴，琴音铿锵悦耳。有的用玛瑙石、南阳石、永石来镶嵌台面，效果也很好。

失音的古琴，可用布袋装炒热的沙子覆盖在琴身上，冷了马上再换上热的沙子；或者用甑子蒸琴身，使琴身里的水汽除尽，然后悬挂于风口吹干，其声则恢复如初。无论新琴旧琴，应挂在卧床边，让它接近人气才好。

琴弦闲置久了不发声的，可把琴弦绷紧，用桑树叶子擦抹琴弦，则会鸣响如初。

收藏古琴，不论初夏秋冬，都不可以挂在有风露和太阳晒到的地方。要悬挂在屋内不靠近墙壁而又暖和的地方，琴声才不会干涩凝滞，琴也不会发生毛病了。

唐代的雷、张、越三家擅长制琴是出了名的，除琴身上的龙池、凤沼、弦之外，琴的其余部位全都凹陷，这样可以使琴音不飘散。宋代有制琴的琴局，制琴有规定的程式，称为官琴，其余全为民间所制，要数京都姓樊的和姓路的两家制作的琴为最好。

我在北京城中看到一座琴台，上面用锡做了一个水池，池中蓄水养鱼，池上用水晶板覆盖，鱼在水藻间嬉戏游动，好像要出来聆听琴音，这确实是世上稀有之物，价格也很高。我见过后不久，就不知流落到了何地，叫人想起来就耿耿于怀。天下神品，实在不容易得到。

挂琴不可以靠近墙壁，也不可以挂在

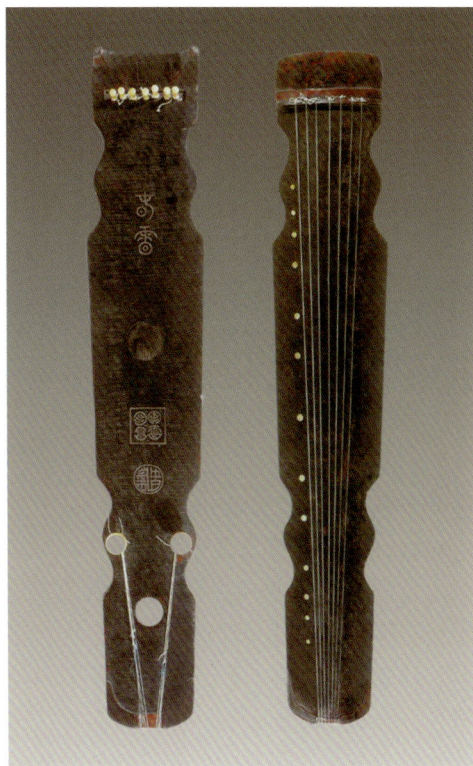

春雷琴

唐　长126厘米。上海博物院藏。

连珠式琴，通体髹黑漆，琴底颈部刻"春雷"二字行草书填绿，为传世罕珍。

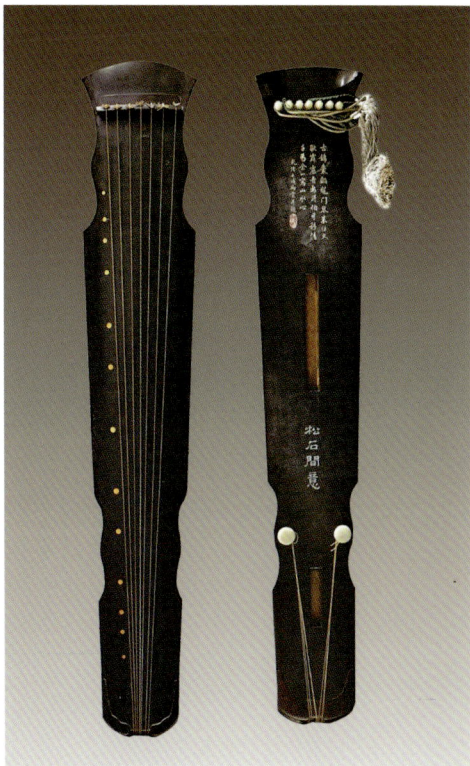

松石间意琴

宋徽宗御制，清乾隆御铭　长126厘米。北京保利国际拍卖有限公司2010年拍卖，成交价13664万元人民币。

腹款"宣和二年御制""康熙庚午王汉章重修"。琴体阔大厚重，鹿角灰胎，栗壳色漆，面蛇腹纹间冰裂断，底细密流水牛毛断。

斫琴图

东晋·顾恺之，宋摹本　绢本设色，纵29.4厘米，横130厘米。北京故宫博物院藏。

描绘古代文人学士正在制作古琴的场景。画中有14人，或断板、或制弦、或试琴、或旁观指挥，还有几位侍者执扇或捧场。画中文士长眉修目，面容方整，风度文雅。

泥墙上，避免沾潮吸湿，否则会使琴失音。只适合悬挂在靠近纸格的木板壁上，而又当风又透气，还要用袋子盛琴，防止灰尘污垢沾染。若是装入琴匣，就可以不用琴袋。

梅雨季节，必须先把琴放入匣中关闭加锁，用纸糊严，防止湿气损害琴体。琴匣的大小形制，贵在窄小而能够容纳琴为度，没有空隙不能摇动为好。

抱琴时，应当告诉童仆不要横抱，以防止和其他东西碰撞而损伤琴弦、护轸和琴尾。要竖着抱琴，头上尾下就不会有闪失了。

在潮气过重的地方弹琴，不可以坐得太久，因为潮气不仅浸润琴弦，而且会损害人的身体。再说，在潮气过重的地方弹琴，用阳材制作的琴还能弹得出声音，用阴材制作的琴就弹不出声音了。

弹琴前必须洗手，手干净了，琴弦才不会受到污染。

夏季，弹琴只适宜在早晨和傍晚，中午就不适合了，因为汗水不仅会污湿琴弦，还会使琴弦变脆而天气干燥时绷断。

鼓琴焚香时，只适宜使用气味清幽而又烟细的香，像水沉香一类，清香馥郁，琴韵雅致，使人气闲神定。其他气味浓郁的香，不可供弹琴用。

对月鼓琴，应该在二更人静、万籁无声时才好。对花弹琴，应对着崖桂、江梅、茉莉、郁金香、建兰、夜合欢、玉兰等香气清例、颜色素净的花才有雅趣。临水弹琴，竹边林下，要面向轩窗水池，有扑鼻的荷香，面对清彻的涟漪和芬芳的沙洲，微风轻轻吹拂，水中游鱼似乎也来听琴，自然有超凡脱俗的情致了。

琴徽要用金来做，护轸要用玉来做，这并不是为了追求华丽。玉轸有花纹才易于旋转，颜色素净方不易受污染。如用紫檀木、犀牛角做护轸，可以避免损伤琴。不过，金徽往往成为琴被毁的隐患，不如用莹白色的螺壳做徽好，灯前月下，调音清楚，看起来也不俗气。如把琴横卧在腿上，对月操弄，螺徽则会光彩夺目，似乎也更加宜人。膝上弹琴，只能弹纯熟的小曲调，否则就弹不成了。